Der renommierte Mobilitäts- und Zukunftsforscher Stephan Rammler gibt einen spannenden Überblick zu den Entwicklungstrends der Mobilität, um auf dieser Grundlage eine fiktive Reise in die Zukunft zu unternehmen. So entwickelt er das Bild einer Zukunft mit neuen Technologien, klugen sozialen Strategien, innovativen ökonomischen Konzepten und einer veränderten politischen Kultur.

Stephan Rammler, geboren 1968, ist Professor für Transportation Design & Social Sciences an der Hochschule für Bildende Künste in Braunschweig und Gründer des Instituts für Transportation Design. Seine Arbeitsschwerpunkte sind die Mobilitäts- und Zukunftsforschung, Verkehrs-, Energie- und Innovationspolitik, Fragen kultureller Transformation und zukunftsfähiger Umwelt- und Gesellschaftspolitik.

Weitere Informationen, auch zu E-Book-Ausgaben, finden Sie bei www.fischerverlage.de

Stephan Rammler

Schubumkehr –
Die Zukunft
der Mobilität

FISCHER Taschenbuch

Entwürfe für eine Welt mit Zukunft
Herausgegeben von Harald Welzer und Klaus Wiegandt

Erschienen bei FISCHER Taschenbuch
Frankfurt am Main, Dezember 2014

© S. Fischer Verlag GmbH, Frankfurt am Main 2014
Satz: Dörlemann Satz, Lemförde
Druck und Bindung: CPI books GmbH, Leck
Printed in Germany
ISBN 978-3-596-03079-8

Good times are coming
I hear it everywhere
Good times are coming
But they're sure coming slow
(Neil Young)

Inhalt

Entwürfe für eine Welt mit Zukunft

Das 19. und 20. Jahrhundert waren die Epoche der expansiven Moderne. Immer weitere Teile der Welt folgten dem wachstumswirtschaftlichen Pfad und erlebten materiellen und vor allem auch immateriellen Fortschritt: die Gesellschaften demokratisierten sich, wurden freiheitliche Rechtsstaaten, Arbeitsschutzrechte, Bildungs-, Gesundheits- und Sozialversorgung wurden erkämpft. Im 21. Jahrhundert, da die Globalisierung fast den ganzen Planeten in den wachstumswirtschaftlichen Sog gezogen, aber dabei keineswegs überall Freiheit, Demokratie und Recht etabliert hat, stehen wir vor der Herausforderung, den erreichten zivilisatorischen Standard zu sichern, denn dieser gerät immer mehr unter den Druck von Umweltzerstörung, Ressourcenkonkurrenz, Klimaerwärmung – um nur einige der gravierendsten Probleme zu nennen. Wie sieht eine moderne Gesellschaft aus, die nicht mehr dem Prinzip der immerwährenden Expansion folgt, sondern gutes Leben mit nur einem Fünftel des heutigen Verbrauchs an Material und Energie sichert? Das weiß im Augenblick niemand; einen Masterplan für eine solche Moderne gibt es nicht. Wir brauchen daher Zukunftsbilder, die die Lebensqualität in einer nachhaltigen Moderne vorstellbar machen und mit den Entwürfen einer anderen Mobilität, einer anderen Ernährungskultur, eines anderen Bauens und Wohnens die Veränderung der gegenwärtigen Praxis attraktiv und nicht abschreckend erscheinen lassen.

Deshalb haben wir für die Buchreihe »Entwürfe für eine Welt mit Zukunft« Wissenschaftlerinnen und Wissenschaftler gebeten, konkrete Utopien künftiger Wirtschafts- und Lebenspraktiken zu skizzieren. Konkrete Utopien, das heißt: Szenarien künftiger Wirklichkeiten, die auf der Basis heute vorliegender technischer und sozialer Möglichkeiten herstellbar sind. Erst vor dem Hintergrund solcher Zukunftsbilder lässt sich abwägen, welche Entwicklungsschritte heute sinnvoll sind, um sich in Richtung einer wünschenswerten Zukunft aufzumachen. Anders gesagt: Ohne Zukunftsbilder lässt sich weder eine gestaltende Politik denken noch die Rolle, die die Zivilgesellschaft für eine solche Politik spielt. Wenn Politik und Zivilgesellschaft wie Kaninchen vor der Schlange ausschließlich auf die Bewahrung eines fragiler werdenden status quo fixiert sind, verlieren sie die Fähigkeit, sich auf ein anderes Ziel zuzubewegen. Sie verbleiben in der schieren Gegenwart, was in einer sich verändernden Welt eine tödliche Haltung ist.

Nach 18 Bänden der ebenfalls im Fischer-Taschenbuch erschienenen Vorgängerreihe, die unter großer öffentlicher Resonanz eine wissenschaftliche Bestandsaufnahme des naturalen status quo der Erde in den einzelnen Dimensionen von den Ozeanen bis zur Bevölkerungsentwicklung vorgelegt hat, wenden wir nun also den Blick von der Gegenwart in die Zukunft – in der Hoffnung, konkrete Perspektiven für die Gestaltungsmöglichkeiten einer nachhaltigen modernen Gesellschaft aufzuzeigen, Perspektiven, die der Politik wie den Bürgerinnen und Bürgern Mut machen, ihre Handlungsspielräume zu nutzen und Wege zum guten Leben einzuschlagen.

Harald Welzer & Klaus Wiegandt, im Juli 2014

Gucklöcher in die Zukunft

»The best way to predict the future is to design it.«
(R. Buckminster Fuller 1973)

Ein Team von Wissenschaftlern, Zukunftsforschern, Designern, Künstlern, Schauspielern, Drehbuchautoren und Schriftstellern wird für ein Experiment an einem abgelegenen Ort einquartiert. Dort wurde für alles Nötige gesorgt: Es gibt wissenschaftliche Literatur, Natur, Ruhe, ein unterstützendes Team von Fachleuten und Personal, das es an nichts mangeln lässt. Die Kreativen haben nur eine Aufgabe: sich um nichts anderes zu kümmern als in kreativen Séancen in die Zukunft zu reisen. Sie sollen sich tief hineinbohren in die noch verborgenen Möglichkeiten des Zukünftigen. Anders als in der herkömmlichen Szenarioforschung soll es diesmal nicht um die Beschreibung wahrscheinlicher Zukunftspfade gehen, sondern um die Möglichkeiten einer ganz anderen Zukunft, um die Utopie. – So weit die Rahmenhandlung dieses Buches.

Lassen Sie sich auf das Gedankenspiel ein, so werden diese Reisenden für die Dauer der Lektüre unsere »Futurnauten« in das Universum der Zukunft sein. Zukunfts-Scouts, die für uns in eine fiktive Welt reisen und dort in der Tradition der optimistischen Utopie-Entwürfe des 19. und 20. Jahrhunderts die Geographie einer besser als heute gelingenden, zukunftsfähigen Kultur und Gesellschaft vorfinden. Inmitten einer Kultur, die das Erzählen kaum anders als zur Beschreibung individueller und gesellschaftlicher Brüche verwendet, mag diese Erzählstrategie naiv erscheinen, unrealistisch und unzulässig zweckoptimistisch. Wer Visionen hat, möge bitte zum Arzt gehen, heißt es noch immer. Das war jedoch schon zu Zeiten von Helmut Schmidt, der dieses Verdikt in die Welt setzte, nur grandios gepoltert. Ist nicht im Gegenteil gerade in unseren Tagen die verrückteste, der Behandlung bedürftigste Vision von allen die Vorstellung, genau so weitermachen zu können wie bislang? Man wird sich außerdem vielleicht nicht ganz der Auffassung verschließen können, dass der Schilderung der »Eutopie« – des Guten Ortes der Antiapokalypse – in unserer weltuntergangsgesättigten Zeit eine besondere motivierende und ermächtigende Kraft innewohnen könnte. Heute braucht es womöglich weniger einen Wettbewerb der besten Krisenanalysen und Untergangsszenarien als der besten Geschichten einer gelingenden Zukunft.

Ob wir es uns eingestehen oder nicht, wir sind immer die Erzähler unserer Zukunft. Und mit der Art unserer Erzählungen tragen wir dazu bei, diese Zukunft zu erschaffen. Wir gestalten bereits, indem wir erzählen. Die Apokalypse ist das Leitmotiv unserer heutigen kollektiven Erzählung. Von der Literatur bis zu den Blockbustern Hollywoods dominieren die Geschichten einer düsteren Zukunft, wenn nicht sogar das Armaggedon des globalen Untergangs droht. Unabhängig davon, wie man die Eintrittswahrscheinlichkeit solcher Zukunftsentwürfe beurteilt, bieten Storys dieser Art ein immenses dramaturgisches und kommerzielles Potential für spannende und ergreifende, packende und fesselnde – und letztlich doch nur scheinbar wachrüttelnde Erzählungen. Ob

Vulkanausbrüche, Eiszeiten, Virenepidemien, Superstürme oder Blackouts, fast wohlige Angstschauer überkommen uns auf dem warmen Sofa, während liebende Eltern in irgendeiner ökologischen Apokalypse ihr Leben für ihre Kinder hergeben. Bildwelten sind mächtig, und für einen kurzen Augenblick nehmen wir uns womöglich vor, am nächsten Tag unser Leben zu ändern. Irgendetwas nur – weniger Auto zu fahren, den Müll sorgfältiger zu trennen oder für den Erhalt des Regenwaldes und für die Menschenaffen im Urwald zu spenden. Meist schon am kommenden Morgen hat uns der Alltag mit seinen kleinen und großen Problemen wieder, und wir gehen den vor langer Zeit eingeschlagenen Weg immer weiter. Und wahrscheinlich werden wir mit jedem Schritt noch phantasieloser, bequemer und abhängiger. Im Netz unserer Gewohnheiten gefangen, verlieren wir die Perspektive und wissen nicht mehr, welchen anderen Weg wir einschlagen, wie wir die gewohnten Pfade verlassen könnten.

Womöglich fehlen uns in solchen Momenten einfach die Alternativen. Es mangelt am attraktiven Bild einer zukunftsfähigen Kultur, und es fehlt die Landkarte des Weges, der zu ihr führt. Gestützt wird das Bemühen um solche positiven Zukunftsbilder von einer gehirnphysiologischen Studie, deren Ergebnisse in der Zeitschrift *Nature Neuroscience* im Jahr 2011 veröffentlicht wurden. Demnach verändern achtzig Prozent aller Menschen ihre eigene Erwartung der Zukunft – und mit ihr ihre zukunftsbezogenen Handlungsweisen – nur dann, wenn die neuen Informationen zu einem optimistischen Zukunftsbild führen (Sharot et al. 2011). Das menschliche Gehirn scheint darauf programmiert, einem positiven Zukunftsbild zu folgen. Womöglich erklärt dies die Grundannahme der utopischen Tradition, dass der Verlockung des

Besseren eine weit größere Motivationskraft innewohnt als der paralysierenden Bedrohung. In diesem »eutopischen« Sinne leitbildhafte und motivierende Bilder und Erzählungen können entgegen dem dystopischen Mainstream den »Möglichkeitssinn« – so der schöne Begriff Robert Musils (1994: 16) – entstehen lassen, den wir brauchen, um uns mit der Kraft und dem Pragmatismus unseres »Wirklichkeitssinns« (ebd.) auf große Veränderungen unseres Lebensstils einzulassen, sie im bestmöglichen Fall aktiv voranzutreiben. Der humanistische Visionär R. Buckminster Fuller war der Meinung, die beste Art, die Zukunft vorherzusagen, sei, sie selbst zu erschaffen. Der erste Schritt dahin ist, sie anders zu erzählen.

Deswegen ist dieses Buch nach einer Einleitung zur Geschichte und einem wissenschaftlichen Kapitel zu den wahrscheinlichen Entwicklungstrends der Mobilität weitgehend im Stil narrativer Szenarien gehalten. Es bietet auf der Grundlage wissenschaftlicher Faktensammlung und Analyse kleine und große Beispiele der zukunftsfähigen Gestaltung unserer Gesellschaft. Längere Storys und Miniszenarien über neue Technologien, über kluge soziale Strategien, innovative ökonomische Konzepte und eine veränderte politische Kultur verbinden sich zu dem Versuch einer überwiegend »eutopischen« Gesamtbetrachtung, die – man muss es der Ehrlichkeit halber sagen – angesichts der tatsächlichen Entwicklungen nicht immer leichtfällt und leicht als naiv abgetan werden kann. Andererseits gibt es schon heute so viele Beispiele für konstruktive und phantasievolle Lösungen, dass auch das Einstimmen in einen apokalyptischen Abgesang zu kurz gedacht ist. Deswegen handelt dieses Buch von den vielfältigen Möglichkeiten des Zukünftigen, wie sie in der Gegenwart bereits angelegt sind.

Visionäre Szenarien sind Gucklöcher in die Zukunft und in diesem Sinne gedankliche soziale Erfahrungsräume und Leitbilder zugleich. Natürlich sind Szenarien einer zukunftsfähigen Kultur weniger greifbar als ein konkret nutzbares Produkt oder die von uns täglich vorgefundenen und bekannten Verhältnisse und Infrastrukturen. Andererseits sind sie immer noch sehr viel konkreter als abstrakte Zahlenkolonnen, politische Programme oder ideologische Parolen. Im Wechselspiel von Vision und Gegenwärtigkeit ist es ihr Ziel, eine Art Vertrautheit, eine Selbstverständlichkeit im Umgang mit dem Zukünftigen zu erzeugen und im besten Falle die Bereitschaft anzuregen, selbst in dieses Wechselspiel einzutreten, mögliche Veränderungen gedanklich auszuprobieren und schließlich in eine experimentierfreudige Grundhaltung stetiger Zukunftsoffenheit einzutreten. Die hier versammelten Szenenbilder der Zukunft sind Ausdruck dieses Experimentierwillens, der schlicht davon ausgeht, dass die Veränderung der Welt zunächst im Kopf beginnt. Dann nämlich, wenn wir gedanklich so tun, als wäre sie schon längst eingetreten: als vorübergehende Phase der Transformation, deren Herausforderungen unsere kreativen Potentiale fokussiert und uns in unserem Alltag zu schrittweisen Veränderungen inspiriert. Anders gesagt: Die Veränderung zum Besseren, im Großen der Gesellschaft wie im Kleinen des privaten Alltags, ist kein irres Zerrbild, kein Wunschtraum überambitionierter Weltenretter. Sie ist eine sehr reale Chance unserer Gegenwart, die wir – als tatsächliche Realisten – nur ergreifen müssen.

Ein Bereich, der für die Entwicklung einer zukunftsfähigen Kultur von besonderer Bedeutung sein wird, ist die Mobilität. Ohne Mobilität, ohne Austausch und Kommunikation kein gesellschaftliches Leben. In ihrer nach wie vor fossilen und produktintensiven Ausprägung, den damit verbundenen geopolitischen und ökologischen Stressfaktoren nationalistischer Ressourcensicherungsstrategien, in ihrer fundamentalen Bedeutung für die arbeitsteilige globale Wachstumsökonomie wie für entfernungs- und beschleunigungsintensive private Lebens- und Konsumstile gleichermaßen und schließlich in ihrer extremen Technologieaffinität überschneiden sich so vielfältige Herausforderungen in so komplexer Weise, dass die Mobilität als ein beispielhaftes Anwendungs- und Gestaltungsfeld der gesamtkulturellen Transformation gelten kann. Wie in einem Brennglas bündeln sich an ihrem Beispiel zentrale Zukunftsfragen. Zugleich ist die Mobilität jedoch der Bereich, in dem, eben aufgrund ihrer essentiellen Bedeutung für die moderne Zivilisation, auch eine der stärksten Innovationsdynamiken überhaupt beobachtbar ist. Sie entwickelt sich immer stärker von der traditionellen und noch immer dominanten Lösungsstrategie technologischer Effizienzsteigerung weg, hin zu suffizienten (also sozialen), organisatorischen und kollaborativen (also gemeinschaftlichen) Handlungsstrategien. Gerade in dieser Hinsicht ist die Mobilität also auch ein vorbildhafter Politikbereich der kulturellen Transformation zur Zukunftsfähigkeit. Deswegen sind unsere Futurnauten vor allem Reisende in Sachen Mobilität. Sie entfalten und illustrieren in ihren fiktiven Reiseberichten wie durch ein Kaleidoskop betrachtet das facettenreiche Bild einer überwiegend eutopischen Zukunft.

Passend zu dieser Schwerpunktlegung ist auch der Titel dieses Buches, der Begriff der *Schubumkehr*, der Sprache der Mobilitätswelt entliehen. Die Schubumkehr bezeichnet im Jargon der Luft- und Schifffahrt ein Verfahren zum Abbremsen eines Flugzeugs oder zur Umkehr eines Schiffes durch Umlen-

ken des Schubes entgegen der eingeschlagenen Bewegungs-
richtung. Eine Schubumkehr muss früh genug eingeleitet
werden, um rechtzeitig zu wirken. Angesichts der enormen
Masse eines Fliegers oder Tankers ist das nur zu verständlich.
Übertragen auf die komplexen Systeme der Mobilitätswelt ist
unschwer nachvollziehbar, dass auch das Momentum dieses
lange gewachsenen Systems aus Infrastrukturen, Institutionen, Interessen, Gewohnheiten, Leidenschaften, Ansprüchen
und Lebensstilen nicht von heute auf morgen abgebremst
oder auch nur zu einer Richtungsänderung veranlasst werden
kann. Es braucht Vorausschau, einen langen Atem und eben
Leitbilder, die auch über Durststrecken und Konfliktlinien
hinweg verlässlich die Handlungen und Entscheidungen vieler Menschen motivieren, ausrichten und unterstützen können.

In diesem Sinne bildet der Hauptteil dieses Buches in den Ka-
piteln V und VI ausgedachte Szenenbilder einer solchen gesellschaftlichen Schubumkehr am Beispiel der Mobilität ab.
Allerdings: Keine Zukunft ist ohne die Kenntnis ihrer historischen Hintergründe ausdenkbar. Für den interessierten oder
auch den in Mobilitätsfragen unbewanderten Leser stehen
deswegen vor den Reiseberichten drei wissenschaftlich gehal-
tene Kapitel, die eine Annäherung an die Geschichte, die aktuelle Situation und an zukünftige Herausforderungen der
Mobilität liefern sollen.

Kapitel I
Gewebe der Zivilisation –
Eine kurze Geschichte der Raumüberwindung

> »Inzwischen ist uns der Gedanke vertraut geworden, daß wir auf einer Kugel hausen, die mit Geschoßgeschwindigkeit in Raumestiefen fliegt, kosmischen Wirbeln zu. [...] Und jeder antikopernikanische Geist wird bei Erwägung der Lage auf den Gedanken stoßen, daß es unendlich leichter ist, die Bewegung zu steigern als wie unten umzukehren zu ruhigerer Bahn.«
>
> *(E. Jünger, Strahlungen I)*

Dreitausend Jahre vor Christi Geburt. Ein Raumschiff nähert sich dem dunklen Erdball im Nachtschatten der Sonne. Nur an wenigen Stellen entdecken die fremden Astronauten beim Näherkommen den Abglanz von Siedlungen scheinbar intelligenter Wesen an den Rändern der Meere, den Kreuzungspunkten von Tälern und den Mündungsgebieten einiger großer Flussläufe. Die Bewohner dieser Welt siedeln an den Orten des geringsten geographischen Widerstandes, an den natürlichen Wegen der Bäche, Flüsse und Meere und ihren reichen Nahrungsgründen. Es ist still auf diesem Planeten, fast zu still für den Geschmack der Abgesandten einer hochentwickelten technologischen Zivilisation. Nur in den Schwärmen riesiger Meereslebewesen geht es munter zu. Sie scheinen auch über große Distanzen mit Schallwellen zu kommunizieren und eine höhere Sprache entwickelt zu haben. Komplexe Muster elektromagnetischer Strahlen oder künstlich erzeugter Radiowellen lassen sich auf dieser Kugel nicht ausmachen. Die Fremden entscheiden, dass sich eine Landung nicht lohnt. Die Zivilisation dieses Planeten erscheint ihnen nicht intelligent genug für den Austausch von Erfahrungen und Wissen, auf den es ihnen ankommt.

Wie anders stellt sich das Bild allerdings dar, als die Fremden fünftausend Jahre später wieder an der Erde vorbeikommen. In den Maßstäben ihrer Zeitrechnung war es nur ein kurzer Augenblick, und doch scheint der Planet plötzlich erwacht. Großflächig sind die Küstengebiete und große Teile der Landflächen in der Nacht hell erleuchtet. Die Fremden werden neugierig, jetzt lohnt es sich, näher zu kommen. Mit jedem Kilometer entdecken sie neue Details. Es wimmelt auf diesem nachthellen Ball. Kleine Raumschiffe umkreisen seinen Orbit, etwas tiefer viele verschiedene Fluggeräte, die Gas- und Wärmespuren hinter sich herziehen, und auf der Erdoberfläche Millionen von Geräten, die sich langsamer voranbewegen. Die milliardenfachen Lichtspuren dieser Vehikel und die Hitzeabstrahlung ihrer Motoren erzeugen ein Gemälde aus Bahnen und Vektoren auf dem dunklen Ball. Dieses Wimmelbild aus Licht entwickelt immer komplexere Muster und Strukturen, je näher sie kommen. Ganze Korridore aus Licht und Bewegung verbinden die Siedlungsgebiete. Laut ist es jetzt auch auf diesem Planeten, sehr laut. Wellen der unterschiedlichsten Art und Reichweite jagen um die Kugel und hinauf zu den kleinen Orbitkreuzern und geostationären Satelliten in der Umlaufbahn.

In der Stille des Alls verharren die Fremden vor dieser grellen Kugel wie die unangekündigten Besucher einer wilden Party, die sich schon an der Straßenecke lauthals ankündigt. Noch eines fällt den stillen Beobachtern beim Blick auf ihre Sensoren und Messgeräte auf: Es ist heiß, stickig und eng geworden, obwohl die Fenster und Türen bei der Party weit aufstehen und die Kugel die Hitze ihrer Motorenwelt weitgehend ungenutzt ins winterkalte All abstrahlt. Die Rechner der Besucher analysieren sehr schnell, dass die Ökosysteme dieser kleinen Welt kurz davorstehen könnten, aus dem Gleichgewicht zu geraten. Nun erscheint auch dies den Fremden nicht als besonders intelligent. Erneut können sie hier nichts lernen, was ihnen wichtig erschiene. Nur helfen. Kosmische Retter sind sie aber nicht. Wieder drehen sie ab.

Zivilisierung als Mobilisierung

Nur in den Zeitläufen einer kosmischen Perspektive enthüllt sich die außergewöhnliche Dynamik und Reichweite der Verwandlung der menschlichen Zivilisation in der jüngeren Vergangenheit. Was dem Menschen in seiner alltäglichen Zeiterfahrung wie eine stetige Evolution erscheint, präsentiert sich im Blick der außerirdischen Beobachter als ein Quantensprung. Wären sie beständig zugegen gewesen, hätten ihnen die ersten hunderttausend Jahre Menschheitsgeschichte den Eindruck eines sich langsam beschleunigenden Anlaufs gemacht, der erst im 20. Jahrhundert im fulminanten Weitsprung einer nunmehr durch und durch wissenschaftlich-technologischen Zivilisation mündete. Und dieser Weitsprung hält noch an. Wo ist der Landungspunkt? Wird die Landung glücken, oder endet sie in einem Crash? Und trägt der Vergleich des Weitsprungs überhaupt? Oder war der Absprung ein Take-Off in ganz neue Dimensionen? Noch wissen wir es nicht, genauso wenig wie die außerirdischen Besucher, die in der Auswertung und Extrapolation ihrer Sensorenmessungen offenbar zu einer betrüblich ungünstigen Prognose für die Menschheit gelangt sind. Zu hoffen bleibt, dass sie sich irren und zu früh weitergezogen sind.

Unstrittiger ist wohl, dass die Methoden der Raumüberwindung und ihre Techniken und Infrastrukturen bis heute einen der eindrücklichsten Belege dieser radikalen Veränderung darstellen. Als die der Nahrung folgenden, wandernden Menschengruppen Tier und Pflanze domestizierten und bei ihnen sesshaft wurden, entstanden Siedlungen, Völker und Kulturen. Diese schufen sich mit der Zeit ein immer dichteres Netz von Wegen und Kommunikationsmitteln und erschlossen stetig neue geographische Räume, bis schließlich der ganze Planet ihre Heimat geworden war. Häfen, Straßen, Parkplätze, Schienen, Bahnhöfe, schließlich Flughäfen und Raumbahnhöfe markieren die Technisierung der Mobilität und sind zugleich sichtbarster Ausdruck des Umbaus der Welt zur Beschleunigungsarena, die mit ihren Lichtspuren stets und ständig das Gewebe unserer Zivilisation in den Nachthimmel schreibt.

Die Geschichte der Mobilität ist oft als eine Abfolge von genialen Augenblicken richtungsweisender Einzelereignisse beschrieben worden, in denen wissenschaftlich und technologisch immer voraussetzungsreichere Erfindungen uns das Rad, das Schiff, die Nautik, den Verbrennungsmotor, das Flugzeug und schließlich die Raketentechnik und das Internet bescherten. Man kann diese Aufwärtstransformation des Ver-

kehrswesens aber auch als das stete Verweben von systemischen Optimierungs- und Innovationsprozessen beschreiben,
die mit Eintritt ins 19. Jahrhundert wissenschaftlich fundiert,
methodisch angeleitet und systematisch vorangetrieben wurden. Mindestens drei solcher Innovationskomplexe der Mobilität überlagerten sich gegen Ende des 20. Jahrhunderts und
brachten eine gigantische Mobilitätsmaschinerie hervor, die
unter Verbrauch enormer Mengen an Ressourcen, Boden, Kapital und Arbeitskraft und zum Preis immer größerer negati-
ver Begleiterscheinungen für Umwelt und Gesellschaft bis
heute einen stetig wachsenden Output an Bewegung von
Menschen und Materie ermöglicht, der zur Grundlage unserer modernen Lebensstile geworden ist. In diesen drei In-
novationskomplexen – der Orientierungsinnovationen, der
Beschleunigungsinnovationen und der Vernetzungsinnova-
tionen – bündeln und verweben sich produkttechnologische
Erfindungen mit systemischen Infrastrukturinnovationen
und zunehmend auch mit – und dies gibt Anlass zur Hoffnung – völlig neuen Formen und Ausprägungen einer Dienst-
leistungs- und Sharingkultur.

Die Kunst der Navigation

Keine Mobilität ohne Navigation. Ihre Bedeutung für die Entwicklung der Mobilität ist kaum zu überschätzen. Seit sich
Menschen im Raum bewegen, stehen sie vor der Herausforderung, sich zu orientieren. Bei der steinzeitlichen Jagd, beim
Wandern der Nomaden, beim Handeln und Reisen. Zunächst
halfen Sterne, Landmarken, Orientierungssinn und Gedächt-
nisnavigation. Als die Räume größer wurden, die Wege und
Reisen länger und die Zahl der Reisenden größer, reichte das

nicht mehr aus. Die Gedankenkarten wurden ergänzt durch Landkarten, und die Kartographie entwickelte sich zu einer hochgeschätzten Kunst. Die Karten galten der Sicherstellung, Überlieferung und Reproduzierbarkeit der gefundenen Wege und Orte. Sie waren auf Tafeln, Leder und geschöpftem Papier gespeichertes Wissen. Auf diesem Wissen konnten die immer neuen, die bekannten Grenzen überschreitenden Expeditionen aufbauen, auf die gleiche Weise, wie das Voranschreiten der Wissenschaft auf den in Büchern dokumentierten Erkenntniskontinenten aufbaute. Als die Schifffahrt schließlich mit dem Weltverkehr der frühen Neuzeit die Flüsse und Küstenstraßen verließ und das offene Meer suchte, war dies eine Blütezeit der Navigation, der Steuermannskunst mit ihren über die nachfolgenden Jahrhunderte immer weiter verfeinerten und verwissenschaftlichten Verfahren der Orts- und Routenbestimmung zu Wasser, Land, in der Luft und schließlich im Weltraum.

Zwei Schritte der Orientierung gehen jedem Steuern voraus: das Feststellen der aktuellen Position und das Ermitteln der günstigsten Route zum Ziel. Beides wurde über die Jahrhunderte kontinuierlich perfektioniert und mündete mit der Erfindung der Satellitennavigation und der Verkehrstelematik in der flächendeckenden Individualisierung der Routenfindung durch Millionen von Navigationssystemen für Auto- und Lkw-Fahrer, Schiffsoffiziere und Flugkapitäne. Auch die Kriegsführung ist heute nicht mehr ohne die perfektionierten Methoden der Ortsbestimmung und Zielfindung für Panzer, Kampfbomber und U-Boote denkbar, für Marschkörper, Raketen und unbemannte Drohnen jeglicher Art. Die millimetergenaue, computergestützte Navigation wird selbst aus dem Operationssaal bald nicht mehr wegzudenken sein, wo die

Operateure sich mit Hilfe eines medizintechnischen Systems auf der Grundlage von Röntgenbilddaten und Computertomographien präzise durch schwieriges Terrain manövrieren können, etwa im äußerst verletzlichen Gehirngewebe, in dem jeder Fehlgriff schwerwiegende Folgen haben kann.

Die fortschreitende Digitalisierung der Navigation verlangt heute unsere gleichzeitige Orientierung in drei Typen von Welten: Neben der realen Welt steht die Welt der digitalen Daten, und zwischen diesen beiden wächst die immer komplexer werdende Mischwelt aus digitalen und geographischen Raummarken, beweglichen Gegenständen und Menschen, die zunehmend mit einer virtuellen Bedeutungsschicht überzogen werden. Die virtuelle Welt des weltweiten Netzes, der Datenwolken und digitalen Parallelwelten ist heute durch den technologischen Fortschritt so überaus komplex geworden, dass wir uns auch dort vielleicht bald nur noch mit individuellen Routenscouts und Rechercheassistenten zurechtfinden können. In der sich rasant entwickelnden Mischwelt aus realen und digitalen Bewegungen wird unsere hybride Existenz als ortspolygame Cyberwesen zukünftig womöglich auf die Spitze getrieben. Allerdings zeigt sich schon heute in Sackgassen, vor toten Brücken und an Hafenkanten, dass mitunter derjenige ziemlich verlassen ist, der sich vollkommen auf die digitalen Techniken der Orientierung verlässt. Je mehr wir der informationstechnologischen Unterstützung unserer digitalen Navigatoren vertrauen, desto mehr ähneln wir tumben Päckchen, die verlorengehen, wenn diese Unterstützung plötzlich wegfällt.

Deswegen kann für die Zukunft die Gefahr eines *digital lost* – des digitalen Verlorengehens – gar nicht ernst genug genom-

men werden. Je perfekter uns die Technologie in der Alltags-
orientierung unterstützt, desto schneller stellen sich unsere
Gewohnheiten darauf ein und machen uns abhängig. Es wäre
denkbar, dass sich am Ende bestimmte neuronale Verknüpfungen gar nicht erst ausbilden, die die Notwendigkeit, sich
im Raum zurechtzufinden, in den Gehirnen der früheren
Menschen entstehen ließ. Gehirnstrukturen und Fähigkeiten,
die sich durch lange Übung von klein auf ausbilden, wären
dann im Notfall eines Technologieversagens nicht mehr ab-
rufbar. Bereits für das Jahr 2014 wird erwartet, dass über eine
Milliarde GPS-fähige Handys und Smartphones verkauft
werden. Steht uns damit die eigentliche Kollektivierung der
Orientierungslosigkeit erst bevor? Ein Rückfall in die Zeiten vor der ursprünglichen Kultivierung von technologischen
und kulturellen Orientierungssystemen, paradoxerweise gerade weil wir die Kunst der Navigation informationstechnolo-
gisch auf die Spitze getrieben haben? Die Mobilisierung der
Welt hätte ohne die zeitgleiche Entwicklung von Systemen
der räumlichen Orientierung nicht stattfinden können. Hinter Jahrtausenderfindungen wie der des Rades, des Verbrennungsmotors und anderen Beschleunigungsinnovationen der
Mobilität – wie sie im folgenden Abschnitt beschrieben werden – tritt die Bedeutung der Orientierungssysteme in der
wissenschaftlichen wie in der Laienwahrnehmung häufig zurück. Was würde passieren, wenn durch einen Sonnensturm,
einen Stromausfall oder eine Cyber-Attacke die globalen Da-
tennetze ausfielen? Im Cyber-GAU würde die globale Mobili-
tätsmaschine abrupt zum Stillstand kommen. Dieses Risiko
wächst mit dem Grad der technologischen Durchdringung
und Abhängigkeit, was für die Zukunft vor allem die Frage
nach der Möglichkeit resilienter – also krisensicherer – Infrastrukturen aufwirft.

Vom Rad zur Rakete –
Zur Geschichte der Beschleunigungsinnovationen

Der Mensch, so der Sozialanthropologe Arnold Gehlen, »könnte sich in der ihm gegebenen biologischen Konstitution innerhalb der rohen Natur gar nicht halten. Sein intelligentes Handeln zielt deswegen in erster Linie auf die Veränderung der Außenwelt aus barer organischer Bedürftigkeit. So muss er sich die ihm organisch versagten Waffen erst selbst herstellen, und wenn er in die Kälte vordringt, dann hängt er sich den Pelz um, der ihm nicht wächst« (Gehlen 1961:69). Auch die Gestaltung von einzelnen Techniken und schließlich ganzen Systemen der Raumüberwindung lassen sich in Gehlens Lesart der Technikentstehung als Organersatz, Organentlastung und Organüberbietung begreifen: »Der Wagen, das Reittier entlasten uns von der Gehbewegung und überbieten weit deren Fähigkeit. Im Tragtier wird das Entlastungsprinzip handgreiflich anschaulich. Das Flugzeug wieder ersetzt uns die nicht organisch gewachsenen Flügel und überbietet weit alle organische Flugleistung« (Gehlen 1961: 93). Die gleichzeitige Ansässigkeit des Menschen in der Grenzenlosigkeit des Raums und der Begrenztheit der Zeit bot Anlass, das Rad zu erfinden und – metaphorisch gesprochen – immer neu zu erfinden, indem ein ganzes Arsenal künstlicher Organe der Raumüberwindung geschaffen wurde, mit deren Hilfe sich die Einschränkungen des gegebenen menschlichen Körpers überwinden lassen. Diese Hilfsmittel werden hier deswegen unter dem Begriff der Beschleunigungsinnovationen zusammengefasst, weil die Beschleunigung eine Strategie ist, trotz knapper Zeitressourcen – und Zeit ist individuell angesichts des Todes und gesellschaftlich aufgrund der kapitalistischen Wirtschaftsweise immer knapp – immer weitere Räume zu erschließen.

Aus heutiger Sicht lassen sich drei Phasen von Beschleunigungsinnovationen unterscheiden: eine präfossil-organische, die weitgehend hinter uns liegt, eine fossil-industrielle, in der wir uns gegenwärtig befinden, und eine postfossil-solare Phase, die wir anstreben sollten.

Pferd, Rad und Schiff:
Die Entwicklung der präfossil-organischen Beschleunigungsinnovationen

Den überwiegenden Teil ihrer Zivilisationsgeschichte verbrachte die Menschheit im Zustand des Organischen. Mit organisch ist gemeint, dass die im Alltag verwendeten Stoffe und Materialien fast ausschließlich aus dem Pflanzen- und Tierreich stammten. Selbst die anorganischen Stoffe, die in dieser Epoche Verwendung fanden, wie etwa die Metalle, blieben ebenfalls organisch gebunden insofern, als ihre Gewinnung und Herstellung in Ermangelung anderer Brennstoffe großer Mengen Holz bedurfte (vgl. Sombart 1969[1902]: XII). Gleichermaßen waren die Kraftquellen der Raumüberwindung organisch oder »metabolisch« (Virilio 1993: 7), was bedeutet, dass Menschen entweder auf die eigenen Füße oder auf die Muskelkraft von Reit- und Zugtieren angewiesen waren. Insofern ist die Kulturtechnik der Zähmung und Züchtung von Tieren, die sich wahrscheinlich im vierten Jahrtausend vor Christus ausbildete, eine erste Beschleunigungsinnovation von epochemachender Bedeutung für den Landverkehr. Im selben Jahrtausend wurde auch das Rad erfunden, wahrscheinlich im Zuge einer Weiterentwicklung der Schleppbahre, die ein Pferd oder Rind hinter sich herzog, um schwere Lasten zu bewegen. Noch älter ist die Mobilität zu Wasser mit Hilfe von Baumstämmen, Flößen und Schiffen. Spätestens seit dem fünften Jahrtausend vor Christus war die Nutzung der Windkraft mit Hilfe von Segeln bekannt. Das Schiff, insofern es Strömungen oder Windkraft nutzte, kann somit als das früheste nichtmetabolische Fahrzeug gesehen werden, das den weite Distanzen überbrückenden Transport von Menschen, Tieren und Gütern von der Körperkraft entkoppelte und damit die Entfaltung der ersten großen Kolonialmächte wie den hellenischen Staatenbund und das Römischen Imperium ermöglichte.

Dampfmaschine, Ottomotor und Raketen: Die Entwicklung der fossil-industriellen Beschleunigungsinnovationen

Zur Explosion der Beschleunigungsinnovationen kam es während der industriellen Revolution, die auch eine Revolution des Transportwesens mit sich brachte. Ausgangspunkt war die Erfindung des Verbrennungsmotors in Form der Dampfmaschine – durch sie wurde die Tür zur Schatzkammer der fossilen Energieträger weit aufgestoßen. Neben der plötzlichen Leistungssteigerung brachte die Dampfmaschine auch die Unabhängigkeit von Jahreszeiten, Winden, Strömungen und Muskelkraft und damit einen Zuwachs an Planbarkeit, Berechenbarkeit und Zuverlässigkeit. In ihrem Zusammenspiel waren diese Neuerungen von so grundstürzender Dynamik, dass wir das Ausmaß der Umwälzungen, die sie in allen Bereichen des Lebens mit sich brachten, heute wohl nur mehr schwer nachvollziehen können. Die industrielle Revolution hätte sich ohne die zeitgleiche Industrialisierung des Transportwesens wohl ebenso wenig entfaltet wie der moderne Kapitalismus, dessen Eisenbahnen und Dampferlinien einen globalen Markt erschlossen und es möglich machten, sich der Rohstoffe und Arbeitskräfte aus allen Teilen der Welt zu bemächtigen. Die ab Mitte des 19. Jahrhunderts mehr und mehr fossil angetriebenen Verkehrsmittel, allen voran die Eisenbahnen und Dampfschiffe, dienten der Integration ganzer Nationen und immer weiter gespannter Wirtschaftsräume. Im Übergang zum 20. Jahrhundert folgten weitere Beschleunigungsinnovationen in immer rascherer Folge: Der Elektromotor erlaubte die Umstellung des Betriebs von S- und Straßenbahnen von Dampf- und Pferdekraft auf elektrischen Strom, später wurde ein nicht unerheblicher Teil der städtischen Logistik zur Feinverteilung von Waren und Gütern mit elektrisch angetriebenen Transportern abgewickelt. Die zweite Erfindung des Verbrennungsmotors als Otto- und Dieselkraftmaschine entwickelte sich schließlich zur wohl folgenreichsten Beschleunigungsinnovation der fossil-industriellen Phase. Im Stadtverkehr ersetzte das Automobil die Pferdekutsche und eroberte mit den Jahrzehnten auch immer weitere Teile des Überlandverkehrs. Nach der ersten Suburbanisierungsphase der Metropolen mit neuen Stadtteilen entlang von S- und Hochbahnstrecken wurden die dazwischen liegenden Räume mit Hilfe von Straßenbahnen und Kraftomnibussen erschlossen. Eine zweite Phase der Suburbanisierung, die Entwicklung großer Eigenheimsiedlungen an den Stadträndern, wurde seit den fünfziger Jahren des vergangenen Jahrhunderts vom Automobil ermöglicht und geprägt. Heute ist die Automobilität im Güter- wie im Personenverkehr die dominierende individuelle Fortbewegungsform für kurze und mittellange Distanzen in allen industrialisierten Gesellschaften, während der Luftverkehr den internationalen Personentransport im Geschäfts- und Freizeitverkehr dominiert und die Tanker- und Containerschiffflotten das Rückgrat der globalisierten Ökonomie bilden. Allen diesen Beschleunigungsinnovationen ist gemeinsam, dass sie direkt oder indirekt auf die ökologisch wie geopolitisch zunehmend problematische Nutzung großer Mengen fossiler Energie angewiesen sind, meist in Form von Erdöl, dessen jährliche Weltproduktion überwiegend vom Verkehr verbraucht wird. Schon jetzt ist abzusehen, dass die wissenschaftlichen und technologischen Bemühungen, dieses Problem zu lösen, die dritte Phase der Entwicklung von Beschleunigungsinnovationen stark prägen werden.

Brennstoffzellen, Elektromobilität und Solarenergie: Die Entwicklung der postfossil-solaren Beschleunigungsinnovationen

R. Buckminster Fuller hat in seinem Essay *Bedienungsanleitung für das Raumschiff Erde* (1973: 31 ff.) ein treffendes Gleichnis aufgestellt. Die Erde, so Fuller, sei ein Raumschiff und die fossile Energie gleichsam das Geschenk einer der Menschheit mitgegebenen »Anlasserbatterie« für das Raumschiff. Diesen kostbaren Schatz gelte es sorgsam einzusetzen, um auf einem zivilisatorisch wie technologisch hochentwickeltem Niveau den eigentlichen Motor des Schiffs in Schwung zu bringen und dann dauerhaft mit diesem zu fliegen. Als Hauptmotor kam für Fuller nur die Nutzung regenerativer, also letztlich solarer Energie in Frage, mit der das Schiff von seiner Sonne dauerhaft bestrahlt wird. Will man den Gedanken Fullers fortführen, so waren die Phasen der organischen und der fossilen Entwicklung der Zivilisation kein Fehler oder Irrweg, wie es von manchen fundamentalökologischen Kritikern dargestellt wird, sondern notwendige Phasen der Modernisierung, um ein Niveau von gesellschaftlicher Klugheit zu erreichen und ein Set an wissenschaftlichen, technologischen und ökonomischen Handlungsoptionen zu entwickeln, die nötig sind, um in einem nächsten großen zivilisatorischen Schritt mit Hilfe regenerativer Energie ein hohes Maß an individueller wie gesellschaftlicher Wohlfahrt und Lebensqualität mit einem dauerhaften und globalen ökosystemischen Gleichgewichtszustand zu verknüpfen.

Zu Beginn dieses Jahrhunderts sind zumindest einige Voraussetzungen für diesen Schritt gegeben. Blickt man nur auf das technologische Potential, so sind mit Windkraft, Wasserkraft, Wellen- und Gezeitenkraftwerken, mit Geothermie, Biomasse, Solarthermie und Photovoltaik vielfältige, den jeweiligen regionalen geologischen und meteorologischen Bedingungen angepasste Technologien bereits verfügbar, um große Mengen an Energie aus regenerativen Quellen zu gewinnen und in Form des Energieträgers Strom universell nutzbar zu machen. Um den fossilen Entwicklungspfad der Mobilität zu verlassen, werden gegenwärtig Forschungs- und Entwicklungsanstrengungen zur durchgängigen Elektrifizierung des Verkehrssektors unternommen. Die Vorteile der Nutzung regenerativ erzeugten Stroms liegen dabei auf der Hand: Erstens werden große Teile des urbanen und interurbanen öffentlichen Verkehrs – zumindest in Europa – bereits elektrisch betrieben, so dass die notwendige Infrastruktur nicht ausgebaut und nicht von Grund auf neu geschaffen werden muss. Zukünftig sollte eine vollständige Elektrifizierung aller schienengebundenen Fahrzeuge und auch des urbanen Busverkehrs angestrebt werden. Zweitens muss auch für die Elektrifizierung des Pkw-Verkehrs keine vollständig neue Infrastruktur aufgebaut werden, da Stromleitungen flächendeckend vorhanden sind und im Zuge der in Deutschland verfolgten Energiewende ohnehin weiter ausgebaut werden müssen. Notwendig ist allein eine entsprechende Ladeinfrastruktur für batterieelektrische Fahrzeuge, während brennstoffzellenelektrische Fahrzeuge beispielsweise aus dem vorhandenen Gasnetz mit regenerativ erzeugtem Methangas versorgt werden könnten, das an Bord der Fahrzeuge mit Hilfe der Brennstoffzelle zu Strom für den Betrieb des Elektromotors umgewandelt wird. Gegenwärtig wird die Elektrifizierung der Automobilität vor allem von der Speicherproblematik behindert. Es gibt noch keine hinreichend sichere, leichte, leistungsfähige und dabei kostengünstige Batterietechnologie. Sowohl bei der regenerativen Bereitstellung von Energie, der Weiterentwicklung der stationären Speicher- und Verteilungsinfrastruktur sowie der Ladeschnittstellen als auch bei der mobilen Speicher- und Antriebstechnologie gibt es noch viele offene technische Fragen. Mit Blick auf die gegenwärtigen Forschungsergebnisse und die Forschungsdynamik kann man aber durchaus hoffnungsvoll in die Zukunft blicken. Im Vergleich der Investitionen an Zeit, Ingenieurskraft und Kapital, die in den vergangenen einhundert Jahren in die Optimierung der fossilen Verbrennungstechnologien geflossen sind, steht die Entwicklung der regenerativen Energie und der erneuerbaren Mobilitätstechnologien noch am Anfang, und eine auch weiterhin dynamische Entwicklung der Innovationskraft ist hier mit Sicherheit zu erwarten. Allerdings nur unter der Bedingung, dass die dafür nötigen energie- und forschungspolitischen wie unternehmenspolitischen Weichenstellungen in Richtung einer solaren Mobilitäts- und Energiekultur tatsächlich vorgenommen werden.

Schienen, Autobahnen und Datenhighways – Zur Geschichte der Vernetzungsinnovationen

Keine Eisenbahn ohne Schienen, kein Autoverkehr ohne Straßen und Autobahnen. Den Fokus auf antriebs- und fahrzeugtechnische Erfindungen zu legen verstellt oft den Blick auf die Tatsache, dass sich Beschleunigungsinnovationen letztlich bei allen Verkehrsarten nur im Zusammenspiel mit dem massiven Auf- und Ausbau von Infrastruktur- und Betriebssystemen durchsetzen konnten. Daher lässt sich die Geschichte der Mobilität auch als eine Geschichte der Verkehrsnetze schreiben. Von den ersten gepflasterten Straßen des Römischen Reiches, von den Eisenbahnschienen, die die Gründung und Integration der europäischen Nationalstaaten entscheidend mitbeförderten, über das sogenannte achte Weltwunder des nordamerikanischen Highwaynetzes, das internationale System von Flughäfen und Funkfeuern, Häfen und Schifffahrtsrouten bis hin zu den Datenautobahnen des Internets und die Verkehrssteuerung via Satellitenkommunikation – immer sind es Netzwerke aus Stahl, Asphalt, Beton, Kupfer und schließlich Glasfasern, die der ungehinderten Bewegung durch die unebenen, verstellten und widerständigen Räume der Natur die Bahn brechen. Diese Netzwerke sind es auch, die die Ressourcenintensität der modernen Mobilität mitbedingen. Je höher die Geschwindigkeit, desto größer der Bedarf an Flächen, Baumaterial, Maschinen und Energie für die Erzeugung von Fundamenten und Infrastrukturen und desto höher auch der planerische und logistische Aufwand von Kapital und Intelligenz. Insofern ist die Mobilisierung und Ermöglichung an der einen Stelle im Kern immer auch eine Festsetzung, Begrenzung und Immobilisierung von Geldern, Dingen und Möglichkeiten an einer anderen Stelle. Die Konflikte um Großbahnhöfe und Flugdrehkreuze speisen sich aus diesem Gegensatz, und sie werden sich zuspitzen in dem Maße, in dem weitere Mobilitäts- und Geschwindigkeitszuwächse unserer nunmehr hochmobilen und quasi mobilitätssaturierten Gesellschaft des 21. Jahrhunderts nicht mehr als Erweiterungen von Freiheitsräumen und Lebensqualität wahrgenommen werden – wie in der Nachkriegszeit in Deutschland und gegenwärtig in China –, sondern nur noch als marginale Verbesserungen in einem teuer erkauften Grenzkostenbereich.

Wenn heute über Vernetzung gesprochen wird, so ist meist von Datennetzwerken und Kommunikationssystemen die Rede. Historisch betrachtet, ist der Aufbau von Kommunikationsnetzen untrennbar mit der Entwicklung von Verkehrssystemen verbunden, insofern die planmäßige Steuerung dieser Systeme immer auch eine sichere und leistungsfähige Kommunikation erforderte. So begleitete die Telegraphie die Eisenbahn wie die Funktechnik den Luftverkehr und die Schifffahrt. Heute dient die satellitengestützte Kommunikation und Navigation der Optimierung fast jeder Form von Mobilität. Ob iPhone oder Navi – mit einer kaum wahrnehmbaren Bewegung des Daumens klinken wir uns in die rasenden Datenströme unserer Gegenwart ein. Während wir im Zug oder zu Fuß unterwegs sind, mobilisieren und beschleunigen wir zugleich Myriaden von Daten zwischen Himmel und Erde, damit wir den richtigen Weg finden, während der Reisezeit unterhalten sind, unsere Finanzgeschäfte regeln oder unserer Arbeit nachgehen können. Insofern ist fast jede Bewegung heute zu einer Doppelbewegung von Körper und Daten, einer Bewegung zur Mehrbewegung, einer Potenzierung von Kraft und Zugang geworden, wie sie vor wenigen Jahrzehnten noch nicht auszumalen war. Und diese Entwicklung der durchgängigen Vernetzung im Sinne einer Digitalisierung der Mobilität wird noch weiter massiv an Fahrt aufnehmen.

Mobilität im goldenen Käfig

Den Ansprüchen detailbewusster Kenner der Materie wird die voranstehende Darstellung nicht genügen. Ziel dieser Darstellung war nicht das vollständige Bild, das in den umfangreichen Kompendien der Verkehrshistoriker facettenreich und spannend niedergelegt ist. Vielmehr ging es darum, in einem kompakten Überblick zu beschreiben, wie sich die Praktiken der Raumüberwindung mehr und mehr zu einem gigantischen Netzwerk aus Geräten, Infrastrukturen, Raummustern, Zeitmustern und Verhaltensgewohnheiten ausgebildet haben, das für die Freiheiten und Möglichkeiten der modernen Kultur fundamental wurde. In Auseinandersetzung mit seiner inneren und äußeren Natur hat der Mensch seine Umwelt geprägt und festgeschrieben. Jeder verbaute Stein, jeder Meter Asphalt, jede Tonne Schienenstahl, jeder Hafen, Flugplatz, Bahnhof, jede Produktionsanlage und jede Siedlung wurde so auch zum Datum der zukünftigen Entwicklung. Der Verkehrsökonom Fritz Voigt (1953: 199 ff.) prägte in diesem Zusammenhang den Begriff der »Anteludialeffekte« für die Gestaltungswirkungen von Verkehrsmitteln, die durch »Festlegungen« hervorgerufen wurden, »die seinerzeit vielleicht berechtigt gewesen sein mögen, sich aber seitdem bei möglicher oder tatsächlicher Verbesserung der Verkehrswertigkeit als Fessel oder Gegenkraft gegen die Tendenz der Entwicklung der Grundstruktur auswirken«. Mit anderen Worten: Ein Verkehrssystem, das einmal existiert, kann nicht ohne weiteres wieder beseitigt werden. Gleiches gilt für die mentalen Dispositionen des modernen Menschen. Jede Handlung, jeder Gedanke, jede stetig erregende Emotion trägt zur Ausprägung mentaler Muster bei, und diese werden umso stabiler und widerständiger gegenüber Veränderungsbemühungen, je häufiger sie getätigt, gedacht und empfunden und je mehr Generationen in ihrem Sinne sozialisiert wurden. Handlungen werden zu Gewohnheiten und Gewohnheiten zu Institutionen, die beharrungsmächtiger sein können als stählerne Infrastrukturen. Das gilt immer und überall, auch für Veränderungen der Mobilitätskultur. Wer also Verkehrspolitik betreiben will, wird stets gewahr sein müssen, welch große Macht die Anfänge über die Zukunft haben.

Der makroskopische Blick auf die Geschichte offenbart also, wie sich das Gewebe der Freiheit der Mobilität zugleich zu einem der stabilsten »Gehäuse der Hörigkeit« (Max Weber 1988[1920]: 203) in unserer fossil-industriellen Kultur entwickelte, aus dem zu entrinnen heute wohl so nötig geworden ist wie noch nie und doch so schwerfällt wie die Suche nach dem Ausweg aus einem goldenen Käfig. Andererseits hat sich gezeigt, dass die technologischen Startbedingungen für das »Raumschiff Erde« (a. a. O.) womöglich so günstig liegen wie nie zuvor. Was Fuller nicht in Betracht gezogen hat, war jedoch, dass es einerseits an der nötigen politischen Klugheit mangeln könnte, andererseits das Momentum der kulturellen Pfadabhängigkeit des einmal eingeschlagenen – fossilen – Entwicklungsprinzips sich ökonomisch und kulturell viel mächtiger erweisen würde als von ihm erwartet. In diesem Zusammenhang ist zu fragen, ob es in Zukunft wirklich noch ausreichen wird, allein technologische Funktionsäquivalente zur postfossilen Befriedigung gegebener Bedürfnisse der Mobilität zu suchen, ohne das mittlerweile sehr hohe Niveau dieser Bedürfnisse und Ansprüche selbst in Frage zu stellen. Womöglich liegen die zukunftsfähigsten Lösungen der Mobilitätspolitik eher im Bereich sozialer und kultureller Entschleunigungsstrategien als allein in einer Fortführung der bekannten technologischen Effizienzoptimierung unter solaren Vorzeichen. Mit dem Blick in die mögliche Zukunft der Mobilität werden im folgenden Kapitel weitere Informationen und Bewertungskriterien zur Beantwortung dieser Fragen geliefert.

Kapitel II
Zukunftstrends der Mobilität

Die Zukunft ist ein schwieriges Terrain. Das war schon immer so, gilt heute aber erst recht. Wir leben in einer immer schnelleren und riskanteren Welt, in der das Kommende stetig weniger fassbar und erwartbar wird als in den Jahrzehnten zuvor. Das betrifft insbesondere alle Aussagen zur Zukunft der Mobilität, denn es ist ja gerade der immer mobilere, beschleunigte und veränderliche Charakter der modernen Kultur, der die Orientierung in den Gefilden der Zukunft immer schwieriger und überraschungsreicher macht. Wo gestern ein Weg war, ist heute keiner mehr. Wo wir heute vor einer Sackgasse stehen, dort spannt morgen eine Brücke überraschend neue Verbindungen auf, und was seit Jahrhunderten als gute und sinnvolle gesellschaftliche Praxis gelten konnte, wie zum Beispiel das Wachstumsprinzip oder die Nutzung fossiler Brennstoffe, hat sich auf einmal zu einer der größten Gefahren für die menschliche Zivilisation entwickelt. Wegen dieser Unübersichtlichkeit und Risiken ist die Analyse zukünftiger Entwicklungen heute wichtiger denn je. Gleichzeitig sollte sie durchaus mit Demut vor dem Unerwarteten und ohne den unbeirrten, quasiwissenschaftlichen und mitunter überheblichen Gestus betrieben werden, den heute manche Institutionen der Zukunftsforschung an den Tag legen, insinuierend, man könne die Zukunft *wissen*.

Obschon die Zukunft also nicht sicher vorhersagbar ist, können wir doch versuchen, uns auf verschiedene mögliche Zukunftsvarianten vorzubereiten. Dabei ist das Mögliche nicht immer das Wahrscheinliche, und das Unwahrscheinliche, womöglich Riskante mag mit unerbittlicher statistischer Berechtigung plötzlich eintreten. Mitunter genügt schon die Veränderung weniger, für unbedeutend gehaltener Parameter, um die Annahmen des bislang Wahrscheinlichen zugunsten völlig neuer und überraschender Entwicklungen außer Kraft zu setzen. Das Zukünftige entfaltet sich von heute aus betrachtet also in einem gedanklichen Möglichkeitsraum, der von den unterschiedlichsten Einflussfaktoren aufgespannt wird. Betrachtet man die Zukunft der Robotik oder der Künstlichen Intelligenz, so wird man andere Einflussfaktoren in den Blick nehmen als bei der Frage nach den künftigen Ernährungsweisen, der Sexualität oder der Kriegsführung. Die Mobilität nimmt im Vergleich zu solchen Fragen eine gesonderte Stellung ein. Sie ist als ein von sehr breiten und vielfältigen kulturellen, sozialen und technologischen Entwicklungstrends abzuleitendes Phänomen zu verstehen. Deswegen stellt allein schon die Auswahl der Einflussfaktoren eine Entscheidung dar, die alle weiteren Ableitungen maßgeblich prägt. In diesem Sinne werden Zukunftsprognosen der Mobilität oft aus einer besonderen Schwerpunktsetzung bei der technologischen Entwicklungsdynamik heraus unternommen. Das ist nicht falsch, bleibt aber angesichts der enormen Bedeutung zum Beispiel demographischer oder geopolitischer Entwicklungen unvollständig.

Das Bild der zukünftigen Mobilität ist also ein Bild, das mit den verschiedensten Pinseln, Farben und Perspektivgebungen zu malen ist. Für die folgende Skizze des Zukunftsraumes der

Mobilität wurden in diesem Sinne unterschiedliche soziale, politische, demographische und technologische Einflussfaktoren berücksichtigt, die – wiederum gebündelt in sieben mobilitätsrelevanten Faktorenclustern des (1) Wachstums der Transportnachfrage, (2) deren externer Effekte, (3) des Materialbedarfs, (4) des Energiebedarfs der Mobilität, (5) der Resilienz ihrer Infrastrukturen, (6) der demographischen und siedlungsstrukturellen Entwicklung und schließlich (7) der Digitalisierungs- und Vernetzungsprozesse der Mobilität – im Folgenden dargestellt werden.

Mobility Peak

Wohl selten war die Ratlosigkeit von Experten selbst für fachfremde Beobachter greifbarer als während des Weltverkehrsforums 2011 in Leipzig. Angesichts der zentralen Botschaft des World Transport Outlook des International Transport Forum der OECD (OECD/ITF 2011), das Verkehrsaufkommen werde sich bis zum Jahr 2050 weltweit verdreifachen – wobei sich der Trend zum Auto und Flugzeug weiter ausprägen wird –, war guter Rat teuer. Während in allen anderen Sektoren Effizienzsteigerungen, Verbrauchssenkungen und die Verringerung von Umwelteffekten mehr oder minder erfolgreich umgesetzt werden, dreht sich die globale Mobilitätsmaschinerie offenkundig immer schneller. Eine Antwort auf die Frage, wie unter diesen Umständen die Mobilitätsanforderungen von neun Milliarden Menschen auf wirklich nachhaltige Weise zu gewährleisten wären, blieben allerdings alle Experten schuldig. Einig war man sich allein darin, dass bei einer ungesteuerten Entwicklung die Nachfrage nach fossilen Brennstoffen und dementsprechend die Emissionen von Klimagasen, Luftschadstoffen und Feinstäuben, die Lärmemissionen, die Unfallkosten und vor allem der Material- und Raumbedarf der Mobilität weiter enorm ansteigen werden. In der Verkehrsökonomie wird in diesem Zusammenhang von den sogenannten externen Kosten des Verkehrs gesprochen, die als individuell und gesellschaftlich unangenehme bis gefährliche, ja oft tödliche Begleiterscheinungen der Nutzenproduktion der Mobilität auftreten, ohne dass diese negativen Auswirkungen von den Verursachern gegenüber den Betroffenen in irgendeiner Weise ausgeglichen würden. Angefangen bei den ersten Reitunfällen, Schiffsuntergängen, über die modernen Eisenbahnunglücke und spektakulären Flugzeugabstürze, das Massensterben auf den Straßen und Autobahnen bis zu den emissionsbedingten Gesundheits- und Umwelteffekten – die externen Effekte bilden die Schattenseite ihrer Erfolgsgeschichte und begleiteten die Entwicklung der Mobilität von Beginn an.

Angesichts der Wachstumsprognosen des World Transport Outlook stellt sich gegenwärtig ernsthaft die Frage, wie unter der Bedingung der rasant wachsenden Weltbevölkerung – und damit den weltweit zwangsläufig immer dichter gepackten Raum- und Siedlungsstrukturen – weiteres Verkehrswachstum und Verkehrssicherheit, Lebensqualität und Schutz der Gesundheit überhaupt vereinbar sein können. Womöglich liegen die Grenzen weiterer Beschleunigung und Mobilisierung weniger in den Limits der noch verfügbaren Brennstoffe als in einem gesellschaftlichen Verträglichkeitslimit, in dessen Nähe die individuellen und sozialen Grenzkosten jedes weiteren Mobilisierungsschubes höher sind als der immer geringer werdende Nutzenzuwachs. Gibt es also eine Art »Mobility Peak«, einen Gipfel der Mobilität, und wann wäre er erreicht? Für eine belastbare Antwort auf diese Frage ist es wohl noch zu früh, doch wird es in diesem Zusammenhang zukünftig nicht nur interessant sein zu beobachten, wie sich der Widerstand gegen große Verkehrsinfrastrukturprojekte in Europa weiterentwickelt, sondern auch, ob und wie zum Beispiel die chinesische Bevölkerung politisch auf die extreme Luftverschmutzung in den urbanen Ballungszentren reagiert, die sich als dauerhafte Begleiterscheinung des extrem forcierten chinesischen Wachstums- und Mobilisierungsmodells etabliert hat.

Riskante Mobilität

Schon im ersten Monat des Jahres 2013 wurden in China mehrere fragwürdige Verkaufsrekorde aufgestellt. Während die deutschen Autobauer freudig verkündeten, 2013 auf einen Absatz zuzusteuern, der die bereits fulminanten Zahlen des Jahres 2012 noch überbieten würde, konnte sich ein Unternehmer aus Peking nur mit halbem Herzen über den Erfolg seiner Produkte freuen. Er produziert Luftreiniger, mit denen Menschen in ganz Nordchina versuchen, die Luft in ihren Wohnräumen halbwegs atembar zu machen. Auch die Produzenten von Feinstaubmasken verzeichneten in China im Januar 2013 Verkaufsrekorde, denn große Teile Nordchinas lagen unter einer nie dagewesenen Smogglocke. Die in Peking gemessenen Feinstaubwerte reichten weit über die Skalen der WHO-Luftschadstoffindizes hinaus. Allein im Januar wurden die Grenzwerte der WHO an 25 Tagen um mehr als das Zehnfache überboten. Atmen war in Peking wie in den meisten der chinesischen Millionenmetropolen immer schon mehr oder weniger ungesund, doch im Januar 2013 wurde es lebensgefährlich. Selbst die Kummer gewohnten Pekinger sprachen

von »Airpokalypse«, und diejenigen, die es sich leisten können, denken immer ernsthafter daran, ihre Heimat zu verlassen. Dabei kommt die akute Situation des Januars 2013 nicht
überraschend. Mit dem Wirtschaftswachstum Chinas werden
täglich neue Betriebe eröffnet, der Energiehunger des Landes
wird vor allem mit immer neuen Kohlekraftwerken gestillt,
von denen fast jede Woche ein neues ans Netz geht. Dies,
zusammen mit den Emissionen des rasant wachsenden Verkehrs, hat eine neue Verschmutzungsdimension geschaffen,
die in den meisten westlichen OECD-Staaten selbst in den
dunkelsten Stunden ihrer Umweltgeschichte in den vergangenen zweihundert Jahren nicht erreicht worden war.

2012 war China zum vierten Mal in Folge sowohl der größte
Produzent als auch der größte Markt für Autos. Für 2013 wird
erwartet, dass die Autoverkäufe die 20-Millionen-Marke kna-
cken, und es ist auf absehbare Zeit nicht zu erwarten, dass sich
dieser Trend umkehren könnte. Allein in Peking werden täglich etwa 2000 neue Fahrzeuge zugelassen. Bleibt das so, dann
könnten 2015 in der 11-Millionen-Metropole fast sieben Millionen Fahrzeuge zugelassen sein. Die staubedingte Durchschnittsgeschwindigkeit läge dann wieder bei etwa 15 Stun-
denkilometern und damit auf einem ähnlichen Niveau wie
zu den Zeiten, als das Fahrrad Pekings Massenverkehrsmittel
war. Sicher hat der große Anteil des Verkehrs an der schlechten Luftqualität auch damit zu tun, dass in China sehr schmut-
ziges Benzin zum Einsatz kommt, dessen Schwefelgehalt
15-mal höher ist als bei dem in der EU verwendeten, doch wären die Emissionen auch unter günstigeren Bedingungen
noch hoch. Der Luftverkehr in China verzeichnet ebenfalls
enorme Wachstumsraten, ganz zu schweigen von der Schifffahrt, die mit Schweröl den dreckigsten aller Treibstoffe ver-

brennt und die Luftqualität in den Küsten- und Hafenregionen zusätzlich verschlechtert.

Das Beispiel Chinas ist exemplarisch für das, was sich überall auf der Welt abspielt: Fossile Mobilität erzeugt – auch unter technologisch günstigen Bedingungen – große Mengen von Luftschadstoffemissionen durch Abgase und den Abrieb von Reifen, Bremsen und Fahrbahnbelägen. Während in Asien die Belastungen auf immer neue Gipfel zustreben, galt die verkehrsbedingte Emissionsproblematik in Europa und Nordamerika aufgrund besserer Motorentechnologie als mehr oder minder gelöst. Jetzt zeigt sich auch hier eine neue Dimension der Verschmutzung, paradoxerweise als ein Effekt der Bemühungen, die verkehrsbedingten Feinstäube, den Verbrauch und die Kosten der Automobilität zu reduzieren. Der Grund ist der enorme Erfolg des Dieselantriebs, der als sparsamer und deswegen kostengünstiger und tendenziell weniger klimaschädlich gilt. Durch moderne Filtertechnologie konnten die Feinstaubemissionen zumindest der Neuwagenflotte drastisch reduziert werden, mit dem Nebeneffekt, dass die ohnehin hohen Stickstoffdioxid-Emissionen von Dieselfahrzeugen noch weiter ansteigen. NO_2 gilt als Mitverursacher von Herz-Kreislauf-Problemen, Asthma und Krebs. Im Winter 2013 wurde der NO_2-Grenzwert an allen sechs Luftmessstationen an den Berliner Hauptverkehrsadern überschritten. Eine Projektion der OECD geht davon aus, dass weltweit die »Gesundheitsschädigungen infolge von Luftverschmutzung in städtischen Gebieten weiter zunehmen und zur wichtigsten umweltbedingten Ursache vorzeitiger Todesfälle werden. Angesichts der Zunahme der Luftschadstoffemissionen des Verkehrssektors und der Industrie wird sich die Gesamtzahl der vorzeitigen Todesfälle, die mit Feinstaub in der Luft zusammenhängen, den Projektionen zufolge global mehr als ver-

doppeln (auf 3,6 Millionen jährlich), wobei es in China und
Indien wohl zu den meisten dieser Todesfälle kommen wird«
(OECD 2012).

Schlechtes Klima durch verkehrsbedingte Treibhausgase

Neben den unmittelbar gesundheitsschädlichen Emissionen
und Feinstäuben, die bei der Verbrennung fossiler Treibstoffe
im Verkehr entstehen, ist vor allem das Klimagas CO_2 ein
Problem. Auch CO_2 entsteht bei der Verbrennung von Treibstoffen und ist neben anderen Gasen hauptverantwortlich
für die sich immer stärker beschleunigende Erderwärmung,
den sogenannten Treibhauseffekt. Wo steigende Verkehrsleistungen weltweit zu einem steigenden Treibstoffverbrauch
führen, steigen auch die CO_2-Emissionen. Rund 11 Prozent
der weltweiten Treibhausgas-Emissionen werden durch die
27 Staaten der Europäischen Union verursacht (PBL Netherlands Environmental Assessment Agency (2012). Der Transport ist hier der einzige Sektor, der seit 1990 stark steigende
Emissionen verzeichnet. Der Landtransport, der für rund drei
Viertel der Treibhausgas-Emissionen des Transportsektors
verantwortlich ist, hatte im Jahr 2010 einen Anteil von etwa
18 Prozent am Treibhausgas-Ausstoß der EU-27. Zusätzlich
müssen die Treibhausgasemissionen des Luftverkehrs und der
internationalen Seeschifffahrt in die Rechnung einbezogen
werden. Sie sind für jeweils rund 3 Prozent der CO_2-Emissio-
nen der EU-27 verantwortlich, allerdings mit stark steigender
Tendenz. Die CO_2-Emissionen des Luftverkehrs haben seit
1990 um rund 80 Prozent zugenommen, die des Seeverkehrs
um 30 Prozent. Damit ist der Luftverkehr der mit Abstand
größte Wachstumstreiber bei den Treibhausgasemissionen,
wobei die besondere Klimawirksamkeit der Luftverkehrs-

abgase in dieser Betrachtung noch nicht berücksichtigt ist. Nimmt man alle Verkehrssparten zusammen, sind die CO_2-Emissionen des Verkehrssektors in den EU-27 laut der Daten der Europäischen Umweltagentur (EEA 2012) seit 1990 um 27 Prozent gestiegen.

Der Transportsektor ist also der einzige Bereich, in dem kontinuierlich stark ansteigende Klimagasemissionen zu verzeichnen sind. Auch die gegenwärtig als Hoffnungsträger einer nachhaltigen Mobilitätszukunft gehandelte Technologie des Elektroantriebs wird hier nur Linderung verschaffen, wenn die eingesetzte Primärenergie aus regenerativen Quellen stammt. Allerdings sieht es im Augenblick eher so aus, als ob der Elektroantrieb vor allem dazu dienen soll, die Abhängigkeit vom sich schnell verteuernden Erdöl zu verringern. Atom-, Gas- und Kohlekraftwerke werden dabei international – abgesehen von einigen wenigen europäischen Nationen – durchaus als sinnvolle Energielieferanten für die Elektromobilität angesehen. Mit diesen stationären Anlagen verringert sich – natürlich nur unter der Voraussetzung, dass eine fortschrittliche Kraftwerks- und Filtertechnologie eingesetzt wird – die Problematik der lokalen Schadstoffemissionen, das CO_2-Problem wird allerdings kaum gemildert, sondern nur geringfügig verschoben. Schließlich verdient in diesem Zusammenhang vor allem der Luftverkehr eine besondere Aufmerksamkeit. Die absoluten CO_2-Emissionen der globalen Luftfahrt fallen im Vergleich zum Straßenverkehr und zur Schifffahrt am geringsten aus. Gleichwohl besteht die gut begründbare, wenn auch nach wie vor umstrittene Vermutung, dass das Einbringen von Verbrennungsgasen durch Flugzeuge in großer Höhe besonders klimaschädigende Effekte hat. Man spricht hier vom RFI, dem Radio Forcing Index, der besagt,

dass CO_2 und Wasserdampf in der Troposphäre eine drei- bis
viermal höhere Klimawirksamkeit haben. Grund dafür sind
besondere chemische Prozesse der Wolkenbildung, die die
Wärmeabstrahlung der Erde behindern und damit am schleichenden Prozess der Aufheizung beteiligt sind. Genau aus
diesem Grund gelten Flüge, vor allem internationale Lang-
streckenflüge, als ungleich klimaschädlicher als die Automobilnutzung. Ein Flug Berlin–München wäre dementsprechend
drei- bis viermal klimawirksamer als dieselbe Reise mit dem
Auto. Und ein einziger Flug in den Westen der USA entsprä-
che der durchschnittlichen Autonutzung eines ganzen Jahres
in Deutschland. Genau dieser Sachverhalt ist nun auch für
den vordergründig paradoxen Effekt mitverantwortlich, dass
die sogenannten LOHAS (Lifestyle of Health and Sustaina-
bility), also die in ihrem unmittelbaren Lebensalltag ausgesprochen umwelt- und gesundheitsbewussten, gebildeten und
politisch oft linksliberal orientierten urbanen Mittelschichten
ohne Auto, mit starker Neigung zu Fahrrad und Bio-Lebens-
mitteln, aufgrund ihrer meist ausgeprägten Neigung zu häufigen und weiten Flugreisen, verkehrs- und klimapolitisch betrachtet, die größten Schäden verursachen.

»Vision Zero« in weiter Ferne – Der kalte Krieg auf den Straßen der Welt

Was würde in der deutschen Öffentlichkeit wohl geschehen,
wenn in einem Jahr in Afghanistan oder anderswo 3500 deutsche Soldaten sterben würden? Genau so viele Menschen
starben 2012 in Deutschland an den Folgen eines Verkehrsun-
falls. Seit Beginn des deutschen Einsatzes im Jahr 2002 ließen
53 Soldaten ihr Leben in Afghanistan. Dies wurde immer von
einer breiten Öffentlichkeit thematisiert und bedauert. Zeit-

gleich starben in diesen zehn Jahren auf den deutschen Straßen fast 50 000 Menschen, was annähernd der Summe der im Vietnamkrieg getöteten U. S.-amerikanischen Soldaten entspricht. Es sind solche makabren Vergleiche, die deutlich machen, mit welchem Ausmaß an Gewöhnung unsere und auch fast alle anderen Gesellschaften auf der Welt bereit sind, Menschenleben und körperliche und seelische Unversehrtheit auf dem Altar der Mobilität zu opfern. Laut WHO starben 2010 weltweit etwa 1,3 Millionen, also täglich etwa 3000 Menschen im Verkehr. Zwischen 20 und 50 Millionen Menschen werden jedes Jahr verletzt. Neben dem menschlichen Leid sind vor allem die ökonomischen Kosten riesig. Allein für Deutschland bezifferte die Bundesanstalt für Straßenwesen die Gesamtkosten durch Straßenverkehrsunfälle im Jahr 2003 auf 32 Milliarden Euro, die sich zu gleichen Teilen auf Personen- wie auf Sachschäden verteilen. Weltweit betrachtet, gehen die Kosten wohl in die Billiarden. Mit diesen Dimensionen übertrifft der Straßenverkehr fast alle seit dem Zweiten Weltkrieg auf der Welt geführten Kriege bei weitem. Es ist eben auch eine Art Krieg, der sich auf den Straßen der Welt abspielt und dessen Verschärfung angesichts der erwarteten Motorisierungzuwächse vor allem in den asiatischen Modernisierungsgesellschaften sehr wahrscheinlich ist. Bereits 2012 gab es in China trotz der noch vergleichsweise geringen Motorisierungsrate etwa 60 000 Verkehrstote. Damit ist China der weltweite Spitzenreiter, dicht gefolgt von Indien und den USA. China und Indien sind es auch, aus denen von den Medien immer wieder die haarsträubendsten Geschichten zum Thema »Kampf auf den Straßen« kolportiert werden: Fußgänger werden fahrlässig überrollt, Schwerverletzte achtlos mitten im Verkehr ihrem Schicksal überlassen, Bus- und LKW-Fahrer liefern sich mit ihren vollbesetzten Fahrzeugen

auf Wüstenpisten Wettrennen, bis einer von der Straße gedrängt wird. Zwar gibt es auch in China und Indien am internationalen Gebrauch orientierte kodifizierte Verhaltens-
maßstäbe, allerdings werden sie durch die gewachsenen
ungeschriebenen Regeln des alltäglichen Verkehrsverhaltens
noch so stark überlagert, dass das Geschehen auf den Straßen, gemessen an den Maßstäben der westlichen Straßenver-
kehrskultur, scheinbar jede Form von Zivilisiertheit vermis-
sen lässt.
Interessanterweise unterscheiden sich diese Eindrücke und
Geschichten kaum von den historischen Schilderungen des
Verkehrsgeschehens in Europa zu Beginn der Massenmotorisierung Anfang des 20. Jahrhunderts. Ähnlich wie heute in
China und Indien war die Straße damals auch in Europa ein
vielfältiger Lebensraum, der von den Bewohnern der Dörfer
und Städte gleichzeitig mit den unterschiedlichsten Bedürf-
nissen und Anforderungen in Anspruch genommen wurde.
Erst in einem konfliktreichen Prozess wurde dieser Lebensraum dann zu einem verhaltenshomogenen, auf die Ansprüche des schnellen motorisierten Verkehrs optimierten Transitraum umgebaut. Verkehrsgerechtes Verhalten ist heute ein
Verhalten, das die Dominanz des Automobils und den Vor-
rang des ungehinderten Verkehrsflusses respektiert. Um die
Verkehrssicherheit und einen reibungslosen Ablauf zu garantieren, wurde in allen westlichen Gesellschaften im Prozess
der Motorisierung seit den 1960er Jahren ein dichtes Netz von
Überwachungs- und Normierungsvereinen, Verkehrserzie-
hungs- und Überwachungsinstitutionen gewebt, das die Ver-
kehrssozialisation, also das Erlernen des verkehrsgerechten
Verhaltens jeder neuen Generation von Verkehrsteilnehmern
garantiert. Verkehrssicherheit ist also eine Frage der gewachsenen Verkehrskultur. Während in Europa und Nordamerika

über einhundert Jahre zur Verfügung standen, um die gesellschaftliche und technologische Entwicklung der Automobili-
sierung in eine Verkehrssicherheitskultur einzubetten, muss
dieser Prozess in Asien in wenigen Jahren vollzogen werden. Die hohen Verkehrsopferzahlen sind Ausdruck dieser
großen Geschwindigkeit und der Ungleichzeitigkeit der Motorisierung mit der Entwicklung des entsprechenden »ver-
kehrsfunktionalen« Verhaltens. Obwohl die westlichen Gesellschaften einen vergleichsweise erfolgreichen Weg hinter
sich haben – was sich in Deutschland daran ablesen lässt, dass
seit dem Höhepunkt der Unfallentwicklung Anfang der 70er
Jahre mit über 20 000 Verkehrstoten trotz zeitgleich wachsender Verkehrsleistungen ein Rückgang auf heute 3500 Verkehrstote erreicht wurde –, ist auch hier noch lange nicht alles
gut. Ausgehend von den skandinavischen Ländern, insbesondere dem Vorreiter Schweden, wurde deswegen die sogenannte *Vision Zero* zum Leitbild eines Straßenverkehrs, in
dem es keine Verkehrstoten mehr gibt; ein Leitbild, an dem sich
immer mehr europäische Staaten mit zunehmenden Erfolg
orientieren: In der EU-27 gab es 2010 31 000 Verkehrstote, was
im Vergleich zum Referenzjahr 1990 (75 977) eine Verminderung um ca. 59 Prozent ausmacht. In Deutschland wurde
die Zahl der Verkehrstoten im selben Zeitraum von 11 000 auf
3648 um 66,8 Prozent reduziert. Insgesamt gab es in der
EU-27 2010 1 115 000 Verkehrsunfälle, was einer Reduktion
um 25 Prozent im Vergleich zu 1990 (1 487 000) entspricht. In
Deutschland sank die Zahl der Verkehrsunfälle im selben
Zeitraum um 25,8 Prozent von 389 000 auf 288 297.
Weltweit betrachtet, ist Vision Zero noch in weiter Ferne.
Überträgt man die Erfahrungen des westlichen Motorisie-
rungspfades auf den gesamten Globus, so ist mit exorbitanten
Zuwächsen an Verkehrstoten und Verletzten zu rechnen – so-

fern es nicht in kürzester Zeit, politisch forciert und mit großem Aufwand vorangetrieben, zu großen Änderungen der Verkehrskultur kommt. Alle Fragen der Nachhaltigkeit und Zukunftsfähigkeit eines wünschenswerten Verkehrssystems werden sich also zuoberst daran entscheiden, ob die Vision Zero weltweit in den Mittelpunkt der Verkehrssicherheitskultur gestellt wird, statt wie bislang Verkehrstote als unvermeidbare Kollateralschäden des nach wie vor verheißungsvollen automobilen Beschleunigungsmodells zu betrachten.

Wenn der soziale Zusammenhalt auf der Strecke bleibt –
Die psychischen und sozialen Kosten der Mobilität

Mit den Emissionen und der Unfall- und Sicherheitsproblematik sind die üblicherweise in den Vordergrund gerückten Schattenseiten des Verkehrs benannt. Man kann die Liste noch ergänzen um den insbesondere durch die Luftfahrt stark wachsenden Verkehrslärm, den Verlust von Landschaft und qualitativ hochwertigen und sicheren urbanen Lebensräumen, die durch die Verkehrsinfrastrukturen zerschnitten und zersiedelt werden. Luft- und Lärmemissionen, Unfälle und eingeschränkte Wohnqualität sind direkt oder indirekt, sofort oder langfristig über die Beeinträchtigung von Gesundheit und Wohlbefinden psychologische und damit auch soziale Kosten. Hinzu kommt die bislang wenig diskutierte Frage nach dem sozialen Zusammenhalt und den Stabilitätsbedingungen einer zunehmend hochmobilen und flexiblen Gesellschaft. Dazu drei Gedanken.

Erstens: Es könnte einen psychologischen Grenzwert der Mobilitätsbereitschaft geben, über den hinaus eine global ausgreifende Beschleunigung nicht weiter verträglich ist. Die aktuellen Trends weisen auf einen massiv ansteigenden geschäftlichen internationalen Reiseverkehr hin. Es wird nicht mehr nur von den Eliten aus Wirtschaft, Wissenschaft und Politik hohe Mobilitätsbereitschaft erwartet, sondern zunehmend auch von Mitarbeitern der mittleren und unteren Managementebene, von Facharbeitern, Spezialisten und vor. Studenten. Aus dem immer weiter aufgespannten Möglichkeitsraum äußerst günstiger und schneller internationaler Mobilität entsteht ein zunehmender Zwang zur Mobilität, eine Standarderwartung auf höherem Niveau. Waren es bislang vor allem Menschen mit besonderen Karriereambitionen oder herausragenden Positionen, Funktionen und Ämtern, von denen eine hohe Mobilitätsbereitschaft erwartet wurde, so gehört diese heute zu immer mehr Jobs selbstverständlich dazu. Diese Zwangsmobilisierung trifft zunehmend auch Menschen mit einer größeren Bodenhaftung oder, anders gesagt, mit einer geringer ausgeprägten Mobilitätstoleranz. Es ist davon auszugehen, dass diese Zwangsmobilisierung wachsende psychologische und körperliche Probleme mit sich bringen wird. Schon jetzt weisen epidemologische Studien darauf hin, dass der Gesundheitszustand von sogenannten Fernpendlern oft signifikant schlechter ist als von Nichtpendlern. Dabei sind wiederum diejenigen stärker betroffen, die erzwungenermaßen pendeln, im Gegensatz zu denen, die überwiegend freiwillig viel unterwegs sind (Ducki 2009: 64). Es liegt außerdem nahe, dass die persönlichen Belastungen des vielen und häufigen Reisens über lange Distanzen umso intensiver empfunden werden, je größer der davon betroffene soziale Zusammenhang ist, was zum zweiten Gedanken führt: Es könnte einen sozialen Grenzwert der Belastbarkeit von Beziehungen und Familien durch hohe Mobilitätsanforderungen geben. Auch wenn die modernen Kommunikationsmedien heute hochmobile Lebensstile und Distanzbeziehungen

ungleich leichter und erträglicher machen als früher, bleibt es
doch dabei: familiärer und freundschaftlicher Austausch und
ein gelingendes soziales Leben benötigen räumliche Nähe.
Je mehr Menschen immer häufiger unterwegs sind, desto
schwerer wird es in Zukunft sein, das Maß an Stabilität von
Familien- und Gruppenbeziehungen aufrechtzuerhalten, das
für ein gelingendes gesellschaftliches Leben notwendig ist. Je
stärker ortspolygame Lebensstile und Sozialbeziehungen sich
entwickeln, desto mehr könnten wir als gesamte Gesellschaft
mit dem Problem der sozialen Integration konfrontiert sein.

Auf dieser Folie könnte drittens eine Belastungsgrenze des
politischen Systems erreicht werden, über die hinaus der Bau
und Betrieb von Verkehrsinfrastrukturen, die die Lebensqualität von immer mehr Menschen beeinträchtigen, nicht mehr
vermittelbar ist, so dass die Zahl eskalierender Auseinandersetzungen um solche Projekte zunimmt. Das Konfliktpoten-
tial und mit ihm die Anforderungen an das politische System,
zwischen Betreibern, Nutzern und den Betroffenen von Verkehrsinfrastrukturen einen Ausgleich zu schaffen, wird umso größer, je kleiner das geographische Territorium einer Gesellschaft und je größer die Nutzungskonkurrenz zwischen
Wohn- und Mobilitätsinfrastrukturen ist.

Sind die eigentlichen Grenzen weiteren Verkehrswachs-
tums also neben den ökologischen Limits unserer äußeren
Umwelt auch in unserer Innenwelt begründet – bei den seelischen und psychischen Grenzen des zunehmend mobilen
und beschleunigten Subjekts und seiner geringer werdenden
Bereitschaft, weitere Beschleunigungsbemühungen politisch
mitzutragen?

Fliegende Städte und Inseln aus Stahl

Der spektakuläre Gedanke fliegender Städte findet sich in der Kunst- und Literaturgeschichte des 20. Jahrhunderts immer wieder. Der russische Konstruktivist Georgy Krutikov entwarf sie als atomar betriebene, in der Atmosphäre schwebende Wohnsiedlungen und der Science-Fiction-Autor James Blish in dem Roman *Cities in Flight* als Metropolen und Weltraumvehikel in einem. Solche Szenarien riesiger Siedlungen, die mit Antigravitationsantrieb oder auf andere unerklärliche Weise in der Luft schweben und sich fortbewegen, werden schnell als Phantasmen abgetan. Dabei übersehen wir, dass die Wirklichkeit die Fiktion längst eingeholt hat, wenn auch auf andere Art und Weise als erwartet: Rechnet man alle Luftbewegungen in der Welt zusammen, so sind in jedem Augenblick schätzungsweise eine Million Menschen in etwa 10 000 Luftfahrzeugen allein im kommerziellen zivilen Luftverkehr unterwegs. (Die Abschätzung variiert je nach Rechenweise zwischen 770 000 und 1,1 Mio. Personen.) Die fliegende Millionenstadt ist also bereits längst Wirklichkeit, und wie die Urbanisierung auf dem Erdboden wächst auch die Luftstadt immer weiter. Sie ist Transitraum zu touristischen Orten, zu Gelegenheiten der Wohlstandsmehrung durch Handel und Wirtschaft, zum Austausch in der wissenschaftlichen Debatte, zur politischen Kooperation und Friedenssicherung, zur Begegnung der Kulturen und oft zur letzten Rettung in die Sicherheit vor Krieg, Armut und Bedrohung. Die fliegende Stadt ist der Transitraum der Transformation unserer Welt in eine globalisierte Kultur. Sie ist damit immer auch ein Ort der Hoffnung auf einen Fortschritt der Zivilisation und die Überwindung von Engstirnigkeit und Nationalismus – kurz: auf ein besseres und unbeschwerteres Leben.

Zugleich aber wiegt dieser Transitraum in anderer Hinsicht buchstäblich über alle Maßen schwer. Die schiere Masse der jährlich 2,7 Milliarden Passagiere mit ihrem Gepäck, über 46 Millionen Tonnen Luftfracht, den mehr als 27 000 Luftfahrzeugen im geregelten Linien- und Charterbetrieb und ihren Treibstoffen ist überwältigend.* Und entsprechend gewaltig sind der Aufwand und die Kosten, um diese Masse gegen die Schwerkraft in der Luft zu halten. Die fliegende Stadt unserer Gegenwart ist nicht so elegant und sauber, lautlos und ästhetisch wie ihre utopischen Entwürfe. Im Gegenteil, sie erzeugt ohrenbetäubenden Lärm, benötigt kolossale Mengen immer kostbarerer Treibstoffe, ihre Lufthäfen verbrauchen Landschaft, Lebensraum und gigantische Mengen an Stahl und Beton.

Ähnlich eindrucksvoll stellt sich das Momentum der Schifffahrt dar. Zählt man alle Tanker, Containerschiffe, Frachter, Kreuzfahrtschiffe, Fähren, die Flugzeugträger, Kreuzer, Zerstörer, Fregatten, U-Boote und Versorgungsschiffe der Weltkriegsmarine, schließlich die Binnenschiffe und privaten Jachten zusammen, so kommt man wohl auch hier auf eine Flotte von einigen hunderttausend Fahrzeugen der maritimen Mobilität, die ständig auf den Wasserstraßen der Welt unterwegs sind. Allein die Zahl der Handelsschiffe in der Größenordnung über 100 GT liegt bei knapp über 100 000 Fahrzeugen, deren akkumulierte Grundfläche von über 150 Quadratkilometern größer ist als Berlin, München und Köln zusammen: eine riesige Insel aus Stahl. Zählt man nun noch die knapp 1 Mrd. Personen- und Lastkraftwagen, außerdem die Züge und Triebwagen der Eisenbahnen samt ihrer Schienenstränge

* Alle Zahlen bei http://www.iata.org/pressroom/facts_figures/fact_sheets/Pages/economic-social-benefits.aspx

und Bahnhöfe und schließlich die etwa eine Milliarde an Motorrädern, Mopeds, Fahrrädern und anderen Kleinfahrzeugen hinzu, so wird das ganze Ausmaß des bloßen Materialaufwandes erkennbar, den wir für unsere Mobilität und den Transport unserer Güter betreiben. Will man außerdem noch die Infrastrukturen der digitalen Kommunikation oder Datenmobilität mit ihren weltumspannenden Glasfaser- und Kupferleitungen, ihren Servern und Satelliten hinzurechnen, so wird vollends deutlich, welches Maß an Festsetzung und Immobilisierung von Ressourcen die Mobilisierung und Entgrenzung unserer Lebensformen erfordert: Milliarden von Tonnen Material mussten bereits extrahiert, bewegt, umgewandelt, wieder bewegt und verbaut werden, *bevor* man überhaupt mit Hilfe der so erzeugten Werkzeuge die Ressourcen aus dem Boden zu holen beginnen konnte, die nötig sind, um die Milliarden von Fahrzeugen zu produzieren, die auf der Welt unterwegs sind.

Der Schrott, zu dem sie nach einer gewissen Lebenszeit werden, wird bislang nur in geringem Maße als Ressource genutzt. Große Teile werden entweder als Müll der thermischen Verwertung zugeführt, in Deponien gelagert oder zu Parkbänken oder Wäschespinnen weiterverarbeitet, um nach ihrer zweiten Lebenszeit schließlich endgültig verbrannt zu werden oder zu verrotten. Gleichzeitig sind die Energiemengen, die in den Minen-, Umwandlungs- und Produktionsprozessen aufgewendet werden, um den Materialaufwand der Mobilität zu befriedigen, immens. Mit dem schnellen Anwachsen der Fahrzeugflotte dreht sich diese Ressourcenmaschinerie der Mobilität immer schneller. Sie nimmt auch deswegen an Fahrt auf, weil die modernen Produktgenerationen – z. B. Elektroautos und Navigationsgeräte – seltene und wertvolle Metalle und Erden benötigen. Die Menge an schierem Erdreich und Gestein, die für eine gegebene Einheit dieser seltenen Materialien bewegt werden muss, ist aufgrund der geringen Konzentration der Stoffe sehr groß. Hinzu kommt, dass ihre Extraktion und Weiterverarbeitung oft den Einsatz großer Mengen ökologisch und gesundheitlich nicht unbedenklicher chemischer Hilfsstoffe bedarf und meistens unter äußerst schlechtem Arbeits- und Gesundheitsschutz der Arbeiter stattfindet.

Bislang sind die Zukunftsperspektiven und Herausforderungen der Mobilität meist mit Blick auf die absehbaren Engpässe der Treibstoffversorgung und die steigenden Emissionen betrachtet worden. Vor dem Hintergrund der stark anwachsenden Verkehrsnachfrage ist erwartbar, dass der riesige Rohstoff- und Materialbedarf des Mobilitätssektors zu einer ökologischen und geopolitischen Herausforderung ganz eigener Art werden wird.

Peak Oil

Mit dem Schatz der fossilen Energien war die Erde »gleichsam trächtig geworden und hatte mehrere Erden aus ihrem Schoße« geboren. So treffend drückte es der Ökonom Werner Sombart (1927[1902]: 122) schon zu Beginn der fossilen Epoche aus. Die Wirklichkeit hat seinen Weitblick noch übertroffen. Allem voran das Erdöl ermöglichte seit Beginn des 20. Jahrhunderts ein selbst für Sombart nicht vorstellbares Wirtschaftswachstum, das einherging mit einem rasanten Anstieg des allgemeinen Ressourcenverbrauchs und der Bevölkerungszahlen. Über 90 Prozent aller industriell gefertigten Produkte und Lebensmittel hingen 2012 direkt oder indirekt vom Erdöl ab, und der größte Teil aller weltweiten Transporte kommt heute nicht ohne fossile Treibstoffderivate

aus. Angesichts dieser enormen Abhängigkeit ist die Endlichkeit des Erdöls eines der größten weltpolitischen Probleme der
näheren Zukunft. Nach Aussagen der Deutschen Rohstoff-
agentur ist Erdöl »der einzige nicht-erneuerbare Energieroh-
stoff, bei dem in den kommenden Jahrzehnten eine steigende
Nachfrage nicht mehr gedeckt werden kann« (2011: 22). Das
globale Fördermaximum erwartet die Agentur für das Jahr
2036 (ebd.: 33). Selbst die bislang sehr konservative Internationale Energieagentur (IEA) in Paris stritt ab 2011 die Existenz eines Fördermaximums nicht mehr ab. Auch der wachsende Anteil an Kondensaten und Erdöl aus Ölsanden sowie
an durch das sogenannte Fracking gewonnene Erdöl zeigen in
den Projektionen der Geologen keinen wesentlichen Einfluss
auf die zeitliche Lage des erreichbaren Maximums der Erdölförderung (Peak Oil), da die globale Nachfrage nach Öl in den
kommenden Jahren noch deutlich ansteigen wird. So erwartet beispielsweise die IEA in ihrem World Energy Outlook
von 2011 (OECD/IEA 2011: 41) einen Anstieg des täglichen
Verbrauchs von rund 87 Millionen Barrel Öl im Jahr 2010
auf 99 Milliarden Barrel im Jahr 2035. Um den globalen Bedarf auf diesem Niveau befriedigen zu können, müsste in
den kommenden Jahren ungefähr das Erdöläquivalent von
neun neuen Saudi-Arabien entdeckt werden, so der ehemalige
amerikanische Energieminister Schlesinger. Und auch wenn
große Hoffnungen auf den womöglich noch erschließbaren
Ressourcen der zunehmend eisfreien Arktis liegen, so ist doch
klar, dass auch sie endlich sind und nicht ausreichen werden,
um die entstehenden Lücken auf Dauer zu füllen.

Einer aktuellen Studie der deutschen Energy Watch Group –
einer internationalen Gruppe von 22 Experten aus vier Kontinenten – vom Frühjahr 2013 (Zittel et al. 2013) zufolge ist die

globale Versorgungslage bei den herkömmlichen Energieträgern sogar noch viel angespannter als in den Prognosen der letzten Jahre angenommen. In ihrer neuesten wissenschaftlichen Studie präsentiert die Gruppe ein weltweites Versorgungsszenario bis 2030. Der Bericht basiert auf einer Studie zur Ressourcenverfügbarkeit im Jahr 2008, deren Daten aktualisiert und insbesondere für die letzten fünf Jahre kritisch neu bewertet wurden. Neben Erdöl wurde auch die Verfügbarkeit von Erdgas, Kohle sowie die Situation der Kernenergie und Uranversorgung untersucht. Dieser Studie zufolge steuert die USA ganz entgegen dem öffentlichen Hype schon jetzt auf den Höhepunkt der Schiefergasgewinnung zu, dem ein starker Rückgang der Förderung noch in diesem Jahrzehnt folgen wird. Weltweit würden sowohl die Erdgas- als auch die Kohleförderung vermutlich um das Jahr 2020 das Fördermaximum erreichen. Der Initiator der Energy Watch Group, Hans-Josef Fell, geht davon aus, dass »der Rückgang der weltweiten Erdölförderung zu deutlichen Versorgungsproblemen führen wird. Über ein oder zwei Jahrzehnte betrachtet, wird der Rückgang so groß werden, dass er nicht durch eine Substitution mit Erdgas und Kohle ausgeglichen werden kann. Auch die Kernenergie wird keinen wesentlichen Einfluss auf die zukünftige Energieversorgung haben.« Die wichtigsten Ergebnisse der Studie lauten:

- Es sei wahrscheinlich, dass um das Jahr 2030 die weltweite Erdölförderung um etwa 40 Prozent gegenüber 2012 zurückgehen wird.
- Die USA wird trotz Fracking nicht dauerhaft zum Erdölnettoexporteur aufsteigen. Die Förderung von leichtem Erdöl wird in den nächsten fünf Jahren ihren Höhepunkt erreichen, gefolgt von einem steilen Rückgang.

- Die europäische Ölförderung liegt heute bei 3 Millionen Barrel (Mb) pro Tag, das sind 60 Prozent weniger als im Jahr 2000 und nahe der damaligen Energy Watch Group-Prognose. Die IEA hatte noch im Jahr 2004 eine stabile Förderung bei 4,8 Mb/Tag für 2010 erwartet.

- Der um das Jahr 2015 eintretende vermutete Förderrückgang der Schiefergasförderung in den USA wird den Förderrückgang der konventionellen Erdgasfelder vermutlich noch verstärken. Um das Jahr 2030 wird die Gasförderung in den USA vermutlich deutlich unter dem heutigen Niveau liegen.

- Die europäische Gasförderung befindet sich seit dem Jahr 2000 im Rückgang. Dieser wird sich bis 2030 noch verstärken, wenn Norwegen das Fördermaximum überschritten hat. Die unkonventionelle Schiefergasförderung wird in Europa sicher nicht die gleiche Rolle spielen wie in den USA. Die geologischen, geographischen und industriellen Voraussetzungen sind für sie in Europa wesentlich ungünstiger.

- Um den Erdgasbedarf Europas bei sinkender heimischer Förderung auf dem heutigen oder einem leicht steigenden Niveau zu bedienen, müssen bis 2020 mehr als 200 Mrd. Kubikmeter pro Jahr zusätzlich importiert werden.

- Russland ist heute nach den USA der zweitgrößte Gasförderstaat. Doch auch dort befindet sich die Gasförderung der größten Felder bereits im Rückgang, und zugleich ist der heimische Bedarf groß. Mit neuen Verbindungen nach Asien wächst der Druck auf die europäischen Länder. Vor dem Hintergrund der aktuellen Auseinandersetzungen um die Zukunft der Ukraine stellt sich die Frage der geopolitisch enorm brisanten Abhängigkeit Europas vom russischen Gas mit großer Dringlichkeit.

- Chinas Kohlebedarf wächst schneller als die heimische Förderung, so dass China vor wenigen Jahren von einem Exporteur zum größten Importeur von Kohle neben Japan wurde. Die chinesischen Entwicklungspläne sehen vor, mit Hilfe des forcierten Ausbaus der Elektromobilität, den Importbedarf des zunehmend teuren Erdöls für den wachsenden Mobilitätssektor durch Kohle zu substituieren.
- Der schnell steigende Bedarf wurde fast ausschließlich durch Australien und Indonesien gedeckt. Die künftige Versorgung des internationalen Kohlemarktes wird vor allem von der Entwicklung in diesen beiden Staaten abhängen, wobei Indonesien in den letzten Jahren die Förderung und die Exporte in einem Tempo ausgeweitet hat, das an sein Limit kommt.
- Die Qualität der Kohle wird weltweit spürbar schlechter, und durch die starke Nachfrage aus China und Indien wird die weltweite Kohleförderung um das Jahr 2020 das Fördermaximum erreichen.

Diese Studie zeichnet also ein noch weitaus drastischeres Bild der Ressourcenzukunft. Allerdings ist sie in der Fachwelt umstritten, denn sie unterscheidet sich im methodischen Vorgehen gegenüber den Analysen der Internationalen Energieagentur und anderer Institutionen. Während die IEA ihre Prognosen auf mehr oder weniger belastbare prognostische Annahmen stützt, wie viele Rohstoffe noch vorhanden sind, orientiert sich die Vorgehensweise der Energy Watch Group an den empirischen Fördermengen. Diese würden sich jedoch sehr viel schneller erschöpfen als bislang angenommen. Allerdings ist es im Grunde eine uninteressante Frage, wann genau Peak Oil eintreten wird. Denn dass das Erdöl in den kommenden Jahrzehnten zur Neige gehen wird, gilt als wissenschaftlich gesichert – gestritten wird nur noch über den Zeitpunkt. Es ist dabei wohl naiv, zu glauben, dass die zunehmende Konkurrenz um den Zugang zu der Ressource und der Anstieg der Preise nicht schon lange im Vorfeld der Förderung der letzten Tropfen zu massiven geopolitischen Konflikten führen könnte.

Obschon die Regierungen der Welt sich bemühen, diese Debatte möglichst nicht öffentlich zu führen, treibt sie die Sorge um das Ende des Öls um. Eines der bekannteren Beispiele hierfür ist der nach seinem Hauptautor benannte Hirsch-Report an das U.S.-amerikanische Energieministerium unter dem Titel *Peaking of World Oil Production* (Hirsch et al. 2005, 2007). Die Ergebnisse des Hirsch-Reports erschienen dem Ministerium so wenig für die Öffentlichkeit geeignet, dass es zunächst versuchte, weitgehendes Stillschweigen darüber zu verhängen. Verständlich, denn Hirsch stellt wissenschaftlich gut fundiert fest, dass das Fördermaximum sich nicht nur alsbald einstellen, sondern unberechenbare ökonomische, politische und soziale Folgen mit sich bringen wird. Peak Oil sei im Kern keine Energiekrise, sondern vor allem ein Treibstoffproblem und damit eine Transportkrise, die eine von fossiler Mobilität vollkommen abhängige Nation wie die USA vor größte Herausforderungen stellen wird. Um den Übergang in ein neues Energiezeitalter zu bewältigen, müssten, so der Report, bereits deutlich vor dem Erreichen der Förderspitze drastische Gegenmaßnahmen – ein sogenanntes Crash-Programm – umgesetzt werden, weil sie erst nach erheblicher Zeit greifen könnten. Zu ganz ähnlichen Ergebnissen kommt auch ein deutscher Think-Tank. Das Dezernat Zukunftsanalyse des Zentrums für Transformation der Bundeswehr in Berlin-Strausberg legte 2010 den Bericht *Peak Oil. Sicherheitspolitische Implikationen knapper Ressourcen* vor. Auch hier wird

davon ausgegangen, dass es zu einschneidenden Transport-
problemen und massiven ökonomischen und gesellschaftlichen Problemen kommen wird, wenn nicht sofort Gegenmaßnahmen eingeleitet werden.

Das sind nur zwei Beispiele von vielen. Die Reporte stammen nicht aus der Feder von Alarmisten, sondern von rational
argumentierenden Wissenschaftlern und Strategen. Zuspit-
zungen entstehen dabei schlicht aus der Fortschreibung des
bislang beobachtbaren Verhaltens von Staaten und Konsumenten: Denn die in beiden Reporten dringend angemahnte
Zukunftsvorsorge, nämlich eine Reduktion der fatalen struk-
turellen Abhängigkeit vom Erdöl, ist bisher ausgeblieben. Geschehen ist stattdessen das Gegenteil. Die Staaten gehen weiter den Weg, den sie bereits kennen und beherrschen – mag er
sich nun bewährt haben oder nicht. Das bedeutet vor allem,
sie sichern sich die Zugänge zum Öl mit geheimdienstlichen
und militärischen Mitteln. Offenkundig erscheint es der U. S.-
amerikanischen Politik – trotz aller Bemühungen um heimi-
sches Erdöl aus Fracking und dem Import von Öl aus kanadischen Ölsanden, die immer nur einen Teil des wachsenden Bedarfs werden decken können – immer noch finanzierbarer,
einen gigantischen Militärhaushalt zu unterhalten, als die
fossilen Raum- und Infrastrukturen, mithin die Lebens- und
Konsumstile der Bevölkerung, nach und nach radikal umzu-
bauen.

Mentale Sackgassen also allerorten. Und das zu hohen Kosten. Denn die Ausgaben, die die Sicherung der Ressourcenzu-
gänge verursacht, sind extrem. Allein der Rüstungshaushalt
der USA belief sich 2011 auf fast 700 Mrd. US-Dollar. In den
zehn Jahren davor war er nicht wesentlich kleiner. Der dritte
Golfkrieg zwischen dem Irak und der von der USA angeführ-
ten »Allianz der Willigen« im Jahr 2003 kostete die USA nach

Schätzungen des Wirtschaftsnobelpreisträgers Joseph Stiglitz mehr als eine Billion* U.S.-Dollar allein an direkten Kosten für Militärausgaben, Schuldendienst und Veteranenversorgung. Aber das alles kann die USA offenbar nicht zum Umdenken bewegen: »Dieses Land kann nichts umhauen«, so der Schauspieler Clint Eastwood 2012 in einem Werbespot für den Autobauer Chrysler. »Wir kommen schnell wieder auf die Beine, und wenn wir stehen, hört die Welt das Röhren unserer Motoren.« Diese Botschaft ist aus dem Munde des »Dirty Harry«-Darstellers so schlagkräftig wie doppelbödig. Gemeint ist vordergründig natürlich das Röhren der Motoren der gigantischen Auto-, Truck- und Flugzeugflotten, die das riesige Land zusammenhalten. Aber wer denkt dabei nicht sogleich auch an die röhrenden Motoren der Panzer und Düsenjäger, mit denen man sich den Zugang zum Öl im Zweifel auch in Zukunft freizuschießen bereit ist? Dabei ist keinem damit geholfen, mit dem Finger auf die USA allein zu zeigen, denn immer half und hilft deren militärisches Engagement zur Zugangssicherung auch anderen Nationen, allen voran den westlichen Industriegesellschaften, ihr industrielles Erdölregime aufrechtzuerhalten.

Hackerangriffe, Starkwetter und andere Katastrophen

»Alle Räder stehen still, wenn der Hacker es so will.« Diese Variante der alten Arbeiterkampfparole könnte sich zu einem düsteren Leitmotiv unserer digitalen Zukunft entwickeln. Mit rasender Geschwindigkeit und in vielfacher Gestalt halten In-

---

* Es handelt sich hier um die europäische Billion, also tatsächlich um tausend Milliarden U.S.-Dollar.

formations- und Kommunikationstechnologien in alle Lebensbereiche Einzug. Das bringt zunächst einmal eine Menge Vorteile mit sich, und welche Erleichterungen und Verbesserungen wir durch sie noch erleben werden, ist kaum abzusehen. Je digitaler und vernetzter die Welt sich jedoch bis in die kleinsten Nischen des alltäglichen Lebens darstellt, desto größer werden auch die Angreifbarkeit und Verletzbarkeit aller kritischen Infrastrukturen und aller täglichen Abläufe und Prozesse. Sei es durch missgünstige Spezialisten oder zwar weniger wahrscheinliche, aber womöglich umso katastrophalere Naturereignisse, deren Folgen im schlechtesten Fall durch Dominoeffekte weltweit und einander bedingend in der realen, der digitalen und der Mischsphäre schmerzhaft spürbar werden könnten. Nehmen wir einmal an, es gelänge einem IT-Spezialisten, sich mit einer Schadsoftware einen Weg in die Ferndiagnoseserver der großen Autofirmen zu bahnen. Er könnte mit einem einzigen Knopfdruck ganze Fahrzeugflotten manipulieren, stillstehen lassen oder sonst wie die Kontrolle übernehmen. Da die Zukunft der Automobiltechnologie in der Elektrifizierung, Digitalisierung und Automatisierung von Funktionen liegt, die bislang mechanisch dargestellt wurden, wird dieses Risiko mit jeder neuen Fahrzeuggeneration größer. Gleiches gilt für die Navigationsarchitekturen des modernen Weltverkehrs, sei es auf See, in der Luft oder auf den Straßen, wo millionenfach verbreitete Navigationsgeräte an Bord von Pkws und Lkws Störungen kommunikationstechnischer Art möglich machen. Und es gilt auch für die Steuerungszentralen der öffentlichen Verkehrsanbieter, für die komplexen Steuerungs- und Sicherheitsstrukturen der Bahnen und die Leitsysteme des Straßenverkehrs in den urbanen Zentren.

Ein Beispiel für die Verletzbarkeit der engmaschigen globalen Transport- und Logistikmaschinerie durch Naturereignisse ist der Ausbruch eines kleinen isländischen Vulkans im Jahr 2010, den zuvor kaum jemand auf der Welt zur Kenntnis genommen hatte. Für ein paar Tage brachte er mit seinen scharfkantigen und deswegen für Flugzeugturbinen äußerst gefährlichen Aschepartikeln fast den gesamten Flugverkehr Europas zum Stillstand. In der Folge sah man zwar, dass so manche Geschäftsreise auch durch Videokonferenzen ersetzbar war, es zeigte sich aber eben auch, dass die »Just-in-Time«-Logistik wichtiger Teile so störungsempfindlich ist, dass die europäische Industrie an den Rand einer größeren Produktionskrise geriet.

Vulkanausbrüche sind unvorhersehbar. Recht gut vorhersehbar ist aber, dass in der Zukunft mit hoher Wahrscheinlichkeit mit einer deutlichen Zunahme sogenannter Starkwetterereignisse gerechnet werden muss, die mit dem Klimawandel in Verbindung gebracht werden. Auch solche Unwetter haben ein großes Schadenspotential für die Verkehrssysteme und damit letztlich für die gesamte Volkswirtschaft. Hinzu kommt die größere generelle Anfälligkeit und Verletzbarkeit aller harten Infrastrukturen, vor allem aus zwei Gründen. Zum einen ist ein großer Teil der Energie-, Kommunikations- und Verkehrsinfrastrukturen auch in den westlichen Industrienationen heute schon in einem gefährlichen Maße marode, und der längst fällige Modernisierungsschub wird aus den öffentlichen Kassen in Zukunft kaum geleistet werden können. Zum anderen sind die immer feiner gespannten und immer intensiver genutzten internationalen Netze der Öl- und Gaspipelines genauso verletzlich wie die global umspannenden Schlagadern des Internets. Insbesondere Engstellen wie die Straße von Hormus, über die etwa

20 Prozent der weltweiten Öllieferungen abgewickelt werden, oder die Knotenpunkte des Internets sind geeignete Sabotageziele. Solche Aktionen würden sich dann zuerst im Bereich der Mobilität als kleinere oder größere Transportkrisen niederschlagen.

Insgesamt gilt wohl: Überall dort, wo der Schritt vom einzelnen Fahrzeug mit weitgehend mechanischen Funktionen zum vernetzten, automatisierten und digitalen Gewebe eines hochgradig integrierten Gesamtverkehrssystems gemacht wird, entstehen neue Risiken, die in Zukunft mit in den Blick genommen werden müssen. Das Kriterium der Resilienz, also der Robustheit und Widerstandsfähigkeit von Systemen und Fahrzeugen gegenüber zufälligen oder absichtlich verursachten Störfällen wird für die Gestaltung einer zukunftsfähigen Mobilität also eine mindestens ebenso große Bedeutung haben wie die Kriterien der Umweltverträglichkeit und der Verkehrssicherheit.

»Menge in der Enge«

Der demographische Wandel, also die Entwicklung der Bevölkerung nach Menge, Altersstruktur und räumlich-geographischer Verteilung, wird einer der wichtigsten und einflussreichsten Faktoren aller zukünftigen Entwicklungen sein. Drei Trends sind dabei entscheidend: Erstens wächst die Weltbevölkerung rasant. Bevölkerungswissenschaftler erwarten, dass die Weltbevölkerung um das Jahr 2050 etwa neun Milliarden Menschen zählen wird. Dieses Wachstum ist allerdings global betrachtet relativ ungleich verteilt. Während die Bevölkerung in den Regionen der nachholenden Modernisierung Asiens und Südamerikas, im Nahen und Mittleren Osten und in Afrika stark wachsen wird, kommt es in den westlichen Industriegesellschaften zu einer Stagnation bzw. sogar zur Schrumpfung. Hiervon wird unter anderem Deutschland aufgrund seiner extrem niedrigen Geburtenrate und seiner auf absehbare Zeit wahrscheinlich sehr restriktiven Einwanderungspolitik stark betroffen sein. Zweitens kommt es in bestimmten Regionen der Welt zu einer Überalterung, das heißt, immer mehr Menschen leben immer länger, während die Zahl der Geburten immer mehr zurückgeht. Dadurch verändert sich der gesellschaftsstrukturelle Aufbau fundamental, mit massiven Folgen für die Solidarsysteme der sozialen Sicherung und der Daseinsvorsorge. Auch hiervon ist Deutschland besonders betroffen, ebenso Japan oder – mit einiger Verzögerung – aufgrund der Ein-Kind-Politik auch China. Drittens verändert sich die räumliche Verteilung der Bevölkerung aufgrund massiver Wanderungsbewegungen vom Land in die Stadt. So kam es, dass seit 2008 erstmals in der Geschichte der Menschheit mehr Menschen in Städten als auf dem Land leben. Dieser Trend der sogenannten Urbanisierung wird sich noch enorm verstärken. Er ist – mit regionalen Differenzierungen – weltweit beobachtbar. Besonders ausgeprägt ist er allerdings wiederum in den Regionen mit einer schnellen Bevölkerungsentwicklung. In Deutschland und anderen europäischen Regionen führt die Kombination von Bevölkerungsschrumpfung, Alterung und Weggang der jungen Bevölkerung in die urbanen Kraftzentren dazu, dass sich in absehbarer Zeit ganze Landstriche in Ost- und Westdeutschland entvölkern. Das wiederum bringt für die jeweils betroffenen Kommunalverwaltungen große Probleme bei der Finanzierung und Erhaltung von Infrastrukturen und Leistungen der Daseinsvorsorge mit sich.

Bevölkerungswachstum – und das damit verbundene Bedürf-
nis- und Nachfragewachstum –, Alterung und Urbanisierung haben starken Einfluss auf die Mobilität. Neben der bislang völlig offenen Frage, wie Mobilität für neun Milliarden
nachhaltig ermöglicht werden kann, ist es zukünftig vor allem die Urbanisierung, die das Gesicht der Mobilität verändern wird. Mobilitätspolitik in der urbanen Zivilisation muss
vor allen Dingen mit dem Problem der enormen Verdichtung
von Lebensansprüchen und städtischen Funktionen auf engstem Raum umzugehen lernen – während in den deutschen
Schrumpfungsregionen Mobilität genau unter den umgekehr-
ten Vorzeichen gestaltet werden muss. Allerdings ist Letzteres
im globalen Zusammenhang betrachtet eher eine europäische
Randerscheinung.

Schließlich wird die Alterung auch zu einer Veränderung
der Konsummuster in der Mobilität führen. Gute Lösungen
für die besonderen Funktionsanforderungen älterer Menschen werden zukünftig wohl vor allem im Bereich des »Uni-
versal Design«, also der altersgruppenübergreifenden Gestaltung von Mobilitätsprodukten und Mobilitätssystemen zu
suchen sein.

Digitaler Treibstoff

Schon heute kann man Autos als Computer auf Rädern bezeichnen. Etwa alle zwei Jahre verdoppelt sich die Rechenleis-
tung der Assistenzsysteme und der elektronischen Schaltstel-
len zur internen Vernetzung und Optimierung der digitalen
Fahrzeugintelligenz. Nach Aussagen der Autoindustrie steht
nun als nächster, folgerichtiger Schritt an, die Fahrzeuge vollständig mit ihrer Umwelt – also dem Internet, der Infrastruk-

tur und anderen Fahrzeugen – zu vernetzen. Ähnlich schnell und konsequent verlaufen die Digitalisierungsprozesse in den anderen Verkehrssektoren, etwa zur Automatisierung und Optimierung der Verkehrsflusssteuerung der Bahn, des Luftverkehrs oder der Schifffahrt, bei der Verkehrskontrolle auf den Straßen oder zur Vernetzung der Verkehrsträger untereinander. Bereits in den letzten zehn Jahren hat die Entwicklung der Informations- und Kommunikationstechnologien wie in allen anderen Lebensbereichen auch im Verkehrssektor deutliche Spuren hinterlassen. Und doch steht die informationstechnologische Revolution des Verkehrs nach allem, was für diesen Bereich heute schon absehbar ist, eigentlich erst am Anfang, so dass man in den kommenden Jahren wohl, ohne zu übertreiben, von einer digitalen Neuerfindung der Mobilität ausgehen kann.

Dabei lassen sich, bei vielfältigen Überschneidungen, vier Innovationskorridore unterscheiden: erstens der Einsatz von digitalen Technologien zur Automatisierung des Mobilitätsprozesses. Zweitens die digitale Vernetzung von Fahrzeugen und die systemübergreifende Vernetzung der Verkehrssysteme. Drittens die Integration von Navigations-, Informations- und Entertainmentfunktionen in die Mobilitätssysteme und viertens die Substitution, das heißt die Vermeidung von physischem Verkehr durch die Digitalisierung der Telekommunikation und die Optimierung logistischer Prozesse.

Während die Automatisierung und die Integration von Zusatzfunktionen vor allem der Optimierung der Sicherheit, der Orientierung und der Unterhaltung dienen und damit der Steigerung der Funktionalität und der Aufenthaltsqualität des einzelnen Fahrzeugs, so ruhen insbesondere auf den digitalen Technologien große Hoffnungen auf verkehrsträgerübergreifende Vernetzung. Erst diese macht die Vision lückenloser

Verkehrsketten, also die Nutzung verschiedener, prompt aneinander anschließender Verkehrsmittel zur Bewältigung *einer* Strecke möglich, so wie die gesamte Sharing-Ökonomie zukünftig kaum ohne die digitale Feinabstimmung von Angebot und Nachfrage nach Produkten und Dienstleistungen auskommt.

Und schließlich eröffnet auch der vierte Innovationskorridor der digitalen Mobilität spannende Entwicklungsperspektiven: Telearbeit, Telekonferenzen, Teleteaching, Teleshopping etc. sind Begriffe, die während der ersten Interneteuphorie um die Jahrtausendwende zum ersten Mal Karriere gemacht haben. Erst heute sind die technologischen Voraussetzungen dafür wirklich gegeben, und es wird sich zeigen, in welchem Maße sie im Rahmen neuer Beschäftigungsmodelle, Ausbildungs- und Logistikkonzepte Verkehrsaufwände minimieren können.

Allerdings sind neben den großen Chancen der Digitalisierung bereits jetzt schon die Schattenseiten ihrer weiteren Entwicklung erkennbar. Neben der übergreifenden Gefahr der Machtergreifung sich selbst reproduzierender Algorithmen, mithin der Entstehung eines digitalen Konsum- wie Herrschaftstotalitarismus, angesichts dessen die Erhaltung der Freiheit, der Selbstbestimmung und Autonomie des Bürgers und Konsumenten gegenüber den konvergierenden Macht- und Kontrollinteressen von Staaten, Geheimdiensten und Konzernen zu bewahren ist, sind es vor allem die spezifischen Risiken und Probleme der enormen Ressourcenintensität digitaler Produkte und Systeme und ihrer mangelnden Resilienz gegenüber komplexitätsbedingten Systemstörungen bzw. gezielten Manipulationsversuchen (z. B. Hackerangriffe und digitale Kriegsführung), die zukünftig unbedingt gelöst werden müssen.

Kapitel III
Von Ikarus lernen

»Der wesentliche Unterschied einer Politik des ›Weiter wie bisher‹ zu einer Politik der Entschleunigung ist, dass die Politik der Entschleunigung auf freiwilliger Basis Verhältnisse herbeiführt, wie sie im ersteren Fall auftreten werden, allerdings plötzlich. Um im Bild des Verkehrs zu bleiben: Man kann am Ende einer Straße ein Fahrzeug dadurch zum Stehen bringen, dass man es mit voller Kraft auf eine Mauer auffahren lässt, oder dadurch, dass man rechtzeitig abbremst. Abbremsen bedarf der Voraussicht. Den Ereignissen freien Lauf zu lassen zeugt nicht von Intelligenz. Tollkühnheit kann sich ein Individuum leisten, aber nicht eine Gemeinschaft von Menschen. Das Ergebnis ist in beiden Fällen gleich: Das Fahrzeug kommt letztendlich zum Stehen.«

(Walter Molt 1992)

Die »Menge in der Enge« –, dieses Bild beschreibt die aktuelle Situation am treffendsten: Immer mehr Menschen, die immer älter werden, leben auf immer engerem Raum, verbrauchen immer mehr Nahrungsmittel und Rohstoffe und erzeugen dabei immer mehr Emissionen. Durch die Konkurrenz um Ressourcen und durch die ungleiche Verteilung von Reichtum und Lebensrisiken werden zugleich auch die Grenzen der geopolitischen und kulturellen Tragfähigkeit erreicht. So weit

eine Quintessenz aus den beschriebenen Zukunftstrends, die
von den meisten Zukunftsforschern geteilt wird. Damit entsteht, trotz aller unbestreitbaren, vor allem technologischen
Fortschritte in einzelnen Bereichen der Nachhaltigkeit, gegenwärtig eine so rasante Transformationsdynamik, dass die
Welt in wenigen Jahrzehnten völlig anders aussehen könnte.
Die Tore unkontrollierter Transformation öffnen sich dort,
wo Risiken in konkrete, politisch und sozial nicht mehr kon-
trollierbare Gefährdungslagen umschlagen, wie es heute bereits vielerorts der Fall ist. In dieser Situation – so könnte man
argumentieren – wäre die Systemfrage radikal zu stellen und
wären ab sofort alle Handlungen und Entscheidungen an
einer Art Zukunftsfähigkeits-Apriori auszurichten. Dieses
ginge davon aus, dass der Systemwechsel hin zu einer zukunftsfähigen Gesellschaftsform prinzipiell machbar ist und
dass sich jede weitere Entwicklung vor allem an diesem Ziel
auszurichten hätte. Es basierte auf der Annahme von sozialer
Lernfähigkeit, der Bereitschaft zu konzertiertem Handeln, der
rechtzeitigen Verfügbarkeit von Technologie und der Voraussetzung, dass die wichtigsten Kipppunkte irreversibler Zerstörung der Ökosysteme nicht bereits hinter uns liegen. Diese
selbst gewählte und auf das Ziel der Zukunftsfähigkeit ausgerichtete kulturelle Transformation wäre das Gegenteil der
potentiell chaotischen Transformationsdynamik, die sich im
Falle von Nichthandeln sehr wahrscheinlich einstellen wird.
Es ginge um die Gestaltung einer neuen globalen Kultur des
guten Lebens, um ein Transformationsdesign, das die wachs-
tumsverliebte Moderne überwindet hin zu einer nachmoder-
nen, wie auch immer zu benennenden Epoche.

Ziele und Kriterien nachhaltiger Mobilität

Nachhaltige Mobilität lässt sich definieren als die ökologisch verträgliche und sozial auch gegenüber kommenden Generationen gerechte Gestaltung und Gewährleistung der Erreichbarkeit von Einrichtungen und Kommunikationszugängen in einer globalen Gesellschaft. Für eine nachhaltige Mobilität sollten Effizienz-, Konsistenz- und Suffizienzstrategie – die drei Grundkonzepte zur Gestaltung von Nachhaltigkeit – in einem gleichberechtigten und ausgewogenen Verhältnis ineinandergreifen (vgl. Schwedes 2011: 23), wobei mit Hilfe stetiger Produkt-, Nutzungs- und Systeminnovationen der Verkehrsträger einerseits, mit den Planungsinstrumenten einer integrierten Siedlungs- und Standortpolitik andererseits, die Prozesse der Entstehung von Raumüberwindungsbedarf wie dessen tatsächliche Abwicklung in ökologischer, ökonomischer und sozialer Hinsicht beständig optimiert werden können. Wird nur die Effizienzstrategie eingesetzt, kommt es nach anfänglichen Entlastungen mittel- und langfristig zu Effekten der Überkompensation von ökologisch sinnvollen Einsparungen.

Welche große Bedeutung die Forderung einer integrierten, also auf alle drei Strategien zurückgreifenden Nachhaltigkeitspolitik in der Mobilität hat, lässt sich gut an der aktuellen Debatte um die Elektromobilität aufzeigen.

Die die Nachhaltigkeitspolitik nach wie vor dominierende *Effizienzstrategie* verfolgt das Ziel einer Entkopplung von Bedürfnisbefriedigung und Ressourcenaufwand durch technologische und organisatorische Optimierung von Produkten und Prozessabläufen. Beispiele hierfür sind in der Mobilität etwa die Optimierung von Motoren, Gewichtsreduktionen oder die telematische Verkehrsflussoptimierung. Die *Konsistenzstra-*

tegie zielt vor allem auf einen klugen und effektiven Umgang
mit Materialressourcen zur Verringerung der ökologischen
Rucksäcke von Produkten und Infrastrukturen. Neue Materialtechnologien, Gestaltungsphilosophien und Produktionsweisen können zusammengreifen, um einmal verwendete
Rohstoffe im maximalen Ausmaß nach dem Ablauf eines Produktlebenszyklus wieder in einen neuen Produktlebenszyklus
zu überführen. Auch kollaborative Nutzungsphilosophien
können den Materialaufwand pro Serviceeinheit minimieren.
Die *Suffizienzstrategie* zielt schließlich auf die Lebensstile,
Konsumwünsche und Verhaltensweisen von Verbrauchern,
wie das Verkehrsmittelwahlverhalten oder die Auswahl der
Verkehrsziele, zum Beispiel bei Reisen. Entscheidungen für
Wohnformen, etwa die Abwägung des relativ verkehrsarmen
Wohnens in einem dicht gepackten urbanen Zusammenhang
gegenüber dem strukturell verkehrsaufwendigeren Wohnen
in einer suburbanen Eigenheimsiedlung fallen ebenfalls unter
die Kategorie der Suffizienz.

Bezieht man diese Begrifflichkeiten nun auf die aktuelle
Diskussion und innovationspolitische Praxis zur Elektrifizierung der Mobilität, so zeigt sich, dass hier bislang vor allem
an der Effizienzstrategie festgehalten wird. Metaphorisch gesprochen, geht es nach einer hoffnungsfroh stimmenden und
offenen Aufbruchsphase heute im Grunde darum, den neuen
technologischen Wein des batterieelektrischen Fahrzeugs (und
seiner verschiedenen Variationen) in die alten Schläuche der
überkommenen und offenbar bislang nicht anzutastenden
Nutzungskultur der privaten Massenmotorisierung zu gie-
ßen. Ging es in den konzeptionell breitangelegten Zielvisio-
nen der Aufbruchsphase vor einigen Jahren durchaus noch
um die umfassende energie- wie verkehrswirtschaftliche Integration der Elektromobilität als systemischen Gesamtzusam-

menhang aller Verkehrsträger, so steht heute vor allem das telematisch vernetzte und automatisierte Elektroauto im Privatbesitz im Vordergrund. Bei näherer Betrachtung wird deutlich, dass diese Engführung der neuen Technologie mit der alten Nutzungsform – insbesondere vor dem Hintergrund der Globalisierung des westlichen Motorisierungsmodells – hoch problematisch ist. Elektrofahrzeuge sind aufgrund der für Motor, Energiespeicher, Steuerung und Fahrzeugaufbau benötigten seltenen Metalle und Rohstoffe in der Herstellung enorm ressourcenaufwendig und werden der Konsistenzanforderung der nachhaltigen Mobilität bislang nicht gerecht. Nur durch den flächendeckenden, bislang aber eher noch für Nischenmärkte diskutierten Betrieb in den nutzungsoptimierten Anwendungskontexten einer Sharing-Kultur könnte die Materialintensität pro elektromobiler Serviceeinheit konsequent gesenkt werden. Kreislaufwirtschaftliche Produktions- und Rückführungssysteme werden bislang nicht diskutiert. Hinzu kommt, dass das Elektroauto seine Vorteile nur dann voll ausspielen kann, wenn es mit regenerativen Energien betrieben wird. Dieses würde die energiewirtschaftliche Integration über sogenannte SmartGrid-Konzepte erfordern, die ebenfalls deutliche Veränderungen von Anspruch und Verhalten der Nutzer mit sich bringen würde. Weltweit betrachtet, ist allerdings eher ein Trend beobachtbar, Elektroautos mit dem jeweils vorherrschenden, meist auf Kohle oder Atomkraft basierenden Energiemix zu betreiben.

Beide Aspekte verweisen nun darauf, dass sich die Fortführung der bisherigen Philosophie der Produktinnovation (die der Effizienzstrategie zugeordnet werden kann) in der Elektromobilität zu einer Sackgasse entwickelt, die den Anforderungen der nachhaltigen Mobilität nicht gerecht wird. Nur durch die Kombination mit die Konsistenzanforderung adressierenden Nutzungsinnovationen und schließlich die Einbindung in die umfassende Systeminnovation eines intermodalen, also verkehrsträgerübergreifenden – und damit massive Verhaltensänderungen implizierenden – Mobilitätskonzeptes (dieses entspricht der Suffizienzstrategie) würde eine nachhaltige Elektromobilität entstehen.

Aufgrund der im historischen Teil beschriebenen fundamentalen Bedeutung der Mobilität für die moderne Gesellschaft wird die nachhaltige Mobilitätspolitik einer der wichtigsten Dreh- und Angelpunkte einer solchen kulturellen Transformation sein. Angesichts dieser Ausgangslage gleichen die aktuellen mobilitätspolitischen Konzepte jedoch eher Wartungsmaßnahmen auf der Titanic als einer wirklichen Schubumkehr und Kursänderung, die sicher am Eisberg vorbeiführt. Die technologisch brillante, aber konzeptionell eher phantasielose Mobilitätsindustrie ist mit der Entwicklung völlig neuer Verkehrskonzepte gefordert, sieht sich aber in der Pfadabhängigkeit unserer Mobilitätskultur ebenso gefangen wie die Verkehrspolitik und große Teile der Verkehrswissenschaften. Man sollte aufräumen mit der Lebenslüge der kritischen Mobilitätsdiskurse, es ließe sich innerhalb des geltenden Entwicklungspfades allein mit Hilfe der Effizienzbestrebungen ökologischer Modernisierung etwas substantiell ändern. Alle Optimierungs- und Lenkungs-, Verflüssigungs- und Verlagerungskonzepte für den Verkehr – so sinnvoll sie im Einzelnen auch sein mögen – beheben den Umstand nicht, dass wir auf dem falschen Pfad sind, solange wir uns nur innerhalb des geltenden, rein wachstumsorientierten Gesellschaftsmodells bewegen. Wirklich nachhaltige Mobilität wird im großen Stile auch auf der bestmöglichen Vermeidung von Raumüberwindung basieren müssen, was im Kern die Frage nach unseren Lebensstilen und Bedürfnisniveaus und damit letztlich nach unserem Wohlstandskonzept stellt.

Der Blick in die Zukunft der Mobilität zeigt neben spannenden technologischen Entwicklungen wie der Digitalisierungsdynamik also vor allem, von welchen Grenzen und Herausforderungen sich Gestaltungskriterien einer nachhaltigen Mobilität ableiten lassen. Betrachtet man alle Trends und Treiber zusammen, so lassen sich die sich daraus ergebenden Anforderungen vor allem in vier Kriterien bündeln: Mobilitätslösungen der Zukunft sollten so schnell wie möglich den Pfad der fossilen Energienutzung verlassen, sie sollten eine geringstmögliche Materialintensität haben und verwendete Materialien in maximal möglichem Ausmaß wiederverwerten, sie sollten Menschen und Natur vor tödlichen Unfällen, dauerhaften körperlichen und seelischen Schäden und irreversiblen Verlusten an ökologischer Vielfalt schützen, und schließlich sollten sie robust sein gegenüber natürlichen Stressfaktoren, menschlichem und technologischem Versagen in komplexen Systemen oder gezielten militärischen wie terroristischen Attacken.

Erneuerbare Mobilität

Die einzige Möglichkeit, dauerhaft auf den Einsatz fossiler Treibstoffe in der Mobilität zu verzichten, sind Antriebssysteme auf der Basis regenerativer Energie. Mittel- bis langfristig ist die Elektrizität neben Wasserstoff das beste Speichermedium für regenerative Energie aus solaren und geothermischen Quellen und der Windkraft. Dementsprechend werden zukünftig vor allem elektrische Antriebe für Fahrzeuge in allen Verkehrssystemen zum Einsatz kommen. Zu unterscheiden ist hierbei zwischen batterieelektrischen, brennstoffzellenelektrischen und hybridelektrischen Antriebssystemen. Bislang ist nicht abzusehen, ob eine dieser Technologielinien dominant wird oder ob die Entwicklung aller drei Optionen zeitgleich vorangetrieben wird, was aus heutiger Sicht am sinnvollsten erscheint. Auch ist im Augenblick nicht genau abzusehen, welche Rolle Wasserstoff als Energiespeichermedium in der Mobilität spielen wird. Seine Einsatzchancen in Brennstoffzellen zur Stromproduktion für Elektroantriebe steigen mit der Verbesserung sicherer und zugleich platz- und gewichtsoptimierter Speichermöglichkeiten.

Insbesondere im Schwerlastbereich der Mobilität, also bei den Lkw-Transporten, dem Schiffsverkehr, der Landwirtschaft, dem Baugewerbe, der Industrie und der Luftfahrt ist der Ersatz von fossilen Treibstoffen durch regenerativ erzeugte Elektrizität schwierig. Während bei Schiffen mittelfristig brennstoffzellenelektrische Antriebe in Kombination mit neuartigen Drachenzugsystemen eine aussichtsreiche Entwicklungsperspektive bieten, könnte in den anderen Bereichen der Einsatz von regenerativ erzeugten Biokraftstoffen der zweiten und dritten Generation – etwa auf Algenbasis – eine Lösung sein. Voraussetzung ist allerdings, dass es bei ihrer Produktion nicht zur Konkurrenz mit der Nahrungsmittelerzeugung kommen darf.

Eine wichtige Bedingung dafür, möglichst viel regenerative Energie in das Mobilitätssystem zu bekommen, ist der Ausbau der kollektiven Verkehrssysteme – also E-Busse, Straßenbahnen, U- und S-Bahnen im urbanen Bereich und Fernbahn und Nachtzüge im regionalen und überregionalen Verkehr. Insofern hier ein flächendeckender und durchgängiger Betrieb mit Strom möglich ist, kann die Verlagerung von der Straße auf die Schiene und von der Luft auf das Wasser helfen, das Gesamtniveau dieser strukturell eher konversionsresistenten Verkehrsformen zu reduzieren. Damit würde die Menge des in diesen Bereichen dann noch nötigen Biokraftstoffs ebenso verringert wie der Ressourcenaufwand der im Straßenverkehr eingesetzten E-Fahrzeugflotte. Denn aufgrund der enormen Ressourcenintensität elektrischer Antriebssysteme und ihrer Energiespeicher ist es geboten, das Ausmaß individualisierter Transporte im Privat- und Geschäftsverkehr wie auch in der Güterlogistik generell zu reduzieren.

Eine technologische Transformation dieses Ausmaßes ist nicht von heute auf morgen zu bewältigen. Für die Übergangzeit sind die weitere Effizienzoptimierung bestehender Antriebs- und Fahrzeugsysteme (etwa über die weitere Verbesserung der Motorentechnologie) und der Einsatz von Gas – zum Beispiel im Schwerlastverkehr – Wege, um die Gesamtmenge der eingesetzten fossilen Ressourcen zu reduzieren bzw. deren spezifische Emissionslast immer weiter zu verkleinern. Schließlich sind die Reduzierung von Gewicht und Geschwindigkeit Möglichkeiten, den Aufwand der einzusetzenden fossilen Treibstoffe zu verringern. So kann eine Geschwindigkeitsdrosselung im Schiffsverkehr um nur wenige Prozent signifikant Treibstoff und Kosten sparen. Viele Reeder gehen deswegen diesen Weg und gleichen den Verlust an Ladekapazität durch den Einsatz zusätzlicher Schiffe aus. Insgesamt wäre eine Reduktion des Geschwindigkeitsniveaus über alle Verkehrsträger zur Verbrauchs- und Emissionsverringerung sofort umsetzbar. Ohne den Trend zum *Upsizing* im Automobilmarkt wären auch hier die realisierbaren Einsparungen aufgrund der enormen Fortschritte in der Motorentechnologie theoretisch viel größer, als sie es im Moment sind. Zum einen bringt die Anpassung der Assistenz- und Sicherheitstechnologie und der Aufbauauslegung der Fahrzeuge an hohe Endgeschwindigkeiten einen Teil des Gewichtszuwachses mit sich, zum anderen ist der Gewichtszuwachs, insbesondere im Bereich des *Sport and Utility Vehicle (SUV)*-Segments, einem Markt- und Designtrend geschuldet. Eine generelle, politisch forcierte Senkung des Geschwindigkeitsniveaus und damit der Sicherheitsanforderungen könnte hier gegebenenfalls dazu beitragen, auch den Trend zum Gewichtsanstieg und den damit immer verbundenen erhöhten Energieverbrauch zu verhindern.

Dematerialisierte Mobilität

Die Verkehrsnachfrage und mit ihr der Material- und Ressourcenverbrauch der Mobilität sind bereits heute enorm, werden in der Zukunft jedoch weiter stark ansteigen. Prinzipiell sind drei Wege denkbar, um diesen Anstieg in den Griff zu bekommen.

Erstens die Etablierung kreislaufwirtschaftlicher Produktionsprinzipien, bei denen die Schrott- und Abfallprodukte eines Produktlebenszyklus wieder zum Ausgangspunkt eines neuen Produktlebenszyklus werden. Eine solche Produktion »von der Wiege bis zur Wiege« (Braungart/McDonough 2009), wie man sagt, wäre im Idealfall vollkommen in sich geschlossen und käme ohne oder mit einem sehr reduzierten Maß weiterer Ausbeutung von Primärressourcen aus. Allerdings setzt die Kreislaufwirtschaft die Etablierung eines vollkommen neuen Produktionsmodells voraus und ist insofern zunächst noch ein elegantes theoretisches Modell.

Zweitens können vermehrt Baustoffe, Farben und Textilia eingesetzt werden, die einer »solaren Chemie« (Fischer 2012) entstammen, also letztlich auf natürlichen Rohstoffen basieren und damit die Unabhängigkeit von der momentan allgegenwärtigen Petrochemie mit sich bringen.

Als Leitbild der Etablierung neuer Designphilosophien und Produktionsmethoden in der Verkehrsgüterindustrie können heute beide Ansätze dienen. Gerade die Automobilwirtschaft wird zukünftig wahrscheinlich gar nicht ohne sie auskommen, da im Zuge der Umstellung auf Elektromobilität (ganz gleich, ob batterie- oder brennstoffzellenbasiert) einerseits und den weiteren Trends zur digitalen Vernetzung und Automatisierung des Fahrzeugs andererseits enorm seltene, hochwertige und teure Rohstoffe zum Einsatz kommen, deren Zugang schon jetzt prekär ist.

Den dritten Weg zur *Dematerialisierung* der Mobilität bietet die Strategie der *Nutzungsinnovation*, also der möglichst effizienten Auslastung alles fahrenden Geräts auf allen Strecken und zu allen Zeiten. Die Tatsache, dass heute Pkws im Privatbesitz im Durchschnitt 23 Stunden am Tag nicht genutzt werden, ist letztlich ein betriebs- wie volkswirtschaftlich höchst irrationaler Luxus, der in der zukünftigen Mobilitätswelt so nicht weiter aufrechtzuerhalten sein wird. Alle Konzepte und Geschäftsmodelle der Mobilitätswirtschaft, die das Nutzen dem Besitzen vorziehen und die anteilige Nutzung eines Fahrzeuges ökonomisieren, sei es als Carsharing, Carpooling, Mitfahrzenrale etc., und damit die Auslastung des einzelnen Produktes erhöhen, minimieren zugleich – unter *ceteris paribus*-Bedingungen – den absoluten Produkt- und Materialaufwand der Mobilität.

Fahrzeuge konsequent auf diese Formen des kollaborativen Konsums und der »Shareeconomy« auszurichten würde auch

bedeuten, neue Gestaltungsphilosophien und Produkteigen-
schaften zu entwickeln. Das Ziel wäre dann womöglich die
Entwicklung extrem hochwertiger und auf permanente und
langlebige Nutzung durch unterschiedliche Kunden ausgeleg-
ter Fahrzeuge statt – im Extremfall – kurzlebiger Niedrig-
preis-Produkte, etwa für den chinesischen Low-Budget-Mas-
senmarkt. Solche hochwertigen Fahrzeuge wären dann zu
teuer für den durchschnittlichen Privatkunden und würden
sich auch für die Automobilwirtschaft betriebswirtschaftlich
nur in Kombination mit neuen Wertschöpfungskonzepten für
Mobilitätsdienstleistungen rechnen.

Sichere Mobilität

Mangelnde Verkehrssicherheit ist weltweit vor allem ein Problem des Straßenverkehrs. Hier treffen unterschiedliche Verkehrsarten und die Ansprüche und Verhaltensweisen einer
großen Menge von Verkehrsteilnehmern in sehr komplexer
Weise aufeinander. Insofern ist die Frage der Verkehrssicherheit in erster Linie eine Frage der Verkehrskultur. Natürlich
kann durch technologische Anstrengungen (Sicherheitsgurt,
Assistenzsysteme, Fahrzeugdesign), durch planerische Konzepte (Fahrradstraßen, Shared Space, Spielstraßen, Gestaltung
von Kreuzungen), ordnungsrechtliche Maßnahmen (Tempo-
30-Zone, Tempolimit, Promillegrenzen für Blutalkohol) und
hoheitliche Überwachung (Geschwindigkeits- und Alkohol-
kontrollen) bereits ein hohes Maß an Sicherheit erreicht werden; die Reichweite der genannten Maßnahmen ist allerdings
noch gar nicht ausgeschöpft. Ein einheitliches und konse-
quentes Tempolimit auf der Autobahn könnte in Deutschland
zum Beispiel dazu beitragen, sowohl Energie zu sparen als

auch die Sicherheit zu erhöhen. Der eigentliche Schlüssel zur Verkehrssicherheit liegt allerdings in der Veränderung von inneren Einstellungen und Verhaltensmustern der einzelnen Verkehrsteilnehmer. Eine umfassende Mobilitätserziehung, die neben der Vermittlung von regelgerechten Verhaltensmaßstäben vor allem die zentrale Rolle subjektiver Kooperationsbereitschaft betont, kann hier eine wichtige Rolle spielen.

Der Blick in die Regionen nachholender Mobilisierung zeigt, dass die Zahl der Verkehrsopfer mit der Geschwindigkeit der Motorisierung steigt. Ein alternatives Verkehrssystem, das auf der Kombination von kollektiven Verkehrsträgern, Fahrradverkehr und temporeduzierter Mikromobilität (elektrobetriebene Klein- und Leichtfahrzeuge) basiert, ist nicht nur den zukünftig zu erwartenden Dichteverhältnissen der entstehenden urbanen Megazentren und ihrer prinzipiell problematischen Luftqualität angemessen, sondern wird auch mit einer massiven Verbesserung der Verkehrssicherheit einhergehen. Es wird sich zeigen, ob und wann die Bevölkerung, die Planer und Entscheider in diesen Regionen in der Lage sein werden, den jetzt eingeschlagenen Weg der Motorisierung zugunsten von alternativen Lösungen zu überspringen oder zumindest abzukürzen und damit auch in der Verkehrssicherheit einen großen Schritt zu tun.

Resiliente Mobilität

Resilienz bezeichnet die Widerstandsfähigkeit und Festigkeit eines Individuums, einer Gesellschaft oder einzelner ihrer Funktionssysteme gegenüber Störungen, Krisen und Katastrophen. Diese Fähigkeit sollte insbesondere für die Gestaltung zukünftiger Mobilitätssysteme aus verschiedenen Gründen eine wichtige Rolle spielen.

Erstens: Je abhängiger Gesellschaften von einem hohen Niveau an Mobilität und sicher planbaren Transportdienstleistungen sind, desto größer ist das Schadenspotential von Störfällen und Verzögerungen. In einer Zeit, in der der überwiegende Teil der Bevölkerung in der industrialisierten Welt sich mit Nahrungsmitteln und Gütern des täglichen Bedarfs über den Einzelhandel versorgt, statt sie selbst zu produzieren, können größere Versorgungskrisen schon in wenigen Tagen entstehen. Im Vergleich dazu war es vielleicht ärgerlich, aber in keiner Weise systemrelevant, wenn in einer bäuerlich-dörflichen Kultur von Selbstversorgern die Lieferung von Salzheringen, Zucker oder Kaffee mit einer Woche Verspätung eintraf.

Zweitens: Je feingliedriger, komplexer und (digital) vernetzter ein Verkehrssystem aufgebaut ist, desto größer ist das Risiko, dass sich externe oder interne Störfälle schnell im gesamten System fortsetzen und sich die Schadenswirkungen akkumulieren. Auf diese Weise können heute Bahnbetriebsstörungen in Süddeutschland mit ein wenig Pech schnell zu massiven und weit ausgreifenden Verspätungen in Norddeutschland führen, ein Kälteeinbruch in Chicago oder ein Vulkanausbruch in Indonesien den Flugverkehr in Europa tangieren.

Drittens: Ein Verkehrssystem ist umso verletzbarer, je größer das Ausmaß an digitaler Technologie ist, das zu seiner Betriebsführung eingesetzt wird. Als Weichen noch mechanisch gestellt wurden und der Straßenverkehr noch ohne Verkehrsleitsysteme auskam, war es deswegen natürlich auch nicht möglich, mit Hilfe von Software-Manipulationen von entfernter Stelle aus Störungen zu provozieren.

Alle drei Problemlagen betreffen unsere modernen Verkehrssysteme. Das wird in der weiteren Entwicklung dieser Systeme immer deutlicher werden. Verstärkend wirkt hierbei,
dass die Vielfalt potentieller externer wie interner Störfak-
toren beständig zunimmt. Klimabedingte Starkwetterereignisse, technisches wie menschliches Versagen in den hochkom-
plexen Abläufen der modernen Systemarchitekturen sowie
Manipulationen und Hackerangriffe jeglicher Provenienz
sind zu erwarten. Deswegen ist Resilienz heute eine Quali-
tätsanforderung an Verkehrssysteme, um Störfälle mit großem Schadenspotential zukünftig auszuschließen. Mögliche
Lösungen sind der Aufbau robuster Infrastrukturen durch re-
dundante Systemarchitekturen, die Ersatzmöglichkeiten,
Vervielfältigung, Verlinkung, Spiegelung und den Erhalt me-
chanischer Steuerelemente ebenso einschließen wie besondere Systemkontrollen und den Einbau von Zeitpuffern.

Deutlich wird bei genauerer Betrachtung auch, dass die
Störfallproblematik durch externe, nicht im Aufbau und dem
Betrieb der Verkehrssysteme selbst liegende Anforderungen
noch verschärft wird: so zum Beispiel durch eine engmaschige
Just-in-time-Logistik, mit der eigentlich privatwirtschaftlich
zu erbringende Lagerhaltungskosten in die Infrastrukturen
verlagert und damit auf die Gemeinschaft externalisiert werden. Transportintensive Geschäftsmodelle mögen die ein-
zelwirtschaftlichen Kosten minimieren, erhöhen aber die externen Kosten, die von der gesamten Gesellschaft getragen
werden. Hier ist grundsätzlich zu fragen, ob solche Strukturen nicht zurückzufahren wären. Dadurch würden die Risiken
für einzelne Unternehmen, letztlich aber auch für gesamte, in
ihren Wertschöpfungsketten hochvernetzte Branchen wieder
geringer. Zugleich würden Umweltkosten minimiert.

Die richtige Flughöhe finden

»Flieg nicht so hoch«, riet Dädalus seinem Sohn Ikarus. Doch berauscht vom Gefühl der grenzenlosen Freiheit und der Macht über die Elemente, verlor dieser rasch jegliche Demut und Vorsicht. Er überging die Warnung seines Vaters, flog zu nahe an die Sonne, und das Wachs seiner Schwingen schmolz. Der Ausgang der griechischen Sage ist bekannt. Wie Ikarus sind wir alle sehr gut darin, angesichts der Faszination der Mobilität ihre Schattenseiten auszublenden. Wir sind ambivalente Wesen zwischen Einsicht und Ignoranz. Wir wissen durchaus um die Gefahren der Mobilität, halten sie aber für beherrschbar, obwohl sie das immer weniger sind. Raumüberwindung ist aufwendig und in vielerlei Hinsicht unmittelbar wie mittelbar gefährlich, und je höher die Geschwindigkeit wird, mit der wir das System betreiben, desto höher wird letztlich auch das Risiko, das wir in Kauf nehmen. Die Ermöglichung von Mobilität an der einen Stelle ist letztlich immer erkauft durch Zerstörung von Lebensqualität an einer anderen Stelle. Ebendiese Botschaften stecken in der Sage von Ikarus, die den Wunsch nach Überwindung der organischen Beschränktheit des Menschen ebenso ausdrückt, wie sie als Ursprung aller technikkritischen Warnungen – verbunden mit der Warnung vor menschlicher Selbstüberschätzung – verstanden werden kann: Bedenke die Folgen. Du kannst fliegen, aber flieg nicht zu hoch. Fliege in angemessener Höhe.

Der folgende Hauptteil dieses Buches versammelt Geschichten einer solchen Mobilität in angemessener Flughöhe. Sie entspinnen sich im Spannungsfeld der beschriebenen Megatrends der Demographie, des Klimawandels und der Ressourcenverknappung und sind inspiriert von den vier sich aus den

Megatrends ableitenden Kriterien Erneuerbarkeit, Entmaterialisierung, Sicherheit und Resilienz. Sie sind Szenarien und Szenenbilder, Gucklöcher des Möglichen und Wünschbaren, nicht des Wahrscheinlichen, das von allein auf uns zukommt, wenn wir die nötigen privaten und politischen Anstrengungen unterlassen, eine zukunftsfähige Mobilität zu gestalten. Andererseits sind die beschriebenen Entwicklungen auch nicht unmöglich, sondern könnten sich, unter Annahme durchgreifender und konsequenter politischer wie individueller Verhaltensänderungen, in Teilen durchaus realisieren lassen. Die technologischen Möglichkeiten dafür sind weitgehend gegeben bzw. liegen in Reichweite der aktuellen Entwicklungstrends. Nicht angenommen wurden bei der Erarbeitung dieser Szenarien das Auftreten von sogenannten Wild Cards, also von radikal die Geschichte verändernden Ereignissen mit äußerst geringer Eintrittswahrscheinlichkeit, aber sehr massiven Folgen. Beispiele für Wild Cards wären die Entwicklung von Wundertechnologien, das Eingreifen hilfsbereiter Außerirdischer oder das Eintreten von Katastrophen, beispielsweise ein Kometeneinschlag, langanhaltende Vulkanausbrüche, ein dritter Weltkrieg oder eine tödliche globale Virenepidemie.

Kapitel IV
Zukunft erzählen

> »Die Zukunft, die du meinst, ist überhaupt kein Gegen-
> stand der Wissenschaft. Sie ist etwas, das nur im Medium
> der gesellschaftlichen Phantasie existiert, und das Organ,
> mit dem sie hauptsächlich erfahren wird, ist das Unbe-
> wußte. Daher rührt die Mächtigkeit der Bilder, die wir
> alle miteinander Tag und Nacht hervorbringen: nicht nur
> mit dem Kopf, sondern mit dem ganzen Körper. Unsere
> kollektiven Angst- und Wunschträume wiegen minde-
> stens so schwer, wahrscheinlich schwerer als unsere
> Theorien und unsere Analysen.«
>
> *(H. M. Enzensberger, Politische Brosamen, 1985:233)*

Müssen und Wollen

Wir leben in einer Zeit, in der das Wollen gegenüber dem großen Müssen zu verteidigen ist. In der Politik ist allenthalben
vom Müssen die Rede. »Es gibt keine Alternative!«, hieß es
etwa zur Durchsetzung von Deregulierung und Liberalisierung der europäischen Wirtschaft und Finanzwirtschaft ab
Ende der 1970er Jahre. »There is no alternative« – so pos-
tulierte es Margaret Thatcher im Laufe ihres Politikerlebens
laut der Margaret Thatcher Foundation in nicht weniger als
539 Reden. Was ihr den Spitznamen TINA eintrug. Heute ist

Angela Merkel auf dem besten Wege, diese Rolle als TINA zu übernehmen. Ist es aber nicht die Aufgabe von Politik, Alternativen aufzuzeigen und zur Entscheidung zu bringen? Wachstum, gemessen in Skalen des Bruttoinlandprodukts, ist nach wie vor oberste Maxime: »Wir müssen weiter wachsen, und zwar rasant, um den kommenden Herausforderungen des Marktes gewachsen zu sein und Arbeitsplätze zu schaffen!« Dabei wird meist nicht erwähnt, dass es die von demselben Wachstum geforderten Effizienzsteigerungen sind, die Arbeitsplätze vernichten, welche durch Zuwachs an anderer Stelle ersetzt werden müssen. Und war es nicht Jahrtausende so, dass Entwicklung auch mit geringem Wachstum im heutigen Verständnis möglich war – einem Wachstum, das ökologisch verträglicher war? Aber nicht nur von Wachstumsbefürwortern in Politik und Ökonomie, auch auf der Gegenseite, etwa in von der Idee der Nachhaltigkeit beseelten Teilen der Wissenschaft, von NGOs und Naturschützern, werden Nachhaltigkeitsimperative wie das 2-Grad-Ziel und die postcarbone Gesellschaft formuliert: »Wir *müssen* die große Transformation herbeiführen!« Ist es die Aufgabe von Wissenschaft, gesellschaftspolitische Ziele zu formulieren? In einer Zeit, in der in dieser Weise permanent dem großen Müssen das Wort geredet wird, gleich von welcher Seite, könnte der freie Wille zur Zukunft alsbald Gefahr laufen, abgeschafft zu werden.

Über dem öffentlichen Diskurs liegt heute ein Geruch von Weltenbrand, der Hautgout einer morschen, fauligen Zivilisation, und ein Hauch von Apokalyptik und Welterrettungspathos, mit dem das große Müssen gerechtfertigt werden soll, sei es in der Finanzkrise, der Wachstumskrise, der Umweltkrise, der Energiekrise oder jedweder anderen Krise, die es zu

bewältigen gilt. Nun ist die Weltrettung heute ein schwieriges
Geschäft. Denn ungeachtet der Tatsache, dass sie angesichts
der eindrücklichen Beweisfülle dringlicher scheint als je zuvor
in der Geschichte, herrscht seltsame Bewegungslosigkeit: Die
gemeinsame Rettungsanstrengung findet nicht statt. Auch
die apokalyptische Rede schreckt uns nicht auf, bleibt zahn-
loser Tiger, weil der Weltuntergang Gewohnheit geworden
ist. In unserer Wahrnehmung des täglichen Geschehens, in
den Warnungen informierter Zeitgenossen – er ist der Welt-
zustand per se. Der Untergang, die Endzeit sind Alltag geworden.

Trotz dieser Ausgangslage gehen die im Folgenden versammelten Texte mit aller begründeten Vorsicht von der sozialen
Wirkungskraft des Wollens aus, von der konkreten Utopie.
Wo der Weltuntergang nicht genügend inneren Schub erzeugt, um zum Handeln zu bewegen, vermögen vielleicht die
Bilder einer anderen Zukunft dazu zu verlocken, den Weg von
der Vorstellung zur Änderung des Handelns und schließlich
sogar den zur politischen Bewegung zu beschreiten. Es ist
Enzensberger (1985:234), der zu bedenken gibt, dass wir,
wenn wir politisch handeln, nie das erreichen, was wir uns
vorgesetzt haben, sondern etwas ganz anderes, das wir uns zuvor nicht vorzustellen vermochten. Muss das immer so sein?
Sollte man es aufgeben, sich zukunftsbezogene Politik überhaupt auszumalen und also, wenn überhaupt, allein noch
einem demütigem Pragmatismus einer Politik der kleinen
Schritte das Wort reden? Die Antwort ist, wie alles, was die
Weltrettung angeht, kompliziert, ist ja und nein. Ja, weil
Warnungen dieser Art aus den Erfahrungen der Geschichte
heraus ernst genommen werden müssen. Ja, weil die Haltung
des Pragmatismus immer der Weg der ersten Wahl sein kann –

verstanden als eine Haltung des Experiments und des Ausprobierens von Spielräumen, die uns die vorgefundene Welt bietet, ohne diese Welt sofort in Gänze ändern zu müssen und zu können, als Weg, auf dem Veränderung in kleinen, suchenden Schritten vorangetrieben wird. Nein, weil die Tatsache, dass das Verfolgen von Menschheitsträumen einer zukünftigen, besseren Welt oft in einer schlechteren Gegenwart mündete, nicht beweist, dass dies immer der Fall sein muss. Und nein auch, weil die gescheiterten Träume der Vergangenheit immer auf eine schlichte Ausweitung von Möglichkeitsräumen – meist im Sinne von materiellem Wachstum – zielten, während es heute und in Zukunft darum geht, Lebensqualität, gelingendes Leben, Frieden, Zivilisation innerhalb klar definierter Grenzen von Ressourcen- und Naturverbrauch weltweit gerecht zu organisieren. Vorstellungen einer innerhalb dieses Erwartungsrahmens positiv zu nennenden Zukunft haben womöglich grundsätzlich ein ungleich geringeres messianisches Verblendungs- und Verirrungspotential.

Der Mensch ist, so der Zukunftsforscher Gereon Uerz (2006: 12), wahrscheinlich als einziges Wesen in der Lage, zukunftsorientiert zu denken und gedanklich im Modus des Futur II – des Ich-werde-getan-haben-und-gewesen-Seins – zu operieren. »Durch seine auf die Ferne gerichteten Organe und seine Fähigkeit zu verzögerten Reaktionen lebt der Einzelne in der Zukunft und kann sein Leben im Hinblick auf diese Zukunft planen« (Mead 1968[1934]: 138, zit. nach Uerz, a. a. O.). Diese Fähigkeit zur Antizipation ist folgenreich in jeder Hinsicht. Sie macht die menschliche Spezies so erfolgreich und in vielerlei Hinsicht überlegen und ist dort, wo sie ihre Grenzen hat, strukturell problematisch. Denn natürlich kann Zukunft nicht mit letzter Sicherheit »gewusst« werden, weil sie

nicht vorherbestimmt ist. Insofern ist das Zukünftige immer
ein steter Stachel des Unvorhersehbaren, des Riskanten, der
Sorge und deswegen in letzter Instanz eine individual- wie
sozialpsychologisch verunsichernde Größe. Daher rührt das
die Geschichte des Menschen begleitende Bedürfnis nach Reduktion von Kontingenz, angefangen beim Orakel von Delphi
über den eschatologischen Offenbarungsglauben der großen
Weltreligionen bis hin zu den Prognosen und Szenarien der
modernen, heute oft kommerziellen Zukunftsforschung. Wir
sind nicht frei, nicht zu handeln, und weil wir wissen, dass
vieles von dem, was zukünftig sein wird, von Entscheidungen
abhängt, die wir jetzt zu treffen haben, wollen wir die Zukunft
so gut wie möglich kennen, um Risiken minimieren zu können. An diesem Dispositiv des Zukünftigen ändert auch die
Tatsache nichts, dass in der heutigen Gesellschaft viel mehr
als je zuvor von Entscheidungen abhängt, die schon vor langer
Zeit getroffen worden sind und nicht mehr revidiert werden
können.

Eine ähnliche Funktion haben die zukunftsbezogenen Erzählungen. Sie stiften Sinn als Leitbilder, als Visionen und
schließlich auch dort, wo sie über den Umweg der Apokalypse – Unheil und Heil, Angst und Hoffnung miteinander
verschränkend – auf die Utopie verweisen, denn »ohne Katastrophe kein Millennium, ohne Apokalypse kein Paradies«
(Enzensberger a. a. O.: 225). Im narrativen Pingpong von
Dystopie und Eutopie spiegelt sich das fortwährende Wechselspiel zwischen dem Bewusstsein einer als unbefriedigend
erlebten Realität und dem immer wieder neu inspirierten
Willen zu ihrer Überwindung und Verbesserung. »Indem sie
die Wahrnehmung und Deutung von Gegenwart mitstruk-
turieren, Handlungsplanungen beeinflussen und Handlungs-

impulse setzen sowie sinnstiftend und gemeinschaftsbildend wirken können«, sind zukunftsbezogene Narrationen also nicht nur Produkte, sondern auch Faktoren im Prozess der gesellschaftlichen Konstruktion der Wirklichkeit und können als Modus der gesellschaftlichen Selbstlenkung oder Selbststeuerung verstanden werden (Uerz a. a. O.: 14). Zukunftsnarrative haben dabei eine leitbildhafte Orientierungsfunktion, indem sich Akteure in ihren Wahrnehmungen und Kommunikationen auf einen gemeinsamen Horizont beziehen (Dierkes et al.: 1992). Im günstigsten Fall finden sie sich zusammen, um gemeinsam an der Produktion einer eutopischen oder der Abwendung einer projizierten dystopischen Zukunft zu arbeiten.

Antiapokalyptisches Reden

Welche Zukunft vorhergesagt wird und welcher Vorstellung von Zukunft nachgehangen wird, hat dabei entscheidende Auswirkungen auf die Wahrnehmung und Deutung der Gegenwart, insofern diese von ihrem erwarteten weiteren Verlauf her beurteilt wird. So wie psychologisch betrachtet, erwartete Zustände nachweislich einen signifikanten Einfluss nicht nur auf das subjektive Erleben der Gegenwart haben, sondern über physiologische Prozesse tatsächlich auch im Sinne sich selbst erfüllender Vorannahmen wirken, kann dieser Mechanismus womöglich auch für Kollektive gelten. Die konkrete Vorstellbarkeit positiver Leitbilder und Visionen, vor allem im Hinblick auf das eigene individuelle Alltagsleben, kann ein ungleich größeres Mobilisierungspotential sowohl für individuelle Handlungsbereitschaft als auch die allgemeine Akzeptanzsteigerung von stark wirksamen politi-

schen Maßnahmen – etwa zum Klimaschutz – entwickeln als
der heute weithin vorherrschende Krisendiskurs.

Denn der umwelt-, energie- und klimapolitische Diskurs
in Deutschland ist heute gespalten. Während mehr als fünfzig
Prozent der deutschen Bevölkerung wegen anwachsender
Umweltprobleme nicht oder nur wenig beunruhigt ist, ist
ein zunehmender Teil entweder in Ignoranz oder in einer Art
Negativtrance dystopischer Angstszenarien gefangen. Politik
und verantwortlich empfindende Bürger handeln heute –
wenn sie denn überhaupt handeln – überwiegend aus der
push-Perspektive einer möglichst zu vermeidenden Krise,
nicht jedoch aus der *pull-Perspektive* der Möglichkeit einer
tatsächlich machbaren und wünschenswerten zukünftigen
Lebenswirklichkeit heraus. Die nachhaltigkeitsorientierte Gesellschaftspolitik steckt deswegen in einer Sackgasse. Einerseits erschafft die Wissenschaft ein immer genaueres und
auch drastischeres Bild von den Mechanismen und Folgen an-
thropogener Umweltzerstörungen und den eigentlich notwendigen strategischen und instrumentellen Antworten darauf, andererseits gelingt es trotz immer besseren Wissens
nicht, eine den tatsächlichen Problemdimensionen angemessene Politikoption zu entwickeln und umzusetzen. Vor allem
gelingt es nicht, ein Grundgefühl der Verantwortlichkeit und
der Machbarkeit entstehen zu lassen, von dem ausgehend sich
neben der staatlichen Politik vor allem der einzelne Bürger als
verantwortlich handlungsfähiger Akteur und Marktteilneh-
mer zu profilieren beginnt. Dabei scheint dies in doppelter
Hinsicht notwendig: Zum einen ist eine den heutigen Herausforderungen angemessene gesellschaftliche Reaktion nicht
mehr ohne die fundamentale qualitative Veränderung privater Lebensstile denkbar. Zum anderen sind das Bewusstsein
für die grundsätzliche Machbarkeit und die individuelle Be-

reitschaft zu einer sozialökologischen Transformation in einer demokratischen Gesellschaft zentrale Voraussetzungen für die politische Legitimität starker und wirksamer staatlicher Transformationspolitik. Anders gesagt: Die Politik weiß heute in vielen Bereichen sehr genau, wie sie zu handeln hätte, kann dieses Wissen aber nicht umsetzen bzw. nur unter Inkaufnahme des Risikos politischen Machtverlustes angesichts einer Wahlbevölkerung, die die Notwendigkeit einer Transformation entweder nicht einsieht oder aber bereits so tief in Zukunftsangst und Hoffnungslosigkeit gefangen ist, dass ihr der finale Ritt auf dem Vulkan allemal attraktiver erscheint als substantielle Bemühungen und Lebensstiländerungen. Diese fatale Mischung aus Problemeinsicht, Ratlosigkeit, falschen Hoffnungen, totaler Problemnegation, relativierenden Problemverschiebungen, der Beharrungskraft von Verhaltensroutinen und Wertorientierungen und schließlich schlichten privaten Egoismen bestimmt heute weite Teile des ökologiepolitischen Diskurses. Sie schmälert die Handlungsfähigkeit von Politik, indem sie die Legitimität ihrer Maßnahmen untergräbt, und von Unternehmen, indem sie die Zahlungsbereitschaft für zukunftsfähige Produkte hemmt.

Die Kunst, Schiffe zu bauen

Dieser Aufriss mündet nun in der Vorstellung einer am Ideal der nachhaltigen Gesellschaft ausgerichteten Zukunftskommunikation, die die bisherige rein problembezogene Risikokommunikation ersetzt und es mit Erzählungen eines gelingenden Wandels schafft, einen »Möglichkeitssinn« (Musil 1994: 16) als übergreifenden Konsensus und einer gesellschaftsweiten Innovationsmentalität in Bezug auf eine zu-

kunftsfähige kulturelle Transformation zu erzeugen. Viel
mehr als die etablierten Politikoptionen des Müssens und der
Alternativlosigkeit brauchen wir heute wohl Impulse für die
Macht unserer zukunftsbezogenen Phantasie, denn diese geht
der Politik voraus. Es gibt für diese Annahme kaum eine tref-
fendere, deswegen vielleicht auch etwas überstrapazierte, aber
nicht minder überzeugende Formulierung als die von Antoine
de Saint-Exupéry (1969), der sinngemäß sagte, wer ein Schiff
bauen wolle, der trommle nicht Männer zusammen, um Holz
zu beschaffen, Aufgaben zu vergeben und die Arbeit einzutei-
len, sondern lehre die Männer die Sehnsucht nach dem weiten, endlosen Meer. Die Kunst, Schiffe zu bauen, kommt in
dieser Lesart also weniger in der Fähigkeit zu Planung, Technik und Organisation zum Ausdruck, wiewohl es ohne diese
auch nicht ginge, sondern in der Erschaffung eines starken
Willens, gemeinsam das Meer zu erkunden und die ent-
flammte Sehnsucht nach Veränderung zu stillen.

Kapitel V
Schubumkehr –
Reiseberichte aus der Zukunft der Mobilität

Die Konferenz der Futurnauten

Bevor unsere Reise beginnt, sollte ich mich vorstellen. Mein Name ist Peter Fischer. Ich bin eine *Persona* – eine künstliche Person, ausgedacht, um mit meinen Lesern eine Reise in die Zukunft zu machen. Deswegen weiß ich auch immer etwas besser über die Zukunft Bescheid, als es ein realer Reisejournalist tun würde. Weil ich in der Zeit reisen kann, kann ich über die Zukunft berichten und sie mit Gegenwart und Vergangenheit vergleichen. Ich bin nicht neutral und habe eine eigene Meinung zu vielen Dingen. Aber natürlich kann ich mich auch irren, denn wer weiß schon, was die Zukunft bringt.

Erfunden wurde ich in einem abgelegenen idyllischen Ort an einem großen See in der Nähe von Berlin. Ich habe eine ganze Handvoll Eltern, die sich nur für den Zweck, mich zu erschaffen, für einige Wochen in einem alten Schlossgut zusammengefunden hatten. Sie waren Wissenschaftler, Künstler und Schriftsteller. Auch einige Zukunftsforscher, Designer und Schauspieler kamen dazu. Am wichtigsten für das Experiment aber war eine kleine Gruppe österreichischer Psychologen, die mit neuartigen Methoden hypnagoger Lichterfahrungen experimentierten und damit dem Einfallsreichtum dieser sowieso schon kreativen Gruppe noch weiter auf die Sprünge halfen. Hinter dem Ganzen steckte eine Stiftung für Zukunftsfragen, die sich in der Öffentlichkeit bedeckt hält. Man weiß nur, dass es sich um eine Verbrauchsstiftung junger Erben handelt. Die Stiftung beauftragte ein Berliner Büro für experimentelle Zukunftsforschung mit der Konzeption des Projekts und der Auswahl der Teilnehmer. Nur die Aufgabe war klar beschrieben: auf wissenschaftlicher Grundlage mögliche, aber aus heutiger Sicht wenig wahrscheinliche Szenarien einer besser als heute gelingenden, zukunftsfähigen Gesellschaft zu entwerfen und als Geschichten aufzuschreiben. Um das Experiment nicht ausufern zu lassen, wollte man sich für den ersten Versuch auf ein Thema konzentrieren: die Mobilität. Das Büro organisierte alle verfügbaren Daten und Szenarien zum Thema. Inhaltliche Zusammenfassungen des vorhandenen Wissens wurden geschrieben, Kurzvorträge durch ein ganzes Team von zuarbeitenden Wissenschaftlern vorbereitet, eine Datenbank eingerichtet und jedem Teilnehmer ein eigener wissenschaftlicher Rechercheur zugewiesen. Im ersten Schritt ging es nur darum, die Teilnehmer über das Thema umfassend zu informieren. Sie waren ja nicht als Fachexperten, sondern als kreative Köpfe rekrutiert worden. Diese Phase dauerte zwei Wochen, in denen vorbehaltlos gelesen, geforscht, recherchiert und diskutiert wurde. Als sich alle gut vorbereitet fühlten, startete das eigentliche Experiment: die Arbeit mit den hypnagogen Lichttechniken.

Für ein paar Wochen lebten die Gäste von da an unter dem helleren Himmel des künstlichen Lichtes einer besonderen Lampe. Ein Psychologe hatte die »Lucia No. 3« in jahrzehntelangen Versuchen entwickelt, auf der Suche nach dem eindrucksvollen Licht, das er als grippekranker Siebenjähriger bei einer Nahtoderfahrung gesehen hatte. Nach Experimenten mit Baustrahlern und Farbeffektoren, variantenreichen Lampenanordnungen im Gehäuse von Espressomaschinen und schließlich der Entwicklung von softwaremodulierten, kombinierten Licht-, Farb- und Musik-Programmen war man so weit, mit Experimentalreihen in der wissenschaftlichen und therapeutischen Arbeit zu beginnen. Schnell stellte sich heraus, dass die Lucia in der Lage ist, im Gehirn sehr ähnliche Effekte zu erzeugen, wie sie beim Konsum von halluzinogenen Stoffen entstehen, nur legal und ohne Nebenwirkungen. Von den Lichteffekten der Lampe stimuliert, schüttet die Zirbeldrüse im Zwischenhirn den Stoff Dimethyltryptamin (DMT) aus, eines der stärksten bekannten Halluzinogene. Und dann: Eine kurze Unruhe, ein Zögern vor dem Übergang, schließlich fällt der Vorhang zu einer anderen Dimension, und irgendwo zwischen Wachheit und Anderwelt wird die Zeit zu einem Feuerwerk von Licht, Formen, Farben, Musik und – endlos. Wenn es dem Gehirn schließlich nicht mehr gelingt, aus der überbordenden Flut von Sinnesreizen ein konsistentes Weltbild zu schaffen, wird der Blick frei auf das, was ist, wenn das Ich verschwindet. Die Routinen und gewohnten Annahmen des normalen Denkens sind außer Kraft.

Sprünge in der Kunst oder der Wissenschaft sind oft durch Erlebnisse inspiriert worden, die das Abstreifen gewohnter Denkmuster erlauben und die Erkenntnis im Wortsinne beflügeln. Deswegen hatte auch das Berliner Büro für experimentelle Zukunftsforschung schon sehr früh begonnen, mit der Lampe zu experimentieren. Die Ergebnisse waren eindrucksvoll. Und nach einiger Zeit hatte man genügend Erfahrung gesammelt, diese Vorgehensweise auch auf eine größere

Gruppe zu übertragen. Die Konferenz der Futurnauten, die Reise in die Zukunft des Reisens konnte beginnen. Ich selbst, Peter Fischer, bin nur ihr Avatar, das Sprachrohr der Reiseberichte und Futurpedia-Einträge, in denen die Futurnauten ihre Ideen zur Zukunft der Mobilität versammelt haben.

»Zeppelin-Tourismus«,
Auszug aus dem Netzlog von Peter Fischer, Berlin 2044, Teil 1

Wer sich dem Luftschiff-Flughafen am Tempelhofer Flugfeld vom etwas erhöht gelegenen Neuköllner Zugang her nähert, kann bei sonnigem Wetter und guter Sicht ein grandioses Schauspiel erleben. Majestätisch wie eine Armada riesiger, silbergrauer Wale liegen dort zu fast jeder Zeit bis zu zweihundert Luftschiffe unterschiedlicher Größe auf vier verschiedenen, vertikal angeordneten Ebenen vor Anker, starten, landen, stehen manchmal noch eine Weile in der Luft über dem Flugfeld, bevor sie sich auf den Weg nach Frankfurt, Peking oder San Francisco machen. Von der unsichtbaren Hand des automatisierten Navigationssystems der Flugsicherung geführt, vollführen die Schiffe einen komplizierten Tanz auf engstem Raum, der, so war mir erzählt worden, aus der Ferne betrachtet fast unerklärlich wirkt. Deswegen habe ich mich vor meiner Reise genauer über das Flugfeld und seine Abläufe informiert: Schiffe, die sich dem Tempelhofer Luftraum auf fünf Luftmeilen annähern, werden automatisch vom Leitfeuer des Flugfeldes unter Kontrolle genommen, denn kein noch so versiertes und aufmerksames Fluglotsenteam kann die Komplexität dieses Geschehens noch sicher im Blick behalten.

Da die Luftschiffe anders als konventionelle Flugzeuge Freiheitsgrade der Bewegung in alle Richtungen haben, ähneln die Start- und Landevorgänge dem Treiben auf einem sehr engen, dreidimensionalen Rangierbahnhof, bei dem die Schiffe manchmal mit nur wenigen Metern Abstand aneinander vorbeirangiert werden. Die automatischen Fluglotsen sind im historischen Flughafengebäude genau an der Stelle der alten Flugüberwachung untergebracht. Selbst wenn sie einmal ausfallen sollten, wäre ein Betrieb noch in eingeschränkter Form möglich, indem sich die dezentralen, bordeigenen Systeme der einzelnen Luftschiffe miteinander koordinieren würden. Allerdings könnte der Start- und Landebetrieb dann nur auf zwei Ebenen und mit vier Freiheitsgraden erfolgen anstatt auf vier Ebenen mit sechs Freiheitsgraden, wie es die Roboterlotsen ermöglichen. Das Gelände des Flughafens wird auf diese flexible Weise so perfekt und dabei sicher ausgenutzt, dass sich Tempelhof zu einer hochprofitablen Ein- und Umsteigemaschine entwickelt hat. Dabei waren bei der Wiedereröffnung Tempelhofs für den Luftschiffbetrieb kaum größere Umbaumaßnahmen nötig geworden. Das während des Nationalsozialismus gebaute historische Gebäude des Flughafens ist in seiner ursprünglichen äußeren Form weitgehend erhalten geblieben, während die gesamte dem Blick größtenteils verborgene Gebäudetechnik den modernen Standards des Energie- und Ressourcenverbrauchs angepasst wurde.

Das riesige Flachdach des Gebäudes wird genau wie die weiteren Freiflächen des Flughafengeländes zwischen den Landbuchten zur photovoltaischen Stromerzeugung genutzt, mit piezoelektrischen Teilchen aufgerüstete Bodenbeläge in der Haupthalle des Lufthafens nutzen das permanente Kommen und Gehen der Reisenden und Beschäftigten zur Stromerzeugung, und kleinere Windräder drehen sich am Rande des gesamten Flughafengeländes entlang der Flugfeldkreisbahn. Die so erzeugte Energie reicht für den Betrieb des Lufthafens und seiner vielfältigen Bewegungsströme von Menschen und Material vollkommen aus. Da die Luftschiffe selbst aufgrund der photovoltaischen Oberflächenbeschichtung ihrer Auftriebskörper weitgehend energieautark sind bzw. bei sonnigem Wetter sogar Überschüsse produzieren und gegen Verrechnung mit der Liegegebühr in das Lufthafennetz einspeisen, kann es vorkommen, dass in der Sommerzeit wenige Wochen guten Wetters ausreichen, um die Energieguthaben für die schlechte Jahreszeit ganz bequem anzufüllen. Denn der Lufthafen hat bis auf einige wenige Großbatterien und Wasserstoffspeicher in der Nähe von Notfallgeneratoren keine eigene Energievorratsspeicherung. Überschüsse werden als angesparte Energieguthaben in das Berliner Stadtnetz abgegeben. Im Winter versorgt dann das Stadtnetz den Lufthafen mit. Dieses wiederum ist eingebunden in das europaweite Verbundsystem für regenerative Energieversorgung mit seinen Großspeichern in Form von dezentralen intelligenten Batterienetzwerken, SmartGrid-Systemen, Pumpspeicherwerken und dezentralen Wasserstoffspeichern.

Auch für den Betrieb auf dem Start- und Landefeld waren keine teuren Ausbauten vorgenommen worden, da man den Betrieb möglichst flexibel, die Infrastrukturen rückbaubar und den dafür nötigen Aufwand an Material so gering wie möglich halten wollte. Das Prinzip des Flugfeldbetriebs lässt sich am besten als ein Wald von Landebäumen beschreiben. Von diesen Landebäumen werden die Schiffe nach dem Andocken sicher fixiert und mit allen lebenswichtigen Ressourcen versorgt. Genauer gesagt, sind die Landebäume Rolltürme, die flexibel im Boden verankert werden können, immer entlang von Versorgungs- und Entsorgungskanälen, die sich in geringer Bodentiefe in Matrixform über das gesamte Feld ziehen.

Auch Müll und Abwässer werden über die Kanäle ausgetauscht.

Ein typischer Landevorgang sieht etwa so aus: Die Navigation des Schiffes wird fünf Luftmeilen vom Flugfeld entfernt vom automatischen Leitfeuer übernommen. Zu diesem Zeitpunkt steht bereits fest, zu welchem Haltebaum das Schiff gelenkt wird, ob Notfälle eine Vorrangversorgung erfordern oder ähnliche Spezialanforderungen bestehen. Am Landebaum angedockt, setzt das Schiff zunächst zur Entladung der Reisenden, ihres Gepäcks und etwaiger Güterlieferungen auf dem Boden auf. Auch dieser Vorgang erfolgt weitgehend automatisiert. Wetterfeste kleine und mittelgroße automatische Elektrofahrzeuge übernehmen den Transport zum Flughafenempfangsgebäude oder direkt zu den wartenden Anschlussschiffen. Der Transfer verläuft entlang der mit Induktionsstromversorgung ausgestatteten Linien der Versorgungsmatrix und dauert von keiner Stelle des Lufthafens aus länger als fünfzehn Minuten.

Nach dem Entladevorgang nimmt das Schiff seinen Liegeplatz am Landebaum in einer der vier verschiedenen Parkebenen des Hafens ein. Durch die Höhendifferenzierung wird der Raum des Flugfeldes optimal ausgenutzt, wobei die Schiffe trotzdem mit der aktuellen Windrichtung kränken können, ohne sich gegenseitig zu beschädigen. Während der Haltedauer am Landebaum, die von wenigen Stunden zu mehreren Wochen variieren kann, wird das Schiff gereinigt und aufgetankt, der Müll entsorgt und kleinere Reparaturen vorgenommen. Das dafür nötige Logistikpersonal erreicht das Schiff auch auf Höhenlevel vier noch bequem durch eine Hubvorrichtung im Landebaum. Abwässer und Müll werden automatisch entsorgt, und ebenso automatisch erfolgt das Bunkern frischer Vorräte. Nur die Nahrungsmittel werden erst zum

Schluss mit den neuen Passagieren und ihrem Gepäck von den automatischen Elektrofahrzeugen angeliefert. Die Cateringfirmen selbst sind direkt in einem der weitläufigen Seitenflügel des Lufthafengebäudes untergebracht, so dass das Essen beziehungsweise seine Zutaten ganz frisch angeliefert werden, denn bei den längeren Reisen, die ja heute wieder üblich sind, wird an Bord gekocht.

Noch einmal schweift mein Blick über das Flugfeld und das unausgesetzte Sinken und Aufsteigen der großen, hellgrauen Schiffe: Von überall gleiten sie heran und verlieren, sich in Position drehend, an Höhe, während zugleich, zum Teil an entfernter Stelle, zum Teil direkt neben ihnen, andere aufsteigen und in alle Himmelsrichtungen davonziehen, über die Ankommenden hinweg und unter und zwischen ihnen hindurch. Das alles in fast vollkommener Stille. Eher ähnelt das Flugfeld heute einer großen Meeresbucht als der lärmenden und kerosinstickigen Asphaltwüste der Berliner Mauerjahre. Und manchmal, wenn der Westwind feuchte Meeresluft heranträgt und der Blick über das riesige Feld weit wird, hat man tatsächlich das Gefühl, direkt am Meer zu stehen. Mein Fernweh ist entfacht! Es kann losgehen.

Airship Airborne – Die zweite Entdeckung des Luftschiffs.
Auszüge aus dem Geo-Spezial zur Zukunft des Fliegens, Autor: Peter Fischer

Als die eigentlichen Pioniere der Luftfahrt waren Luftschiffe bis zum Siegeszug des Flugzeugs von großer Bedeutung für den interkontinentalen Personentransport ebenso wie für die Kriegsführung. Nachdem sich das Flugzeug mit Beginn des 20. Jahrhunderts bereits zunehmend etabliert und das Flammeninferno, in dem der Zeppelin Hindenburg 1937 im ameri

kanischen Lakehurst zu Boden ging, das Image des Luftschiffs
stark angegriffen hatte, setzte schließlich der Zweite Weltkrieg der Ära der Starrluftschiffe gänzlich ein Ende. Gegenüber den schnelleren, wendigeren und transportfähigeren
Flugzeugen konnten sie nicht bestehen und wurden mehr
oder minder vergessen. Fast ein Jahrhundert später ermöglichen heute neue Konstruktionsmaterialien und auf regenerativ erzeugte Energie ausgerichtete Antriebstechnologien
den Einsatz von Luftschiffen, die erheblich sicherer, schneller
und ökologischer sind als frühere Generationen und zudem
noch über eine sehr viel größere Ladekapazität verfügen.
Nach der Krise des fossilen Lufttransports mit Flugzeugen
konnte es innerhalb von zwei Jahrzehnten zu einer flächendeckenden Versorgung mit Luftschiffhäfen kommen, die keine
expansiven Infrastrukturen erfordern. Aus diesem Grund verfügen heute, anders als in der Ära der Flughäfen, auch kleine
und mittlere Städte sowie ländliche Kommunen über Luftschiffhäfen für den Transport von Gütern und Personen.
Große Nachfrage besteht im Bereich von Schwerlasttranspor-
ten und nach touristischen Erlebnisreisen und Luftschiffkreuzfahrten – zum Beispiel mit Zwischenstopp an der Spitze
des Eiffelturms, ohne lästige Wartezeiten an den Aufzügen –
und zunehmend auch nach Abenteuerreisen über unzugäng-
liche Gebiete. Das eröffnete dem Tourismus neue Geschäftsfelder. In einem Zeppelin der zeitgenössischen Bauweise wird
schon der Weg in den Urlaub ein wenig zum Ziel. Das hat auch
mit der Gestalt der heutigen Luftschiffe zu tun, die den alten
Zeppelinen kaum noch ähneln. Manche sind sehr flach und
können direkt auf dem Boden oder der Wasseroberfläche auf-
setzen und dort bequem be- und entladen werden, andere haben die Form eines Ufos. Es gibt kleine und große Luftschiffe,
es gibt fliegende Hotels für sanften Tourismus in abgelegenen

und ökologisch sensiblen Regionen, es gibt Krankenstationen, die in Krisengebiete navigiert werden und dort unabhängig von den vorhandenen bzw. fehlenden Infrastrukturen operieren können. Es gibt Reiseschiffe für die Kurzstrecke wie für die Langstrecke, und Lastschiffe besorgen den Transport normaler Massengüter und besonderer Schwer- und Schwersttransporte. Der Gütertransport ist dabei eines der wichtigsten Einsatzgebiete der Luftschiffe, weil logistische Dienstleistungen mit ihrer Hilfe unabhängig von und ohne Störung des bodengebundenen Verkehrssystems geleistet werden können. Straßen müssen nicht mehr gesperrt werden. Die neuen Cargo-Transporter liefern punktgenau dorthin, wo ein Bauteil oder schweres Gerät benötigt wird. Oft müssen keine Kräne mehr eingesetzt werden, da – bei guter Planung – das anliefernde Luftschiff an der Baustelle gleich auch als Kran fungieren kann. Die Geschwindigkeit, ursprünglich einer der größten Nachteile gegenüber dem Flugzeug, spielt heute kaum mehr eine Rolle. Immerhin ist man bei einer kontinuierlichen Reisegeschwindigkeit von 80 bis 100 km/h von London nach New York nur fünfzig bis sechzig Stunden in vergleichsweise bequemer Atmosphäre unterwegs und damit immer noch viel schneller als mit dem kostengünstigeren Schiff. Auch hat man es geschafft, die Wetterabhängigkeit und andere Risiken durch stabilere Bauweisen und Formen wie Mehrfach-Kammersysteme für das auftriebgebende – und im Übrigen unbrennbare! – Gas sehr zu verringern. Ganz ausschalten lassen sich Risiken naturgegeben nicht. Deswegen spielt die Sicherheit in Gefahrensituationen eine große Rolle. Moderne Luftschiffe verfügen über elaborierte Rettungstechnologien, zum Beispiel autonome Luftlandekapseln mit GPS-Ortung. Allerdings gelingt es über die mittlerweile äußerst exakten Wetterbeobachtungen, Routenplanungen, Alternativ- und

Rettungsrouten mit unwettersicheren Notlandeplätzen genau zu berechnen, so dass es kaum mehr zu wirklichen Unfällen kommt, auch wenn sich die klimabedingten Starkwetterereignisse als zunehmend problematisch erweisen.

Nach der stürmischen Anfangszeit haben sich überall auf der Welt in den vergangenen Jahren die Luftschiffindustrie und die entsprechende Betreiber-Branche etablieren können. Oft wurden ehemalige Flughäfen entweder vollständig oder teilweise zu Luftschiffhäfen umfunktioniert. Manche wurde zugleich zu Produktions- und Wartungsstandorten umgebaut. In Deutschland entwickelten sich vor allem Berlin und sein Brandenburger Umland zu einem international ausstrahlenden Entwicklungs- und Innovationszentrum für Luftschiffmobilität. Der Standort des nicht in Betrieb genommenen BER-Neubaus in Schönefeld erlebte in den Jahren ab 2020 eine äußerst erfolgreiche Nachnutzung als Kongress- und Messezentrum mit Schwerpunkt auf Fragen der Aviation und als Flughafen für internationale Luftschifftransporte. Auch wurden Teile des BER zum Forschungs-, Test- und Produktionsstandort für die aufsteigende Luftschiffindustrie umgewidmet. Als die fossile Luftfahrt aufgrund steigender Treibstoffpreise, vor allem aber aufgrund der immer drastischeren Klimaregulierungen zunehmend in die Defensive geriet, hielt sich die Politik mit unterstützenden Maßnahmen gegenüber dieser Branche weltweit zunächst erstaunlich zurück, während für die schnelle Nachhaltigkeits-Transformation der Autobranche viel Geld und gute Ideen in großen politischen Programmen eingesetzt wurden. In der Luftfahrt war es vor allem die frühe und sehr entschlossene Initiative des privaten Geschäftsmannes Richard Branson, die den entscheidenden Impuls zur radikalen Veränderung der Branche brachte. Nach

vielgestaltigen Versuchen des umweltpolitisch sehr engagierten Unternehmers mit verschiedensten Firmen der Kommunikations- und Verkehrsbranche, setzte der siebzigjährige
Branson mit der Firma Virgin Airship Airlines 2020 noch einmal alles auf eine Karte, um danach den weiteren Aufbau der
Virgin Airship Airlines in die Hände seines Sohnes zu legen.
Branson investierte fast sein gesamtes Kapital in eine Holding, die sich mit verschiedenen Firmen in unterschiedlichen
Beteiligungsformaten vor allem den drei zentralen Geschäftsfeldern der Produktion, des Linien- und Frachtbetriebs und
des Airship-Tourismus widmete und damit auf allen wichtigen Wertschöpfungsebenen präsent war. Außerhalb der Holding widmete sich die Spezialfirma Virgin-Airship-Crafting
& Construction den besonderen Transportaufgaben im Baugewerbe und trug dort mit der Zeit zu einer kleinen Revolution der Bau- und Konstruktionsweisen bei, und ebenso
zu bemerkenswerten Kostensenkungen, da ihre multifunktionalen Aircrafter die bislang sehr komplizierten Verfahren
z. B. im Brückenbau, im Windparkbau und -betrieb oder beim
Hochhausbau aufgrund ihrer kombinierten Transport-, Hebe-
und Haltefunktionen sehr vereinfachten. Neue modulare
Bauformen in Kombination mit dem Direkttransport an den
richtigen Ort zur richtigen Zeit machten sowohl die lästigen und komplizierten Schwerlasttransporte zu Wasser und
Straße als auch den Einsatz der immer gigantischeren Krankonstruktionen zunehmend unnötig.

Neben der guten Konzeption lag der Clou der Holding von
Branson aber vor allem darin, dass er es geschafft hatte, mit
Katar und den Vereinigten Arabischen Emiraten zwei der
reichsten Länder der Welt mit ins Boot zu holen. Obschon sie
noch relativ großzügig mit Erdöl- und Erdgasressourcen aus-

gestattet waren, war das Bewusstsein für die Endlichkeit ihrer
Haupteinnahmequellen in beiden Ländern stark ausgeprägt.
Bereits seit Beginn des neuen Jahrtausends hatten sie mit der
ökonomischen Diversifizierung begonnen und erste Schritte
eingeleitet für die Transformation ihrer Länder in die früher
oder später unvermeidlich anbrechende postfossile Ära. Ihren
Ölreichtum wollten sie als Sprungbrett in eine neue Epoche
nutzen. Neben Tourismus, Bildung, Wissenschaft, Technologie und schließlich der Nutzung von Solarenergie für den
Aufbau einer Wasserstoffexportindustrie investierte man ungefähr seit 2015 weltweit sehr gezielt in ökologisch verträglich
wirtschaftende Unternehmen. Mit dem Geld der beiden Golfstaaten hatte Bransons Holding von Beginn an genügend Kapital für einen starken Marktantritt. Die größte Herausforderung lag dabei zunächst gar nicht so sehr in der Entwicklung
der Technologien für die Massenanwendung, sondern in der
Entwicklung der weltweit möglichst lückenlosen Versorgung
mit der entsprechenden Betriebsinfrastruktur aus Lufthafen-
anlagen, Wasserstoffversorgung, Reparatur- und Serviceanla-
gen. Hatte sich der fossile Luftverkehr des 20. Jahrhunderts
langsam entwickeln können, so musste Branson die gesamte
Luftschiffbranche, ja eine gesamte Luftfahrtkultur auf einmal
neu erfinden. Legionen von Ingenieuren, Planern, Architekten, Logistikern und Servicefachleuten machten sich gleichzeitig auf allen Kontinenten an diese Arbeit. Erstes Ziel war
es, auf jedem Kontinent zunächst drei bis vier strategisch
günstig gelegene und gut an die Landverkehrsträger ange-
bundene Lufthafenstandorte aufzubauen. Möglichst ganz in
der Nähe dazu sollten die entsprechenden Planungsbüros und
Produktionsanlagen entstehen. Und schließlich war es vor
allem nötig, den Markteintritt so zu gestalten, dass sich die
neuen Airshiplinien sehr schnell ökonomisch rentieren und

die Branche damit ihr weiteres Wachstum selbst finanzieren könnte. Dafür setzte Bransons Team zunächst vor allem auf den zügigen Ausbau des regionalen Airship-Tourismus, um schnell möglichst viele Menschen in der eher entspannten Urlaubsatmosphäre mit der neuen Fortbewegungsform in Kontakt zu bringen und die natürlich noch vorhandenen Vorbehalte abzubauen. Erst dann sollten die Kunden auch für die internationalen Linienverkehre gewonnen werden. Begleitend wurde eine mehrjährige Marketing- und Merchandise-Kampagne unter dem Label Airship-Future gestartet, die das neue Luftverkehrsleitbild über alle Kanäle zu senden und in allen Medien zu platzieren versuchte.

Die Idee, den Tourismus als Einfallstor zu wählen, erwies sich als goldrichtig. Einerseits blieben die Infrastrukturkosten für die Luftschiffkreuzfahrten zunächst relativ überschaubar, da sie keine flächendeckende Versorgung mit Airship-Hubs erforderten, anderseits kam es durch die Kombination des touristischen Glamourfaktors der Kreuzfahrt zu Luft, der innovativen Technologie und dem Nachhaltigkeitsaspekt zu einem selbst für Bransons Marketing-Spezialisten überraschend starken Pull-Effekt für die junge Branche. Alsbald wollten mehr und mehr Unternehmen vom »Green Glamour« der weitgehend CO_2-neutralen Branche profitieren und gingen dazu über, ihre Geschäftsreisen mit Luftschiffen abzuwickeln. Bald konnte Virgin Airships deswegen dazu übergehen, auf besonders nachgefragten Strecken wie der Transatlantiklinie oder der Transpazifika einen regelmäßigen Linienverkehr für Geschäftsreisen und nichttouristische Privatkunden aufzunehmen. Diese Linienverkehre waren wiederum sehr geeignet, in Kombination mit dem Luftschiffgütertransport für zeitkritische Güter abgewickelt zu werden. So kam mit der

Zeit ein sich selbst verstärkender Prozess in Gang, der bis
heute anhält. Die ironische Fügung: Branson, der Saulus der
fossilen Massenmobilität zu Luft, der mit seiner Fluglinie
Virgin Airlines einstmals den Markt der extrem klimaschäd-
lichen Billigflieger eröffnet und revolutioniert hatte, wandelte
sich damit schließlich zum Paulus des solaren Zeitalters einer
neuen Luftfahrtkultur.

**»Zeppelin-Tourismus«, Auszug aus dem Netzlog
von Peter Fischer, Berlin 2044, Fortsetzung**

Bin an Bord. Von Tempelhof aus geht es nun in eintausend
Metern Höhe direkt nach Westen. Habe zunächst eine Luftfahrt nach Island gebucht. Dort werde ich einige Zeit verbringen, um eine Reportage über das isländische Wirtschafts-
modell zu schreiben. Danach Urlaub, den ich auf einer
Luftschiffkreuzfahrt über Grönland, der Arktis, Kanada und
den USA verbringen werde. Durch die geringe Höhe der Luft-
schifffahrten wird das Reisen zum visuellen Erlebnis, wodurch die längere Reisezeit im Vergleich zum Flugzeug geradezu ein Segen, ein Zeitgeschenk wird. Wann immer mir
die Lust auf Lesen oder Arbeiten vergeht, setze ich mich ans
Fenster meiner Kabine oder schaue direkt durch den Kabinen-
boden nach unten. Soeben überfliegen wir die Kanalinseln
und werden bald den offenen Atlantischen Ozean erreichen.
Dann werde ich mich wieder meinen Texten und Telefonaten
widmen. Meine Kabine ist standardgemäß mit allen Kommunikationszugängen und einem kleinen Arbeitstisch ausgestattet. Ansonsten ist sie schlicht gehalten. Für die kurze Reise
nach Island brauche ich kein eigenes Bad, nur ein Bett. Gehe
ohnehin gleich in den Fitnessraum und dusche dann dort. Cle-
veres Bonusprogramm: Die beim Sport erzeugte Energie geht

in die Bordversorgung und wird mir als Preisnachlass auf die Reise gutgeschrieben! I just love it.

»Rettung aus der Luft«, Auszug aus einem dpa-Hintergrundbericht vom April 2043

[…] In der vergangenen Woche wurden die letzten beiden der insgesamt acht Lazarett-Luftschiffe wieder aus der Türkei zurück nach Deutschland verlegt. Die Katastrophenschutzhelfer des Technischen Dienstes und der Vereinigung Ärzte ohne Grenzen äußerten sich begeistert über die neuartige Nothilfe. Die Schiffe wurden erst in den vergangenen beiden Jahren in Dienst gestellt, um im Falle von Unfällen in unwegsamen Gebieten oder nach Katastrophen, die große Teile der Verkehrsinfrastruktur zerstören, aus der Luft Hilfe leisten zu können. Nach dem katastrophalen Erdbeben im Osten der Türkei konnten die neuen Schiffe ihre Überlegenheit nun zum ersten Mal weithin sichtbar und eindrucksvoll unter Beweis stellen. Die Schiffe mit der Form eines flachen Ovals waren bereits einen Tag nach dem Erdbeben vor Ort und konnten dort mehrere Wochen autonom über dem Krisengebiet in der Luft operieren. Treibstoff- und Wasservorräte reichen ohne Nachschub für einen längeren Betrieb. Je nach Intensität der Sonneneinstrahlung oder des Niederschlags können mit der schiffseigenen Photovoltaikanlage in der stabilen und zugleich flexiblen Außenhaut des Schiffes oder mit der kombinierten Wasserauffang- und Aufbereitungsanlage die Vorräte verlängert werden. Jedes Schiff verfügt über einen Operationssaal und eine Intensivstation. Zehn Ärzte und zwanzig Sanitäter können neben zwanzig Bodenrettungskräften ihren Dienst versehen. Mit Hilfe computergesteuerter Kransysteme können schwere Lasten eingestürzter Gebäude und Infrastrukturen gehoben werden. Etwaige Verletzte werden direkt nach der Rettung mit Liftsystemen in die Rettungsräume der Schiffe gehievt. Je nach Lage vor Ort werden die Patienten nach der Erstversorgung in nahe gelegene Krankenhäuser transportiert oder, in besonderen Fällen, zur weiteren dauerhaften Versorgung mit nach Deutschland genommen. Die Herstellerfirma Bombardier, so ein Sprecher des Unternehmens wörtlich, »kann sich vor Nachfragen und Bestellwünschen für das neue Produkt kaum retten«. Insgesamt – so traurig der Anlass auch ist – habe die prompte und verlässliche Hilfeleistung der Lazarettschiffe der Sache des großen Luftschiffrevivals einen riesigen Dienst erwiesen. Auch Personen- und Gütertransporter sowie Spezialschiffe für touristische Luftkreuzfahrten würden zunehmend nachgefragt, so der Sprecher weiter. Für Bombardier zeige sich nun, dass die mutige Entscheidung für die neue Aerospace-Sparte Luftschiff die richtige war. Diese Strategie habe sich bewährt. Dies bestätigen auch Beobachter der Branche. Anders als die großen Konkurrenten Airbus und Boing sieht sich der ehemalige ewige Dritte am Markt nun sehr gut aufgestellt. Während der Konkurrenz die Aufträge im Flugzeugbau wegbrechen, ist Bombardier im Luftschiffbereich zu einem der Marktführer avanciert. Zusammen mit der riesigen Rail&Transportation-Sparte hat sich Bombardier damit zum weltweiten Marktführer grüner Verkehrstechnologie gemausert.

»Nurflügler und Ekranoplane. Smart Flying –
Wenn es ganz ohne das Flugzeug nicht geht« –
Auszug aus einem Reisebericht vom Mai 2040

Donnerstag 15. Mai, 2025, 7.30 h in Wilhelmshaven. Ich steige gerade aus dem Nachtzug von München, um am neuen

Ekranoplan-Terminal nach Bergen in Norwegen einzuchecken. Gestern habe ich den dringenden Auftrag zu einer Hintergrundrecherche über die gerade gesunkene Ölplattform vor der norwegischen Küste bekommen. Wenn es nicht so dringend wäre, aufgrund der von uns vermuteten, sehr berichtenswerten Mauscheleien des Ölkonzerns auch sinnvoll begründbar, so würde mir die Agentur die teure Reise mit dem Ekranoplan gar nicht finanzieren. Immerhin haben sie mich verpflichtet, die Reise gleich noch für eine Reportage über die neue Bodeneffektflugzeug-Linie zu nutzen. Der gerade eröffnete Terminal im Jadebusen ist hervorragend an das internationale Bahnnetz angebunden. Der Check-in-Schalter ist nur wenige Schritte vom Bahnhof entfernt, und ich kann mich unkompliziert direkt an Bord des Ekranoplans begeben. Innen sieht vieles so aus, wie man es von den alten Fliegern gewohnt ist, nur moderner, irgendwie leichter und von unaufwändigem, aber bequemem Design. Die Flugtechnologie selbst ist das eigentlich Spannende am Ekranoplan, erfunden von russischen Ingenieuren in den 60er Jahren des 20. Jahrhunderts und von amerikanischen Geheimdienstanalysten, die es auf Satellitenbildern entdeckten und nicht einordnen konnten, »Kaspisches Seeungeheuer« getauft. Und wie ein Ungeheuer sieht das riesige Wassergefährt auch aus. Der Clou ist seine Energieeffizienz, denn die Tiefstflieger nutzen den sogenannten Bodeneffekt, indem sie nur wenige Meter über der Erde oder der Wasseroberfläche fliegen und die dadurch entstehende besondere Auftriebskraft unter den Tragflügeln nutzen. Eine Auftriebskraft, für deren Erzeugung normale Flugzeuge eine hohe Geschwindigkeit und damit viel Energie benötigen. Dadurch sind die Ekranoplane fast genauso sicher wie ein Schiff, aber wohl fünf- bis sechsmal schneller und zugleich viel sparsamer als ein Flugzeug. Der Nachteil an ihnen ist, dass sie nicht über besiedeltem, hügeligem und bergigem Gebiet fliegen können. Dafür aber umso besser über dem Wasser, der Steppe oder der Tundra. Der neue Terminal ist eigentlich dazu ausgelegt, vor allem Güter für den Schnellversand mit den Ekranoplanen entlang der Küstenlinien nach Frankreich, England und Skandinavien zu verladen. Für Passagiere gibt es bislang nur wenige Fahrzeuge, da die Reisekosten wegen der schlechteren Nutzlast-Relation sehr teuer sind und die Nachfrageprognosen dementsprechend gering ausgefallen waren. Denn die Ekranoplane nutzen weiterhin fossile Brennstoffe, wenn auch oft in Mischung mit Biokraftstoffen, um den CO_2-Ausstoß zu minimieren, der den Betreibern der Linie teuer zu stehen kommt und die Ticketpreise noch zusätzlich in die Höhe treibt. Insgesamt betrachtet, sind die Bodeneffektflieger für mich eigentlich nur ein weiterer Ausdruck der enormen Vielfalt von Fahrzeugen, die wir seit einigen Jahren am Himmel sehen. Sie sind für mich das Übergangsphänomen einer Such- und Neuausrichtungsphase, und irgendwie auch ein Notfallprogramm, solange es nicht gelingt, ganz vom Kerosin wegzukommen und den Antrieb zum Beispiel auf Wasserstoff-Strahlantriebe umzustellen – wenn das denn überhaupt möglich wird. Bald werden wir meiner Meinung nach auch ein Biokraftstoffverbot erleben, weil immer mehr Landflächen für den Nahrungsanbau verlorengehen. Aber noch lautet die Devise: Wenn sich das Fliegen – und das heißt bis heute aufgrund mangelnder Alternativen Fliegen unter Nutzung fossiler Treibstoffe – schon nicht vermeiden lässt, dann so smart, also so leise, weit und sparsam wie möglich. Natürlich gibt es mittlerweile auch erfolgreiche Brennstoffzellen- und Elektroantrieb-Konzepte, es gibt die großen Solarsegler und vieles andere mehr, doch diese Fahrzeuge können meist nur von einem oder sehr wenigen Passagieren oder zum Spezialgütertransport genutzt werden. Der erfolgreichste SmartFlyer für große Höhen und weite Distanzen ist heute der Nurflügler, dessen Entwicklung seit 2015 auch von den großen kommerziellen Flugzeugbauern massiv vorangetrieben wurde. Auf der Basis bionischer Prinzipien konstruiert, können heute bei seinem Bau sehr leichte und transparente Materialien zum Einsatz kommen. Beim Nurflügler, der an einen überdimensionalen Rochen erinnert, ist der gesamte Flugkörper zugleich Auftriebskörper, so dass auch hier sehr viel weniger Treibstoff verbraucht wird. So gibt es heute also vor allem zwei gut funktionierende Alternativen zum klassischen Verkehrsflugzeug: den Ekranoplan für Transporte entlang der Küstenlinien, der – gut verknüpft mit den Schienennetzen – sehr gut die regionalen und kontinentalen Luftverkehre abdecken kann, und den Nurflügler für die transkontinentalen Flüge in den Fällen, in denen Schiff und Luftschiff keine Alternativen sind.

»Zeppelin-Tourismus«, Auszug aus dem Netzlog von Peter Fischer, Berlin 2044, Fortsetzung

Das ist der letzte Eintrag in mein privates Bordreiselogbuch. Gleich werden wir wieder am TUI-Luftreiseschalter in Tempelhof anlegen. Mitten in Berlin. Ich werde in die U-Bahn steigen und drei Stationen nach Hause fahren. Was für ein Kontrast im Vergleich zum Aufwand, den eine so weite Flugreise noch vor zwanzig Jahren mit sich gebracht hat. Damit geht meine große Arktis–Kanada–Nordamerikaluftkreuzfahrt nach drei Wochen zu Ende. Die letzte Etappe von New York nach Berlin haben wir mit Rückenwind in zwei Tagen ohne Zwischenstopp zurückgelegt. Man kann es sehr gut aushalten in den bequemen Kabinen, mit der weiten Aussicht über den

Atlantik. Gestern beim kleinen Abschlussdinner erzählte ein Offizier, dass TUI mittlerweile mit diesen Luftkreuzfahrten sehr viel Geld verdient. Es ist ja auch eine phantastische Sache. Einmal einchecken und ohne Umsteigen eine Reise um die halbe Welt unternehmen. Das Gepäck bleibt immer an Bord, auch wenn wir Zwischenstopps eingelegt haben oder mal eine Nacht an einem besonderen Ort verbringen konnten, zum Beispiel unter freiem Himmel im Death Valley in der Wüste von Kalifornien oder die letzte Nacht vor der Abreise aus New York im Skyhotel an der Spitze vom 1WTC. Ich bin schon viel gereist in meinem Leben. Mit dem Auto, dem Schiff, dem Zug, dem Flugzeug, pauschal und individuell, privat und viel geschäftlich – aber die Reise mit dem Luftschiff verbindet alle Vorteile der anderen Verkehrsmittel auf unnachahmliche Weise. Besonders gut finde ich aber, dass der Flughafen Tempelhof als Luftschiffkreuz mitten in Berlin heute wieder eine so große Bedeutung hat. Auch alle angrenzenden Stadtteile profitieren von den vielen Reisenden, die der Flughafen pausenlos mitten in die Stadt entlässt. Manche trinken Kaffee in einem der vielen neuen Lokale in den Neuköllner und Tempelhofer Kiezen östlich und westlich des Flugfeldes oder im Süden von Kreuzberg, andere kaufen dort in den vielen neu entstandenen Geschäften ein, und Dritte vertreten sich bei gutem Wetter für ein paar Stunden die Füße im Britzer Park oder in den neu angelegten Parks überall in der Nähe des Flugfeldes, bevor die Reise weitergeht. – Fertigmachen zur Landung bei strahlendem Wetter. Ich denke, ich werde die paar Stationen zu Fuß nach Hause schlendern.

Eine Reportage von Peter Fischer, Reykjavik 2044

Wer hätte gedacht, dass Island, dieser kleine Inselstaat mitten im Ozean, einmal etwas anderes exportieren würde als Fische, Schachgroßmeister und elfenartige Popmusikerinnen? Und doch tut es das heute, nämlich erneuerbare Energie in großem Stil. Damit nicht genug, hat es sich außerdem zum größten *hub* für die Luft- und Seeschifffahrt in der nordatlantisch-arktischen Region entwickelt. Der »geothermische Lifestyle« sei Teil der isländischen Identität seit vielen Jahrhunderten – so fomulierte es der damalige isländische Außenminister, Össur Skarphédinsson, bereits vor mehr als dreißig Jahren auf einer internationalen Energie-Konferenz in Reykjavík. Und er griff sogar zu noch stärkeren Worten: Das Zeitalter der Geothermie beginne gerade erst, »wir predigen das Evangelium der Geothermie nicht nur, wir leben es.« Von dieser starken Vision ausgehend, haben die Isländer in den folgenden Jahrzehnten offensichtlich alles richtig gemacht und sich zu einer Großmacht der regenerativen Energie entwickelt. Heute feiert der Inselstaat das dreißigste Jubiläum des Starts von *HyLand,* Islands großangelegter nationaler Umbauinitiative zu einer Wasserstoffexportnation, zum *hydrogen land* par excellence.

Den größten Teil ihrer Geschichte basierte die isländische Ökonomie auf Landwirtschaft und Fischfang, später kamen Finanzdienstleistungen und Tourismus hinzu. Zu Beginn des 21. Jahrhunderts stammten bereits achtzig Prozent der verbrauchten Energie aus erneuerbaren Quellen, davon etwa zwei Drittel aus Wasserkraftwerken und ein Drittel aus Erdwärme.

Mit fossilen Energieträgern in Form von Erdöl und Erdöl-Derivaten wurden nur noch der Fischfang und der Verkehr auf der Insel betrieben. Ihren natürlichen Energiereichtum hatten die Isländer schon seit vielen Jahrhunderten genutzt. Doch erst nach dem Zweiten Weltkrieg wurden Wasserkraft- und Geothermiekraftwerke in größerem Stil ausgebaut. Der billige Strom lockte dann vor allem die Aluminiumindustrie nach Island, und eine Zeitlang versuchte man, das isländische Aluminium als »Grünes Aluminium« zu vermarkten, da außer den Aufwendungen für Abbau und Transport der Ausgangs-stoffe keine fossile Energie verbraucht und dementsprechend auch kein CO_2 produziert wurde.

Nach der Finanzkrise 2008 brachte der Erfolg des preiswerten *und* ökologisch relativ verträglichen Aluminiums die isländische Politik auf die Idee, die grüne Energie der Insel komplett in den Mittelpunkt ihres zukünftigen Wirtschafts-modells zu stellen. Denn Island liegt mit seinen mehr als 30 aktiven Vulkanen an der Nahtstelle von eurasischer und nordamerikanischer Erdplatte, weshalb die Erdwärme hier be-sonders nahe unter der Oberfläche liegt. Warum also nicht die Gunst der Geologie mit den Fortschritten der modernen Ener-gietechnologie verknüpfen? Das *HyLand*-Konzept war ge-boren. Es hatte drei zentrale Ziele: erstens die klimaneutrale Nullemissionsnation – Island wollte sich mit regenerativer Energie in allen Lebensbereichen selbst versorgen. Zweitens die Produktion und den Export von Wirtschaftsgütern, die aufgrund der grünen und billigen Energie am Weltmarkt einen Wettbewerbsvorteil haben würden. Und das dritte und wichtigste Ziel bestand im großskaligen Export von Wasser-stoff, produziert mit regenerativer Energie.

Da die Voraussetzungen zur regenerativen Energieautarkie, des ersten *HyLand*-Ziels, fast vollständig im eigenen nationalen Geltungsbereich geschaffen werden konnten, lag es nahe, mit ihr zu beginnen. Die private Hausenergieversorgung, der Energie- und Wärmebedarf der öffentlichen Haushalte und Infrastrukturen sowie die Nahrungsmittelproduktion konnten relativ schnell zur Gänze auf Strom als Energieträger umgestellt werden. Das Ausgangsniveau war bereits hoch, die Technologien waren vorhanden und amortisierten sich aufgrund der steigenden Weltmarktpreise für fossile Energieträger immer schneller. Schwierig wurde es nur bei der Mobilität, da ausgereifte Technologien 2014 entweder noch nicht vorlagen oder aber die Anschaffungskosten für den privaten Konsumenten meist zu hoch waren. Die isländische Politik verfolgte deswegen verschiedene Strategien, um diese Hindernisse zu umgehen – mit Erfolg. Zunächst wurde der öffentliche Verkehr weiter ausgebaut und dabei vollständig elektrifiziert. Durch die erdwärmebedingt geringen Energiekosten lagen die Fahrpreise für die Kunden im internationalen Vergleich extrem niedrig und die Angebote wurden gut nachgefragt. Daneben investierte der Staat mit dem Konzept *E-Share* in eine öffentliche Elektroautoflotte, die sowohl von den Mitarbeitern und Beamten der staatlichen Betriebe als auch von Privatpersonen als Miet- und Carsharing-Fahrzeuge genutzt werden konnten. Selbstverständlich wurden auch alle anderen staatlichen Fahrzeugflotten auf Elektroantrieb umgestellt, wie etwa alle Fahrzeuge der Regierung. Und schließlich unterstützte die Politik diejenigen, die ein privates Elektroauto erwerben wollten, mit Kaufprämien, während sie den Erwerb von Fahrzeugen mit Verbrennungsmotor mit empfindlich hohen Abgaben belegte. Durch dieses Programm wurde Island für kurze Zeit zu einem der Pioniermärkte für Elektromobilität und das erste regionale Großlabor des gesamteuropäischen *SunCar*-Projekts, das nur wenig später startete.

Einzig die Fischfangflotte stellte aufgrund der Abhängigkeit
der Trawler von Dieselöl anfänglich ein Problem dar. Die Entwicklung von leistungsfähigen, mit Wasserstoffbrennstoffzellen betriebenen Schiffselektromotoren, wie sie heute weltweit
im Einsatz sind, war damals noch nicht weit fortgeschritten.
Man behalf sich zunächst mit Biodiesel auf Algenbasis, der in
geschlossenen schlauchförmigen Bioreaktoren in industrieller
Modulbauweise produziert wurde. Der Vorteil dieser damals
recht neuen Technologie war ihr geringer Bedarf an Lichtener-
gie im Vergleich zur Produktion von Algen in sonnenreichen
Ländern in offenen Becken. Aufgrund des insgesamt sehr
viel geringeren Lichtbedarfs der geschlossenen Reaktoren kam
man in Island mit einigen durch künstliches Tageslicht betriebenen Anlagen bereits sehr weit. Der Strom für das künstliche
Licht der Reaktoren wurde ebenfalls geothermisch erzeugt.
Natürlich war diese Lösung für den Betrieb der Fischfangflotte
wegen der vielen energetischen Umwandlungsverluste von
vornherein nur als Übergangslösung gedacht.

Überquert man die Insel heute mit dem Luftschiff von
Osten kommend im Landeanflug auf Reykjavík, dann fallen
neben den Tankanlagen für Wasserstoff und den großen Hafenanlagen für See- und Luftschiffe entlang der schiffbaren
Fjorde und Küstenlinien vor allem die riesigen Gewächshausinfrastrukturen auf. Und hat man das Glück, in der Nacht
anzulanden, sieht man die Insel an ihren Rändern in hellem
Grün leuchten. Früher schimmerten hier die Bioalgenanla-
gen, heute sind es vor allem die Anlagen der Gemüse- und
Hanfbauern. Denn sowohl die praktischen Erfahrungen mit
der Kunstlichttechnologie als auch die während der Zeit der
Algenindustrie entstandenen Gewächshausinfrastrukturen
setzte man im Rahmen der Autarkiebestrebungen bald verstärkt für den Gemüse- und den medizinischen Hanfanbau

ein. Denn mit der Umrüstung der Fischerei- und Fährflotte auf Wasserstoffantriebe war die Biodieselproduktion überflüssig geworden. Während der Gemüseanbau vor allem der Selbstversorgung der Insel und damit der Nahrungsmittelautarkie diente, verschafften die ökologische, auf regenerativer Energie basierende Produktion von Hanf und dessen weltweite Vermarktung Island einen guten Teil des Kapitals, das für die geothermische Transformation des Landes benötigt wurde. So wurde Island zunächst zu einem der großen europäischen Rohstofflieferanten für medizinische Cannabisprodukte. Die pharmakologischen Fortschritte im Einsatz von Cannabis erwiesen sich als segensreich – viele der teuren, chemisch aufwendigen und oft mit starken Nebenwirkungen behafteten synthetischen Pharmazeutika konnten durch Mittel auf natürlicher Hanfbasis ersetzt werden. Das überschaubare isländische Gesundheitswesen bot sich dabei als Experimentierfeld an und konnte sehr bald erstaunliche Erfolge und signifikante Kosteneinsparungen vorweisen. Später – nach der Legalisierung in Europa – wurde das saubere isländische Cannabis zu einer so begehrten Ware des privaten Gebrauchs wie einst die kubanischen Zigarren.

Das dritte und zentrale Ziel der *HyLand*-Strategie, der großskalige Wasserstoffexport, erforderte die größte Mühe und verursachte zunächst die höchsten Kosten, namentlich für den Ausbau der Anlagen zur Verstromung der Erdwärme. Neben diesen mussten Elektrolyseinfrastrukturen für die Wasserstoffgewinnung errichtet werden und schließlich Leitungen und Speicher für den inländischen Transport und die Lagerung des flüssigen Wasserstoffs. Zu behaupten, dass diese Anlagen die Insel schöner gemacht hätten, wäre gelogen, doch die Isländer waren bereit, diesen Preis zu zahlen. So gibt es heute ganze Regionen von der Größe mittlerer Städte, die allein mit technischen Anlagen, Turbinen, Leitungslabyrinthen, Kesseln und Tanks bebaut sind. Zum Ausgleich haben die Isländer andere Teile der Insel zu reinen Schutz- und Siedlungsräumen deklariert.

Der Wasserstoffexport hat Island reich gemacht, die Bevölkerung wächst rasant, sogar Arbeitseinwanderer werden benötigt, weil die Isländer selbst die anfallende Arbeit nicht bewältigen können. Vor allem Energietechniker werden gesucht, aber auch Kapitäne, Seeleute und Schiffsingenieure für die H2-Tankerflotte, die den begehrten Stoff in alle Welt exportiert. Auch die Hafenanlagen und die beiden großen Luftlandehäfen für die Ost-West- und Nord-Süd-Luftschifflinien brauchen Servicepersonal, Manager und Ingenieure. Und schließlich werden auch Gärtner und Pflücker für die großen Gewächshauskulturen benötigt.

Ich verlasse Island heute mit dem Gedanken, einen fast idealen, Realität gewordenen Zukunftsentwurf mit eigenen Augen gesehen zu haben. Fünfeinhalb Jahrhunderte nach Thomas Morus' *Utopia* und den vielen anderen Inselutopien, die seiner Schrift folgten, hat es das kleine Fischervolk der Isländer geschafft, ausgerechnet ihren kargen, unfruchtbaren und unwirtlichen Vulkanfelsen mitten im Nordatlantik in ein blühendes Eiland zu verwandeln – mit richtig eingesetzter Technik, Kreativität und Mut zum Aufbruch.

Das Luftschiff steigt immer höher, bei einem letzten Blick auf die grün leuchtenden Küstenstreifen schließe ich mit dem Kabinenfenster die eiskalte Atlantikluft aus. Auch wenn die Insel morgen in einer gigantischen tektonischen Eruption zwischen den Erdplatten des Atlantiks versinken würde, es bliebe für alle Zeit die Erinnerung an den Beweis für die reale Möglichkeit dieser Insel: Utopia.

Prof. Dr.-Ing. Michael Sommer im Interview mit Peter Fischer

Peter Fischer: *Herr Sommer, Sie waren viele Jahre Wissenschaftler, genauer gesagt Automobilingenieur, dann automobilwirtschaftlicher Berater und später Manager in der Automobilindustrie, bis Sie schließlich im Jahr 2016 die Koordination des Europäischen SunCar-Projektes übernahmen, eines der größten forschungs- und industriepolitischen Modernisierungsprojekte in der westlichen Hemisphäre seit dem U.S.-amerikanischen Mondfahrtprogramm überhaupt. Jetzt wollen Sie sich im Detail öffentlich dazu äußern. Ein Fachaufsatz in der Energy Policy vom Herbst 2035 liegt bereits vor. Beschreiben Sie hier doch bitte aus Ihrer Sicht die Hintergründe für diese gigantische Unternehmung.*

Prof. Dr. Michael Sommer: Die schockierende Nachricht des chinesischen Autonomieplanes erwischte uns auf dem Höhepunkt unseres Erfolgs. Nie hatte die deutsche Autoindustrie und vor allem VW weltweit mehr Geld mit Autos verdient als im Jahr 2012. So hätte es weitergehen können. Doch unsere Vertrauten in den chinesischen Akademien berichteten zum ersten Mal im Herbst 2012 von den geheimen Plänen des neuen Politbüros der kommunistischen Partei, die völlige Autarkie des chinesischen Mobilitätsmarktes sehr schnell herbeiführen zu wollen. Und das war nur ein Teil der ganzen Wahrheit. Genaueres erfuhren wir erst, nachdem wir ein in Ungnade gefallenes Mitglied des alten Politbüros – im Herzen auch ein richtiger Automann – mit einer wirklich sehr hohen Summe

bestechen konnten. Das war der Preis seiner Angst vor dem
Gesichtsverlust, den er erlitten hätte, wäre sein Verrat auf-
geflogen. Wenn ich mich in die chinesische Seite hineinver-
setzte, hatte ich sogar Verständnis für den großen Autono-
mieplan, den Plan des Grünen Drachen, wie sie ihn intern
nannten. Anders als in der westlichen Kultur zählt der Drache
in China ja zu den wohltuenden und glücksbringenden Wesen,
und sie werden mit Friedfertigkeit assoziiert. Blaue und grüne
Drachen verkörpern den Frühling und den Osten, was man in
Bezug auf den bezeichneten Plan etwa als den Aufbruch in der
östlichen Hemisphäre in ein grünes, ein ökologisches chinesisches Zeitalter deuten kann. Dieser Plan war auch für das
neue Politbüro nicht ohne Gefahr, weshalb man ihn ja auch so
lange geheim zu halten versuchte. Die plausiblen Gründe für
den Plan lagen auf der Hand: China hatte durch sein rasantes
Wachstum extreme Umweltschäden im eigenen Land verursacht, die sich schnell und stark auf die eigene Bevölkerung
auszuwirken begannen, man hatte wachsende Probleme mit
der Energieversorgung, machte sich enorme Sorgen um die
Folgen des Klimawandels in China – die vor allem die Wüs-
tenbildung und die Wasserversorgung betrafen – und suchte
deswegen nach einem neuen, dauerhaft tragenden Wirt-
schaftmodell und einer entsprechenden technologischen Basis
dafür. Man hatte genau verstanden – und das schätze ich als
die große historische Leistung des neuen Generalsekretärs der
KP, Xi Jinping, ein –, dass selbst in einer autoritären politischen Kultur der innere Frieden angesichts der dramatischen
Folgen wie chronischer Krankheiten in epidemischen Ausma-
ßen, behinderter Kinder, verkürzter Lebenserwartung usw.
nicht mehr lange zu gewährleisten wäre. Bis zum Winter 2012
hatte sich Xi Jinping noch zurückhalten müssen, doch dann
spielte ihm der Dauersmog in ganz Nordchina und vor allem

in Peking gewaltig in die Hände. Der Unmut der Bevölkerung darüber war sehr viel größer, als wir es hier im Westen mitbekommen haben. Auch der Unmut und die Angst bei den eigenen Kadern vergrößerten sich zusehends, denn sie und ihre Familien konnten sich vor der schlechten Luft genauso wenig schützen wie die armen Wanderarbeiter. Umweltzerstörungen sind ein großer Gleichmacher und machen meist vor keiner Tür und keinem Menschen halt, egal ob arm oder reich, mächtig oder einflusslos. Als der Smog zuschlug, hatten Xi Jinping und seine Vertrauten ihren Plan also schon in der Schublade, was natürlich den Machtwechsel für ihn zu einem Heimspiel werden ließ, und gleich ließ er den Grünen Drachen frei. Es kommt ja auch immer wieder die Verschwörungstheorie auf, dass Xi Jinping den Smog noch beförderte, indem er seine Vertrauten in der Energiebranche dazu anstiftete, während der Inversionswetterlage über Nordchina einzelne Kraftwerke für eine Weile besonders schmutzige Kohle verfeuern zu lassen. Und auch die Fahrverbote in Peking wurden besonders lange hinausgezögert. Beweisbar ist das alles nicht, doch Auffälligkeiten gibt es durchaus. Und wenn es wirklich stimmt, zeigt es einmal mehr, mit was für einem gewieften Taktiker wir es damals zu tun hatten.

Was genau waren die Ziele des »Grünen Drachen«?

In Vorbereitung unserer europäischen SunCar-Initiative habe ich die chinesischen Pläne intensiv studiert und sie mir regelrecht einverleibt, könnte man sagen, also in etwa so, wie die Chinesen sich zuvor unsere fossilen Technologien einverleibt und sie kopiert und weiterentwickelt hatten, was, wie ich finde, ein schönes Beispiel dafür ist, wie schnell es passieren kann, dass Vorreiter und Nachahmer plötzlich die Rollen tau-

schen. – Der Plan des Grünen Drachen jedenfalls hatte vier
Ziele: erstens die weitgehende Energieautarkie und Postfos-
silität vor allem im Hinblick auf Erdöl, da die sich abzeich-
nenden Rohstoffkonflikte enorme Kosten mit sich bringen
würden, man aber nicht das Drama der westlichen Industrienationen wiederholen wollte, um Rohstoffe Kriege führen zu
müssen. Zweitens weitgehende Klimaneutralität des chinesischen Konsummodells. Drittens die drastische Verminderung
aller Luft- und Wasseremissionen und viertens das Einschlagen eines ökologisch langfristig tragfähigen Innovations- und
Technologiepfades über alle Sektoren wirtschaftlicher Aktivität hinweg. China machte damit tatsächlich wahr, was einige
der optimistischen westlichen Innovationsökonomen schon
zur Jahrtausendwende erwartet hatte: den technologischen
Quantensprung über die westlichen Technologien und Infrastrukturen hinweg in ein chinesisches grünes Zeitalter der
Produktion und des Konsums. Den Chinesen war natürlich
klar, dass sie nicht alle Wirtschaftsbereiche gleichzeitig um-
krempeln konnten. Deswegen konzentrierten sie sich erst
einmal auf einen der Dreh- und Angelpunkte all ihrer Ziel-
marken: die Mobilität. Warum? Hier verbanden sich die
wichtigsten Problemlinien, hier war der größte Wachstums-
markt und hier war zugleich eines der größten Innovations-
potentiale zu erwarten. Die Chinesen formulierten auch hier
Ziele: den Aufbau einer eigenen nationalen Fahrzeugproduktion ohne die Beteiligung westlicher Firmen, aber begleitet
durch eine finanziell sehr gut ausgestattete Strategie zur For-
schungs- und Entwicklungsförderung, drastische ordnungspolitische Emissions- und Verbrauchsauflagen zur Durchsetzung von Null- bzw. Niedrigemissionsfahrzeugen, große
Infrastrukturprogramme zum Ausbau der kollektiven Verkehrsträger, also elektrisch angetriebener Bahnen und Bus-

systeme für die urbanen Ballungszentren, und schließlich eine digitale Mobilitätsstrategie zur Optimierung des Zusammenspiels der Verkehrsträger. Aber es kam – für uns – noch schlimmer, als die Chinesen die Zusammenarbeit mit Indien und Brasilien ankündigten und auch diese Länder sich den chinesischen Produktauflagen anschlossen. Zwar wurden keine Einfuhrzölle verhängt, doch auch ohne diese wäre uns bereits ab 2017 der Zugang zu den größten unserer Absatzmärkte schlagartig verschlossen gewesen – es sei denn, wir würden Produkte liefern, die den harten Standards entsprächen. Das Ganze erwischte uns zu einer Zeit, als wir vor allem vom Export in die internationalen Absatzmärkte profitierten, während der europäische Markt aufgrund der Finanzkrise schwächelte und auch vom mäßigen Boom in Nordamerika nicht ausgeglichen werden konnte. Also blieb uns nur eines übrig: Wir mussten auf den Zug aufspringen!

Wie sehen die konkreten Maßnahmen hierzu aus?

Als der chinesische Plan Ende 2015 wirklich offiziell wurde, hatten wir schon einige Vorarbeit geleistet. In einem vertraulichen Treffen der Vorstandsvorsitzenden aller europäischen Autobauer mit den jeweiligen nationalen und europäischen Vertretern der automobilen Lobbyorganisationen und einigen Spitzenvertretern der EU-Kommission hatten wir bereits Anfang 2015 eine für mich auch aus heutiger Sicht immer noch erstaunliche Einigung erreicht und einen Fahrplan beschlossen. Dieser Plan sah vor, auch in der Europäischen Union zügig zu einer konzertierten staatlich-privaten Initiative zu gelangen, um die Mobilitätsindustrie bei einem rapiden Strukturwandel zu unterstützen, der es ihr möglich machen würde, den chinesischen Produktanforderungen zu genügen. Die Chi-

nesen waren entsprechend überrascht, als wir schon kurz nach
der Ankündigung des Grünen Drachen mit einer eigenen Initiative an die Öffentlichkeit gingen. Eigentlich müssen wir
den Chinesen heute dankbar sein, denn sie zwangen uns indirekt, uns rechtzeitig vor den Kostenexplosionen im Rohstoff-
bereich mit aller Kraft auf einen alternativen Pfad zu hieven.
Denn spätestens diese Kostenexplosionen hätten uns aus dem
Rennen geworfen. Weil auch unser Projekt den Sprung in
einen neuen Qualitätszustand, eine völlig neue technologische Dimension vorsah, bezeichneten wir es auch als unser
europäisches »Apollo-Projekt«. Ich bin mir dabei gar nicht so
sicher, ob es vielleicht nicht sogar leichter war, einen Menschen auf den Mond zu bringen als ein völlig neues Automo-
bilkonzept auf die Straßen der Erde.

Was genau hat das europäische Apollo-Projekt vom
U. S.-amerikanischen Vorbild gelernt?

Das amerikanische Raumfahrt-Programm Apollo war das historische Beispiel, dass technologische Quantensprünge – solange sie sich im Rahmen der physikalischen Gesetzte bewegen – im Grunde immer möglich sind, wenn eine Gesellschaft
sich einig ist, diese Anstrengungen unternehmen zu wollen.
Solange der technologische Wettbewerb mit der Sowjetunion
im Rahmen des Kalten Krieges den Weltraum noch nicht einbezogen hatte, war die bemannte Raum- und Mondfahrt ein
faszinierendes, aber auch belächeltes Spinnerprojekt gewesen,
nichts als ein beliebter Gegenstand von utopischen Romanen
und Filmen. Nach dem »Sputnik-Schock« aber entschied sich
die USA, mit ganzer Kraft den Weg in den Weltraum zu gehen, und war durch die Bündelung enormer finanzieller und
kreativer Ressourcen im Apolloprogramm tatsächlich in der

Lage, ihr unbedingt gewolltes, technologisch anfangs eigentlich unmöglich erscheinendes Ziel zu erreichen. Es war ein nationales Projekt erster Güte, das sich über den National Defense Education Act von 1958 bis in die Bildungs- und Hochschulpolitik auswirkte und damit indirekt auch den intellektuellen Grundstein für den wirtschaftlichen Erfolg der USA in den danach kommenden Jahrzehnten legte. Rund eine halbe Million Menschen arbeiteten am Apollo-Programm mit. Es kostete in zehn Jahren rund 25 Milliarden Dollar, damals eine riesige Summe Geld. Warum sollte es nun nicht möglich sein, einen Innovationssprung der Mobilität auf ähnliche Art, also durch gezielte Bündelung von Kräften, zu avisieren? Und zwar noch bevor der Grüne Drache uns davongeflogen wäre? Gedacht haben wir damals also an eine Art »Leap Frog«-Projekt für eine postfossile Mobilitäts- und Energiekultur in Europa. Wir nannten es der Einfachheit halber SunCar-Projekt, eben weil die dauerhafte Umstellung auf regenerative Energieträger letztlich den Rückgriff auf solare Primärenergie bedeutet – und wenn unsere Gesellschaft es wollte, so unser Ansatz, so würde sie auch alle damit zusammenhängenden technologischen Schwierigkeiten in kürzester Zeit meistern können. Das SunCar-Projekt sollte zeitgleich in zwei verschiedene Richtungen tätig sein. Zum einen sollte es angebotsseitige, d. h. auf die Automobil-, Zulieferer- und Mineralölindustrie ausgerichtete Forschungs- und Entwicklungsanstrengungen anregen, koordinieren und finanzieren, zum anderen war nachfrageseitig die Markteinführung der Ergebnisse dieser Bemühungen vorzubereiten und zu unterstützen. Anders als das Apollo-Projekt sollte das SunCar-Programm zu diesem Zweck neben der Forschungsförderung und Bildungspolitik also ein ganzes Bündel aufeinander abgestimmter Politikinstrumente mit unterschiedlichen Wirkungsme-

chanismen einsetzen. Wir nannten diesen Teil bei uns die
»Goldenen Karotten«, mit deren Anreizen gelockt werden
sollte.

Wie genau funktionieren diese »Goldenen Karotten«?

Mit den Karotten wollten wir die Hersteller locken, sich bei
der Forschung und Entwicklung besonders anzustrengen. Zu
diesem Zweck haben wir sehr hohe Prämien ausgelobt für diejenigen Hersteller, die mit einer bestimmten Technologie als
erste in den Markt gingen. Gleichzeitig haben wir alles getan,
um die Nachfrage nach diesen neuen Produkten am Markt zu
unterstützen. So konnten die Hersteller im Gegensatz zu früher relativ sicher sein, dass sie mit den neuen Technologien
auch Geld verdienen würden. Ein paar Beispiele: Eines davon
betrifft die großen staatlichen und halbprivaten Fahrzeugflotten in Europa. Allein dadurch, dass sich alle Mitgliedstaaten
verpflichteten, bei der Neubeschaffung von Fahrzeugen bis
2020 nur noch auf Niedrigverbrauchsfahrzeuge und ab 2025
nur noch auf Nullemissionsfahrzeuge zurückzugreifen, entstand ein gigantischer Markt für diese Autos: Regierungen,
Parlamente, Geheimdienste, Militär, Polizei, Gesundheitswesen, jede Art staatlicher Behörden, Länderregierungen und
Kommunen – Sie können diese Liste selber vervollständigen.
Hinzu kamen dann noch die großen privaten Betreiber von
Fahrzeugflotten wie die diakonischen und kirchlichen Dienste
und privaten Sozialdienste, die halbstaatlichen oder privaten
Verkehrsbetriebe, die Autovermieter und Carsharing-Unternehmen, die Energieversorger und Telekommunikationsun-
ternehmen. Dadurch entstand eine enorme Nachfragewucht,
die zwei wesentliche Effekte hatte. Erstens konnten die Autobauer aufgrund der hohen Stückzahlen die Fahrzeuge, die un-

ter normalen Bedingungen bei Markteinführung zunächst sehr teuer gewesen wären, schnell sehr günstig auch für die privaten Verbraucher und die privaten Teilautoinitiativen anbieten. Zweitens entstand ein ganz enormer Leitbild- oder auch Vorbildeffekt. SunCars waren fast von Anfang an so günstig wie ›in‹. Um aber ganz sicherzugehen, haben wir auch die Nutzungsräume des Autos finanziell und praktisch völlig neu gestaltet. Wer z. B. mit einem großen Dieselfahrzeug in die Innenstadt wollte, musste ab 2020 für die Einfahrterlaubnis nicht wenig bezahlen. Auch die Parkgebühren wurden irgendwann typen- oder auch größenabhängig erhoben. Insgesamt kamen die Nutzer der neuen Fahrzeuge dabei immer günstiger oder schneller weg. Auch in die BIC-Staaten konnten wir natürlich weiterhin exportieren, was zunächst vor allem die Chinesen ärgerte, denn die Initiative des Grünen Drachen hatte im Ursprungsgedanken natürlich auch protektionistische Züge. Man wollte Geld mit einer eigenen Autoindustrie verdienen, statt wertvolle Devisen ins Ausland zu transferieren. Doch als deutlich wurde, dass ein weltweiter neuer Markt entstanden war, auf dem die Chinesen genauso erfolgreich nach Europa exportierten wie die europäischen Autobauer nach China, legte sich der Ärger bald. Alles in allem war es geradezu märchenhaft, wie gut das alles funktionierte, wie hervorragend die Markttransformation in Europa gelungen ist! Ich bezeichne das Gesamtgeschehen deswegen auch gerne als das »Märchen von den Goldenen Karotten«.

Der Weg zum Sonnenauto –
Ein Rückblick auf das europäische SunCar-Projekt.
In Energy Policy, Vol. 4, 2030

Von Michael Sommer, Executive Director von SunCar Europe
von 2015 bis 2020

Im Sommer 2015 wurde auf EU-Ebene das SunCar-Programm für einen technologischen Qualitätssprung im Straßenverkehr ins Leben gerufen. Das ambitionierte Ziel war die Reduzierung des Verbrauchs fossiler Brennstoffe im europäischen Straßenverkehr bis 2020 auf ein Viertel des Niveaus von 2015. Gleichzeitig sollte die Durchdringung der Fahrzeugflotte mit Nullemissionsfahrzeugen auf ca. 50 % erhöht werden. Jedes zweite Fahrzeug sollte dann ein Nullemissionsfahrzeug sein! Zum einen ließ sich so die Erdölabhängigkeit Europas schnell reduzieren, zum anderen erfüllten die neuen Fahrzeuge die Vorgaben des chinesischen Grünen-Drachen-Plans, womit der Zugang zu den Märkten Chinas, Indiens und Brasiliens gesichert war. Aufgrund dieses doppelten Potentials des Programms wurde ihm als einem zentralen Element einer volkswirtschaftlichen Risikominimierungsstrategie politisch höchste Priorität eingeräumt. Zugleich wurde SunCar als groß angelegte industriepolitische Maßnahme verstanden, mit deren Hilfe die Automobilindustrie bei der Konversion in die postfossile Ära unterstützt werden sollte. Denn bis dahin war sie aus den verschiedensten nachfrageseitigen, organisationskulturellen und unternehmenspolitischen Gründen in der technologischen Pfadabhängigkeit des klassischen Automobils gefangen gewesen. Die große Bedeutung der Autoindustrie für den Arbeitsmarkt und die gesellschaftliche Wertschöpfung in Europa rechtfertigten diese Unterstützung. Ziel – so die in-

dustrie- und wettbewerbspolitische Argumentation der EU-
Kommission – war es, die europäische Automobilindustrie als
Technologieschmiede und Denklabor eines zukunftsfähigen
Weltautomobilmarktes wettbewerbsfähig zu erhalten bzw. zu
profilieren und damit auch volkswirtschaftliche Risikomini-
mierung für den europäischen Wirtschaftsraum zu betreiben.
Technologisch hatte die europäische Autoindustrie damals
noch beste Voraussetzungen für diesen Plan, lief aber Gefahr,
ihre Chancen durch ein Festhalten am bisherigen Technolo-
giepfad zu verspielen. Deshalb musste umgehend gehandelt
werden.

Gesteuert wurde das Projekt von der European SunCar Admi-
nistration (ESCA), die in Brüssel als unabhängige und direk-
toratsübergreifende Institution auf höchster Ebene eingerichtet wurde. Das SunCar-Programm wurde bis 2020 mit einem
sehr substantiellen Etatpool von 100 Mrd. Euro ausgestattet.
Dabei wurden 20 Mrd. von der Autoindustrie, 10 Mrd. von der
Mineralölbranche und 5 Mrd. von der europäischen Elektrizitätswirtschaft beigesteuert. Gemessen an den jährlichen
Forschungs- und Entwicklungsaufwendungen der deutschen
Automobilindustrie und den enormen Summen des 8. Rah-
menprogramms der EU zur Forschungsförderung von 2015
bis 2019 oder den jährlichen Aufwendungen der Mineralölindustrie zur Erhaltung der Förder- und Verteilinfrastruktu-
ren in Höhe von ca. 15 Mrd. Euro jährlich, erschien die Größenordnung von 100 Mrd. handhabbar und für ein wirklich
ernst gemeintes Programm angemessen. Allein die im selben
Zeitraum zu erwartenden weltweiten militärischen Kosten
zur Erhaltung der Versorgungssicherheit mit Erdöl überstie-
gen die Höhe des eingesetzten Pools schätzungsweise mindestens um den Faktor 10, und die volkswirtschaftliche Be-

drohung durch den dauerhaften Verlust des Zugangs zu den
Mobilitätsmärkten der BIC-Nationen erschien noch ungleich
größer.

Das SunCar-Programm verknüpfte drei Strategien miteinander. Erstens die Verbrauchsminimierung der verbrennungsmotorischen Fahrzeuge klassischer Bauart, was ich in der
üblichen Wortwahl der umweltpolitischen Diskussion als Effizienzstrategie bezeichnen möchte. Die Effizienzsteigerung
war aber als eine Übergangsstrategie gedacht, die folgerichtig
schnell an Bedeutung verlieren sollte. Zweitens musste eine
Revolution bei Konstruktion, Design und Antrieb von Fahrzeugen stattfinden, was einen technologischen Paradigmenwechsel erforderte. Deswegen möchte ich diesen Handlungsansatz als Konversionsstrategie bezeichnen. Drittens bedurfte
die Konversionsstrategie einer radikal veränderten verkehrs-
und energiesystemischen Einbindung von Individualfahr-
zeugen. Diesen überwiegend infrastrukturbezogenen Ansatz
möchte ich deswegen als Integrationsstrategie bezeichnen.
Die beiden letztgenannten Ansätze gehören zusammen wie
die zwei Seiten einer Medaille. Sie waren die entscheidenden und wirkungsvollsten Ansatzpunkte der postfossilen Re-
strukturierung des Straßenverkehrs, aber auch die schwie-
rigsten.

Bei der Effizienzstrategie zeigte sich der Qualitätssprung vor
allem in einer schnellen Verbrauchsminimierung. Einsparpo-
tentiale ergaben sich in den Bereichen Gewichtseinsparung,
Verringerung von Fahrwiderständen bei Aerodynamik und
Reifen und Optimierung der motorischen Verbrennung. Die
in diesen Feldern noch brachliegenden technologischen Potentiale waren enorm. Der Einsatz agrarindustriell herge-
stellter Treibstoffe, etwa auf Basis von Weizen, Soja, Mais

oder Zuckerrohr, konnte in diesem Zusammenhang nur als möglichst schnell zu beendende Episode betrachtet werden, als Übergangsstrategie zur Verbrauchsminimierung fossiler Brennstoffe. Denn die Stabilisierung der Verbrennungstechnologie, die sie bewirkte, erwies sich als Innovationshemmnis für radikal alternative Ansätze. Bei einer stetig wachsenden Weltbevölkerung und zunehmender Konkurrenz um Nahrungsmittel hätten Agrartreibstoffe eine vordergründig ökologisch und energiepolitisch begründete Strategie dargestellt, die in Wahrheit nur unter hohen Kosten für die soziale Nachhaltigkeit hätte verfolgt werden können. Agrartreibstoffe wären allein nicht in der Lage gewesen, Erdöl flächendeckend und dauerhaft zu substituieren. Selbst wenn die USA ihre gesamte Mais- und Sojaernte in Agrartreibstoff verwandelt hätten, hätten sie damit lediglich 12 % des Benzin- und 6 % des nationalen Dieselverbrauchs decken können. Auch klimapolitisch betrachtet, waren Agrartreibstoffe aufgrund des eingesetzten Kunstdüngers und aufgrund der Umwandlung von Waldflächen in Anbauflächen ausgesprochen kontraproduktiv.

Leitbild der für uns so zentralen Konversionsstrategie war ein technologisch gegenüber der verbrennungsmotorischen Techniklinie vollständig neu erfundenes Fahrzeug. Die Hybridtechnologie spielte hier eine wichtige Rolle als Übergangstechnologie. Unser Auto der Zukunft sollte elektrisch fahren, sehr leicht und sehr sicher sein. Gleichzeitig sollte es eine hohe Funktionalität, Individualisierbarkeit und verkehrssystemische Vernetzung (Verkehrssteuerung und Fahrerassistenz) ermöglichen, und zwar einerseits über modulare und flexible Aufbaukonzepte und andererseits über innovative Schnittstellen- und Bedienkonzepte im Interieur auf der Basis neuer IuK-Technologien. Unser Auto der Zukunft sollte

von erstklassigem Design und höchster Ästhetik geprägt und
in seinen Bestandteilen lückenlos wiederverwertbar und in
eine automobile Kreislaufwirtschaft zurückführbar sein. Es
war damals noch offen, auf welche Art der Elektromotor angetrieben werden würde, ob über eine H_2-Brennstoffzelle oder
batterieelektrisch, wobei sich die Batterie aus dem üblichen,
allerdings technisch modernisierten und ausgebauten Stromnetz speisen würde. Zentral war bei beiden Strategien, dass
die dafür letztendlich eingesetzte Primärenergie rein regenerativ erzeugt werden musste. Am Ende setze sich dann
überwiegend doch der brennstoffzellenelektrische Antrieb
durch.

Die Integrationsstrategie hatte schließlich die Aufgabe, für
die verkehrs- und energiesystemische Einbindung der neuen
Fahrzeugkonzepte zu sorgen. Die energiesystemische Einbindung musste dabei folgende Fragen klären: Wie und wo wird
die benötigte Primärenergie regenerativ erzeugt? Welche
Rolle spielen Windkraft, Solarthermie, Wasserkraft und Bio-
masseverstromung in unterschiedlichen Regionen? Wie wird
regenerative Primärenergie gespeichert, um natürliche Pro-
duktionsschwankungen (Nacht, Windstille) auszugleichen?
Muss eine neue H_2-Versorgungsinfrastruktur aufgebaut werden, oder kann das herkömmliche, allerdings modernisierte
Stromleitungsnetz als Verteilinfrastruktur verwendet werden? Es zeigte sich, dass die Realisierung der Konversionsstrategie beider Techniklinien – H_2-Brennstoffzelle wie Batterieelektrik – weitreichende Implikationen für die Reorganisation
der Energieversorgung insgesamt mit sich bringen würde. An
dieser Stelle zeigte sich auch, dass die drei Systeme Mobilität, Stromversorgung und Hausenergienutzung künftig als
Gesamtsystem betrachtet werden mussten. Damit hätte die

Elektrizitätswirtschaft als neue Größe in die automobilpolitische Arena eintreten können. Mineralölindustrie und Elektrizitätswirtschaft gerieten aus dieser Sicht in einen Verdrängungswettbewerb. Möglicherweise könnte hier – so dachten wir damals – gerade die Perspektive einer Parallelführung der Techniklinien H_2-Brennstoffzelle und Batterieelektrik zu einer kooperativen Perspektive führen: Die Elektrizitätswirtschaft kümmerte sich nach dieser Idee um einen überwiegend batterieelektrischen Personenverkehr in den urbanen Ballungszentren. Die Mineralölindustrie übernähme die Verantwortung für die H_2-Infrastruktur. Gedanklicher Hintergrund war hier nicht zuletzt auch das nicht zu unterschätzende Problem der postfossilen Konversion des Gütertransportes und der Arbeitsmaschinen in Bau- und Landwirtschaft. Bis 2050 wurde allein in der Bundesrepublik eine Verdopplung der Transportleistung des Güterstraßenverkehrs auf 800 Mrd. Tonnenkilometer erwartet. Hier war also zu prüfen, inwiefern ein brennstoffzellenelektrischer Einsatz von Wasserstoff nicht gegebenenfalls schwerlastfähiger wäre und somit der Aufbau einer H_2-Versorgungsinfrastruktur nicht allein schon deshalb gerechtfertigt erscheinen würde.

Die verkehrssystemische Einbindung schließlich sollte die folgenden Fragen klären: Welche Dienstleistungs- und Nutzungsinnovationen wären in der Lage, die in mancher Hinsicht nicht zu beseitigende Reichweiteneinschränkung neuer Fahrzeugkonzepte zu lösen? Welche Rolle könnten die neuen Fahrerassistenz- und Verkehrsleittechnologien für die Bündelung von Verkehrsströmen spielen? Wie könnten kollektiv-öffentliche und individuell-private Mobilitätskonzepte in Zukunft überhaupt kooperieren? In diesem Zusammenhang war nun besonders der weltweite Urbanisierungstrend zu berücksichtigen. In den Metropolenregionen Südostasiens würde eine zukunftsfähige ökonomische und soziale Entwicklung ohne das belastbare Rückgrat eines hocheffizienten und leistungsfähigen Massenverkehrs nicht möglich sein. Gerade hier erschien die Etablierung einer automobilen Monokultur – selbst auf Nullemissionsbasis – aus Gründen der massiven Raumkonkurrenz nicht zielführend, die Kombination von Individual- und Kollektivverkehr hingegen als ausgesprochen sinnvoll. Der Einstieg in die Entwicklung von integrierten Mobilitätssystemen, die im Rahmen aufeinander abgestimmter Produkt-, Dienstleistungs- und Systeminnovationen die Verknüpfung von Individual- und Kollektivverkehr vorsähen, wäre – so unsere damaligen Überlegungen – für die europäische Autoindustrie vor dem Hintergrund des Entstehens dieser enormen Märkte in den globalen Metropolenregionen sehr sinnvoll.

Die SunCar-Policy

Die Erfahrung hatte gezeigt, dass ressourcen- und klimapolitische Ziele sich in einem »business as usual«-Verlauf nicht einstellen. Um solche Ziele dennoch zu erreichen, hat eine Gesellschaft grundsätzlich zwei Möglichkeiten, eine schnelle Markttransformation zu vollziehen. Unter »technology forcing« ist dabei die herstellerseitige Politik zu verstehen, die die gesetzten Ziele, etwa Emissions- oder Verbrauchsstandards, über ein ordnungspolitisches *demand and control*-Vorgehen realisiert. *Technology forcing* kann über genau definierte Zielvorgaben auch die radikale Form einer ordnungsrechtlichen Markteinführungshilfe für alternative Fahrzeugtechnologien annehmen, wie es beispielsweise die kalifornischen *Low-Emission-Vehicle and Clean Fuel Regulations* mit ihrem

Zero-Emission-Vehicle-Mandate vorgesehen hatten. In seiner ursprünglichen Fassung sah das Mandat beispielsweise vor, dass ab 1998 mindestens 2 % der von einem Hersteller in Kalifornien abgesetzten Fahrzeuge Nullemissions-Fahrzeuge sein mussten. Es war nun zu vermuten, dass angesichts der enorm ambitionierten Zielvorgaben des SunCar-Programms für einen technologischen Durchbruch eine solche rein herstellerseitige Strategie allein nicht ausreichen würde und aufgrund der komplexen Marktstruktur auch nicht zu rechtfertigen gewesen wäre. Deswegen sollte das Fordern durch die komplementäre Strategie des Förderns ergänzt werden. Dieser sogenannte *technology pull* half den Herstellern bei der Entwicklung und Markteinführung neuer Technologien. Dies tat er einerseits über verschiedenste Instrumente der Unterstützung von Forschung und Entwicklung, andererseits mit der Veränderung des Verbraucherverhaltens durch fiskal- und beschaffungspolitische Instrumente. Die erreichten Ziele konnten dann durch das ordnungspolitische Instrumentarium dauerhaft abgesichert werden. Vor diesem Hintergrund gingen wir nun mit dem folgenden Politik-Mix an die Verwirklichung der oben beschriebenen Ziele und Strategieansätze des SunCar-Programms:

Forschungs- und Entwicklungsförderung

Kern des SunCar-Programms war die massive Investition in und Bündelung von Forschungsbemühungen, um einen technologischen *leap frog* zu erreichen. Vorgesehen war vor allem Forschung und Entwicklung im Bereich Antrieb, Batterietechnologie, Brennstoffzelle/Wasserstoffspeicher. Auch neue Erzeugungs- und Versorgungsinfrastrukturen waren Ziele der vorwettbewerblichen Förderung.

Goldene Karotten für das SunCar

Ab einem bestimmten Zeitpunkt sollte die vorwettbewerbliche Förderung dann durch ein wettbewerbliches Verfahren ergänzt werden, in den USA unter dem Spitznamen »Goldene Karotten« bekannt, das sehr erfolgreich im Bereich der Markttransformation zugunsten ökoeffizienter Kühl- und Gefriergeräte eingesetzt worden war. Aus dem finanziellen SunCarPool wurde in Analogie dazu ein sehr hohes Preisgeld gestiftet, das an denjenigen europäischen Hersteller vergeben wurde, der es geschafft hatte, in einem bestimmten Zeitraum den marktreifen Prototypen eines Nullemissionsfahrzeugs herzustellen und gleichzeitig das vielversprechendste Vermarktungsprogramm vorgelegt hatte. Die tatsächliche Vermarktung war dann auch eine verpflichtende Voraussetzung für die Auszahlung des Preisgeldes. Sie wurde anteilig pro abgesetztem Fahrzeug ausgezahlt. Das Rennen hat dann letztendlich ein Joint Venture von BMW und Daimler gemacht. Überraschenderweise ist es auch Opel in einer zweiten Wettbewerbsrunde gelungen, die Karotte zu schnappen.

Markttransformation

Nach unserer Auffassung konnte das SunCar-Programm nur erfolgreich sein, wenn wir die Bemühungen der Autoindustrie zeitgleich durch starke Impulse zur Veränderung des Käuferverhaltens unterstützten. Hier verfolgten wir verschiedene über den Preis wirksame Ansätze, die die Markteinführung von neuen Technologien unterstützten – unabhängig davon, ob es sich um reine Effizienztechnologien oder radikal neue Technologien handelte. In diesem Sinne wirkten die Mechanismen übergreifend:

Preispolitische Nachfragesteuerung

City-Mautsysteme dienten und dienen vor allem der Verkehrs-
aufkommenssteuerung, können aber mit diskriminierenden
oder fördernden Wirkungselementen für neue Technologien
gekoppelt werden. Im Rahmen des SunCar-Programms haben
die Kommunen diesen Ansatz in ihren Hoheitsgebieten in
unterschiedlicher Art und Weise eingesetzt, etwa in Form von
gestaffelten Mautgebühren, abhängig von der Entfernung
vom Stadtzentrum und/oder von Emissionen. Die Kfz-Steuer
wurde in Abhängigkeit von den CO_2-Emissionen gestaffelt,
und mit Kauf- und Abwrackprämien wurden die neuen Technologien im Augenblick des Kaufs gefördert. Damit wurde
insbesondere das Problem der erhöhten Beschaffungskosten
von alternativen Technologien abgemildert. Mit Bonus-Malus-
Systemen kombinierten wir die Gebühren für verbrauchs-
bzw. emissionsintensive Fahrzeuge mit Rabatten für effiziente
bzw. Nullemissionsfahrzeuge. Sie waren entweder an den
Kaufzeitpunkt (etwa als Kaufgebühren oder -rabatte) oder an
den Betrieb (etwa als Kfz-Steuer) gekoppelt und hatten den
Vorteil, für die einzelnen Staaten weitgehend kostenneutral
gestaltbar zu sein, da die Rabatte mit den Gebühren gegen-
finanziert wurden.

Beschaffungspolitik

Beschaffungspolitik ist die besondere Möglichkeit der Unterstützung neuer Technologien durch ein verändertes Nachfra-
geverhalten privater und öffentlicher Großnachfrager, die wir
massiv genutzt haben. Das Mittel der Marktmacht stand ja
grundsätzlich jeder Organisation zur Verfügung, die als Fahr-
zeugflottenbetreiber eine genügend große Zahl von Investi-
tions- und Kaufentscheidungen beeinflusste (Bund, Länder,

Kommunen, Bundeswehr, Post, Bahn, große Unternehmen, Kirchen, u.v.m.). Ziel war, durch die Erhöhung der nachgefragten Stückzahlen eine Spirale der Kostendegression für die neuen Technologien in Gang zu setzen. Beschaffungspolitik kann prinzipiell entweder bei schon am Markt etablierten Effizienztechnologien ansetzen und deren Marktausweitung unterstützen oder im Rahmen von Vorabforderungskampagnen und Vorabbestellungen den Markteintritt von neuen Technologien unterstützen. Gerade im Hinblick auf das SunCar-Programm bestanden für uns ideale Möglichkeiten, in Abstimmung mit dem *Goldene Karotten*-Ansatz allein schon über eine Bündelung und Koordination der Fahrzeugbeschaffung der öffentlichen Hand in Europa (EU, einzelstaatliche Institutionen) eine gigantische Unterstützung für einen technologischen *leap frog* zu erzeugen. Hinzu kamen dann noch gesellschaftliche Großorganisationen wie die Diakonie und soziale Dienste, die ebenfalls nicht unerhebliche Flotten betrieben.

Politikkommunikation

Schließlich war das SunCar-Projekt kulturell mit der Anforderung konfrontiert, einen Konsens für ein neues Leitbild der Mobilität insgesamt zu etablieren. Das Apollo-Projekt konnte seinerzeit auf ideologischen Rückenwind durch die West-Ost-Blockkonfrontation setzen, und letztlich auch auf persönliche Ängste vor der globalen Übermacht des Kommunismus. Die persönlichen Alltagsroutinen und Lebensgewohnheiten der Menschen wurden von dem Projekt jedoch nicht tangiert. Das SunCar-Programm hingegen musste Bereitschaft für weitgreifende Veränderungen in unserer alltäglichen Mobilitätspraxis erzeugen. Das Überraschende war, wie schnell sich der

Wandel einstellte, als einmal Bewegung in die Sache gekommen war – durch den großen Schubs, den wir ihr gegeben hatten. Je mehr die Sache zum Fliegen kam, desto dringender wollten alle dabei sein, je klarer die Politik eindeutig ihren reellen politischen Willen zum Wandel deutlich werden ließ, desto mehr Glaubwürdigkeit entstand, Stück für Stück. Am Ende waren wir alle Teile einer sich selbst schreibenden Geschichte und wollten alle unseren Satz dazu beitragen.

Ein Reisebericht von Peter Fischer,
aus: *Technology Today*, Ausgabe 4/2043

Unser Autor Peter Fischer hat sich auf eine Reise um die Welt begeben. Seine selbst gesteckte Regel dabei: Nur per Schiff durfte er sich fortbewegen. Er berichtet, wie sich das neue maritime Reisen von seinen Anfängen bis heute entwickelt hat.

Hamburg Amerikahafen, Juli 2043

Durch die Scheiben des elektrisch angetriebenen Zubringershuttles erkenne ich Hamburg kaum wieder. Stadt und Hafen sind mit den vielen neuen Schifffahrtslinien geradezu explodiert. Überall werden Schiffe gebaut, Docks angelegt, Stadtteile entwickelt. Der neue Amerikahafen mit seiner hellen, freundlichen und flexiblen Architektur ist ein logistisches Meisterwerk, in dem auf engstem Raum ein Schiff nach dem anderen auf die Reise geschickt wird. Infrastrukturen und Entsorgungsanlagen sind nach dem neuesten Stand kreislaufwirtschaftlicher Systemprinzipien ausgelegt. Das gesamte Terminal schwimmt auf dem Wasser und wird mit einem eigenen Energieversorgungssystem betrieben, das über ein Smart-Grid die Bordsysteme der jeweils anliegenden Schiffe mit einbezieht, die heute ausnahmslos mit regenerativen Treibstoffen fahren.

An Dock 417 liegt sie wie eine strahlend weiße Stadt auf dem Wasser: die Arctic Queen, bereit für ihre Jungfernfahrt als neuestes Schiff der Arktis-Amerikalinie, die in den Sommermonaten, wenn die Nordpolregion sicher schiffbar ist, di-

rekt die Westküste der USA ansteuert. Erster Etappenstopp
wird San Francisco sein, bevor ich über Pazifik, Indischen
Ozean, Mittelmeer, Atlantik und Nordsee zum Ausgangspunkt meiner Weltreise zurückkehren werde.

Meine Kajüte ist klein und schlicht, aber behaglich, hell
und funktional eingerichtet. Vor allem ist sie vollkommen ge-
räuschgedämmt, so dass ich mich trotz der vielen anderen Passagiere sofort sehr privat fühle.

Ein Blick in die auf dem Schreibtisch ausliegenden Bro-
schüren informiert darüber, dass das Schiff über einen internen Fitnessraum und Wellnessbereich verfügt, die allerdings
beide sehr viel bescheidener ausfallen als die extensiven In-
door-Angebote früherer Meereskreuzer. Stattdessen gibt es
viel Bewegungsfreiheit und Sportanlagen an Deck. Eine große
Bibliothek bietet neben Büchern und Zeitschriften ein reiches
literarisches Programm mit Lesungen und Schreibwerkstät-
ten. Auch für die Kinderbetreuung ist an vielen Orten auf
dem Schiff gesorgt.

Den billig reisenden Gästen, die meisten von ihnen Studenten, stehen Küchen zur Selbstversorgung zur Verfügung, den
anderen bieten mehrere Restaurants ein abwechslungsreiches
Speiseprogramm. Die Kajüten sind so ausgestattet, dass man
die Mahlzeit auf Wunsch auch in der Kajüte einnehmen kann.
Dass jede Kajüte über Internetzugang und alle anderen heute
üblichen Kommunikationszugänge verfügt, versteht sich von
selbst. Darüber hinaus gibt es mehrere Video-Konferenz-
Räume und einen zentralen Sekretariats-Service.

Als ich mein Gepäck verstaut habe und an Deck trete, wird
die Arctic Queen bereits aus dem Hafen gelotst. Einige Stunden später nimmt sie Fahrt auf, hinaus aufs offene Meer. Wie
alle heutigen Linienschiffe ist sie schnell, so gut wie unsinkbar, leise und sauber, weil sie mit Wasserstoff und Windkraft

angetrieben wird. Elektronisch gesteuerte Drachen- und Segelsysteme liefern bei entsprechender Windlage bis zu 40 Prozent der Antriebsenergie. Die Route der Arctic Queen wird vor und während jeder Fahrt so berechnet und korrigiert, dass die regionalen und saisonalen Windverhältnisse optimal ausgenutzt werden können. Elektromotoren, die ihren Strom aus Wasserstoff-Brennstoffzellen beziehen, treiben die Schiffsschrauben an. In den ersten Jahren der großen H_2-Dampfer, als die Speichertechnologie für Wasserstoff noch nicht so ausgereift war wie heute, musste auf dem Weg nach Nordamerika jedes Mal zum Nachtanken ein Zwischenhalt in Island eingelegt werden – was sich glücklich fügte, ist Island doch einer der größten Wasserstoff-Exporteure weltweit. Umweltingenieure betrachten die Insel als riesige natürliche Elektrolyseanlage, denn Wasser und vulkanische Hitze gibt es dort im Überfluss. Heute reichen die Energiespeicher der Schiffe für viele tausend Seemeilen und sind ebenso sicher wie die große H_2-Tankerflotte Islands und Australiens, denn auch dort wird heute mit riesigen solarthermischen Anlagen Wasserstoff hergestellt.

Bei meinen ersten Gesprächen an Deck und in den Restaurants erfahre ich, dass einige meiner Mitreisenden beruflich unterwegs sind und die Reisezeit als willkommene Arbeitszeit nutzen, fern vom Trubel in der Firma, in der Uni, in der Redaktion oder wo sie sonst arbeiten; andere machen einfach einen kleinen Urlaub an der Seeluft, und nicht wenige sind da, um im niemals dunklen Polartag Fotos zu schießen – zu Dutzenden finden sie sich nachts auf dem Deck an der Reling, um festzuhalten, wie der Sonnenball den Meereshorizont streift und, ohne zu versinken, wieder in die Höhe steigt.

Wer noch die hektische Zeit der Geschäftsflugreisen kennt, dem muss diese Reise, selbst wenn er beruflich unterwegs ist, wie ein großer Gemeinschaftsausflug vorkommen, mit allen Möglichkeiten des Rückzugs ins Private, wenn erwünscht. Das Reisen ist nicht mehr nur Transit, sondern besitzt eine Qualität an sich. Die Zufriedenheit, die ich in den Gesichtern meiner Mitreisenden sehe, war auf den Flugreisen, die ich vor dreißig Jahren machte, unbekannt. Alle, mit denen ich spreche, sagen das Gleiche: ja, man sei zwar heute länger unterwegs, komme dafür aber ausgeruht und ohne Jetlag an und könne unterwegs meist sehr konzentriert arbeiten. Und wer es eiliger hat, kann, zumindest um von Europa an die Ostküste Amerikas oder in den Norden und Westen Afrikas zu gelangen, eines der kleineren Torpedolinienboote nehmen, die die Strecke nach New York in drei Tagen bewältigen.

**Historischer Exkurs: Die »Neue Hanse« –
Der maritime Boom in der norddeutschen Küstenregion**

Weil ein Großteil der internationalen Reisen heute mit dem Schiff gemacht wird, boomen Schifffahrts-, Schiffbau- und Hafenbaubranche gleichermaßen. Was früher die großen Flughäfen waren, sind heute die Häfen: riesige, logistisch perfektionierte Umsteigemaschinen. Entsprechend konnten viele derer, die ihre Jobs in der einbrechenden Luftfahrtbranche verloren hatten, bei den neu geschaffenen Stellen in der Schiffreisebranche unterkommen. Hier wie dort sind professionelle Dienstleistungen gefragt: an den Schaltern und Check-ins, in der Gepäcklogistik, beim Servicepersonal auf den Schiffen und in den technischen Diensten an Land und zu Wasser. Alte Werftstandorte gewannen ihre Bedeutung zurück und nahmen eine gute Anzahl der Flugzeugbau-Ingenieure, Techniker und Arbeiter der Flugzeugindustrie auf.

Die Hamburger Airbus-Arbeiter mussten dafür nicht einmal umziehen, teilweise blieb sogar ihr Weg zur Arbeit derselbe. Der dabei sich vollziehende Transfer von Know-how und Technologiewissen hat – im Verbund mit neuen Erkenntnissen aus Bionik und Materialforschung – maßgeblich dazu beigetragen, dass Schiffe heute überwiegend aus modernen, wieder verwertbaren Leichtbaukunststoffen auf organischer Stoffgrundlage bestehen. Ebenso fanden Erkenntnisse der aeronautischen Strömungslehre Eingang in die Gestaltung der Schiffskörper und Aufbauten, und in der Luftfahrt erprobte Daten-, Steuerungs- und Navigationstechnologien machten die Schifffahrt ein gutes Stück sicherer. Heute ist der Seeverkehr die sicherste Verkehrsart der Welt, denn durch ausgeklügelte Schleusen- und Belüftungssysteme sind die Schiffe praktisch unsinkbar geworden und trotzen den stärksten Stürmen.

Schon einmal – Anfang des 20. Jahrhunderts – waren Schiffbau und maritime Wirtschaft Leitökonomien und Innovationstreiber nicht allein an den deutschen Küsten, sondern weltweit. Schiffe mussten gebaut, Menschen und Güter transportiert werden für die erste Welle der Globalisierung im Zeitalter des Imperialismus und des industriellen Aufschwungs der europäischen Nationen. Durch den Aufschwung des Luftverkehrs brach der Schifffahrt zwar seit den 1950er Jahren der Personentransport weg, der Gütertransport zu Wasser jedoch trat spätestens mit der zweiten großen Globalisierungswelle ab den 1980er Jahren, der Standardisierung der weltweiten Containerlogistik und der Einführung von Riesentankern einen Siegeszug an. Die Kehrseite: Schiffsverkehr war eine dreckige Angelegenheit. Meist wurde das schlechteste und schmutzigste Schweröl eingesetzt, und große Schiffsunfälle mit schweren Folgen für die maritime Ökologie waren alltäglich. Mit dem Ende der fossilen Epoche und dem kostenbedingten Rückgang des Luftverkehrs erlebte die Personenschifffahrt ein fulminantes Comeback in neuer Gestalt. Denn dieses Mal sollte es eine saubere, nachhaltige Schifffahrt sein.

Die maritime Mobilität und Wirtschaft profitierte ebenso wie der Schienenverkehr von der weltpolitischen und global-ökonomischen Entwicklung. Schnell wurde klar, welches Potential in dem Dreiklang von Seeschifffahrt, Schiffbau und Häfen lag, wenn man es klug anging und den Innovationserfordernissen schnell und rechtzeitig nachkommen würde. Und es gelang: Tatsächlich ist das Cluster der maritimen Mobilität heute einer der großen und erfolgreichen Innovationskerne nicht nur Deutschlands, sondern der globalen Mobilitätswirtschaft überhaupt, so dass manche – spielerisch – sogar von einer Art maritimem *Kondratjew-Zyklus* sprechen.

Dieser Begriff, 1939 von Joseph Schumpeter in seinem Werk über Konjunkturzyklen eingeführt – benannt nach dem russischen Wirtschaftwissenschaftler Nikolai Kondratjew – bezeichnet lange Konjunkturwellen, deren Grundlage nach Schumpeter fundamentale technische Innovationen sind, die zu einer Umwälzung in Produktion und Organisation führen. Für diese Innovationen prägte Schumpeter den Begriff der *Basisinnovationen*, wobei er offenließ, was zu deren Entstehung führt. Nicht die Entdeckung einer Basisinnovation war für ihn ausschlaggebend, sondern deren breiter Einsatz. Zieht man in Betracht, dass seit knapp dreißig Jahren im Schiffbau, in den Werften, bei den Zulieferern, der Güterlogistik, dem Transport von Energielieferungen, in der Abwicklung des Personentransports, der Binnenschifffahrt auf Flüssen und Kanälen, im Hafenwesen, in der Architektur der schwimmenden Inseln und im Cruise Tourism eine geballte Vielfalt neuer

Energie- und Materialtechnologien, Gestaltungs- und Konstruktionsprinzipien zum Einsatz kommt, scheint die Rede vom maritimen Kondratjew-Zyklus gar nicht so abwegig.

Vor allem die norddeutschen Seehäfen haben im Zuge dieser Entwicklung als zentrale Verkehrsknotenpunkte für den Fernreiseverkehr an Bedeutung gewonnen. Durch das Ende des Massenflugverkehrs hat sich die Überseeschifffahrt neu entwickelt. Das Beispiel der Meyer-Werft im Emsland zeigt, wie sich diese Entwicklung in eine ganze Kette positiver ökonomischer Effekte umsetzen konnte. In der Meyer-Werft wird heute ein guter Teil der Passagierlinienschiffe gebaut, die die New Atlantic Line bedienen. Die Kombination von Seelage und reichlich vorhandener erneuerbarer Energie ermöglicht es, in Elektrolyseanlagen vor Ort Wasserstoff zu gewinnen, der direkt zur Betankung der anliegenden Schiffe verwendet wird, wodurch jegliche Energietransportkosten praktisch wegfallen.

Gleichzeitig ist im gesamten Küstenbereich ein reger Warenverkehr entstanden, bei dem Roh- und Grundstoffe aus dem Inland an die Küste transportiert werden, um sie hier, direkt an der Quelle, energieintensiven Veredelungsprozessen zu unterziehen, bevor sie wieder zurückgeschickt werden. So werden heute in Küstennähe im Norden Waren und Rohstoffe aus aller Welt gehandelt und verarbeitet, ganz wie zu Zeiten der alten Hanse. In diesem Zuge hat auch die Binnenschifffahrt für den An- und Abtransport von Gütern enorm an Bedeutung gewonnen. Die norddeutschen Binnenwasserstraßen werden beständig ausgebaut und sind nicht nur als Zulieferrouten unverzichtbar geworden, sondern gewinnen zunehmend auch als Naherholungsgebiete an Bedeutung.

Shipping & Travel: Der Dreiklang von Energiewirtschaft, Cruise-Tourismus und Schiffbau

Die Geschichte zeigt, dass branchenfremde Unternehmen erfolgreich in vollkommen neue Geschäftsfelder einsteigen können.

Als sich die Bedingungen für die Entwicklung des Tourismus an der Nord- und Ostsee drastisch verbesserten, lag auch für ein großes nordwestdeutsches Energieversorgungsunternehmen die Überlegung nahe, von Anfang an bei diesem Spiel dabei zu sein. Man blieb im Kerngeschäft Energieversorger – wobei der Konzern nun zusätzlich auf den massiven Ausbau der Wasserstoffproduktion mit regenerativen Energien für die Versorgung der Schifffahrt setzte – und wickelte die branchenfremden Experimente über Tochtergesellschaften ab.

Von Vorteil waren dabei das große und gute Beziehungsnetzwerk des Unternehmens in den Landkreisen und Kommunen des Versorgungsgebietes, die technologische Kompetenz beim Aufbau der neuen Infrastrukturen nach Kriterien von Energieeffizienz und Nachhaltigkeit und die Chance zur Investition von Kapital in einem geographisch nahe liegenden, übersichtlichen und dem Konzern bekannten Terrain, was in Zeiten der globalen Unsicherheit und der hoch volatilen Finanzmärkte eine zunehmend wichtige Rolle spielte.

Der Konzern konnte sein nachhaltiges Unternehmensleitbild auf diese Weise von Beginn an in die Entwicklung der wachsenden Schifffahrtbranche transferieren, das eigene Geschäftsfeld erweitern und sich zugleich als Dienstleister für die Versorgung mit regenerativem Strom profilieren. Darüber hinaus bot man den großen Werften, Hafenanlagen und Hotelanlagen an der Küste ein energieeffizientes Facility-Management an, was bei der Größe der zu versorgenden Anlagen auch die Möglichkeit mit sich brachte, das Lastmanagement des eigenen Versorgungsnetzes zu optimieren.

Auch eines der Tochterunternehmen beteiligte sich am maritimen Cluster. Erneut konnte neben dem von der Branche dringend benötigten Kapital viel technologische Kompetenz bei der Neuentwicklung der Produkte im Bereich der Energieversorgung und dem Management der Bordnetze eingebracht werden. Das Konzept zur konstruktiv-gestalterischen Neuausrichtung des Schiffbaus am Leitbild der »Energieinsel« stammte ebenso aus den Think-Tanks des Konzerns wie die systematische Einbindung der Hafenanlagen der schnell wachsenden maritimen Infrastruktur in die regionalen und überregionalen Versorgungsinfrastrukturen. So operieren heute an den verschiedenen Hafenstandorten der Region immer wenigstens zehn große Schiffe mit ihren gigantischen Wasserstoff-Brennstoffzellen im Rahmen einer SmartGrid-Infrastruktur als Netzstabilisatoren. Fehlt Strom, so werfen sie ihre Maschinen an. Gibt es Überschüsse, so betreiben sie ihr Bordnetz von Land aus. Gerade die großen Cruise-Liner, von denen der Konzern selbst einige besitzt, sind als schwimmende Energieinseln sehr gut geeignet. Da sich der Urlaub zu Schiff in den nördlichen Breiten immer größerer Beliebtheit erfreut, liegen heute immer einige große Schiffe an den Häfen, und die Disposition der jeweils benötigten Kapazitäten kann je nach Ein- und Auslaufzeiten mit Hilfe der Datentechnologie exakt justiert werden. Die Häfen sind damit nicht nur gigantische Umsteige- und Logistikmaschinen für Personen und Güter geworden, sondern aus Sicht der Firma auch substantielle Schnittstellen eines intelligenten Energieversorgungsmanagements.

Die Arktis – der neue Kontinent

Wir sind nun seit zwei Tagen auf See, die Luft wird von Stunde zu Stunde kühler. Auf der Höhe von Tromsö passiert die Arctic Queen vor der norwegischen Küste den Polarkreis. Von da aus werden wir das Nordpolarmeer entlang der sibirischen Küste östlich umschiffen, um schließlich durch die Meerenge zwischen dem amerikanischen Nome und dem russischen Uelen über die Beringsee in den Pazifischen Ozean zu gelangen.

Genau wie die Nordwestpassage in Alaska ist die Nordostpassage entlang der sibirischen Küste bis in den Spätsommer sicher schiffbar. Da die Atmosphäre über den Polen dünner ist und sich schneller aufheizt, sind die Polarregionen in besonderer Weise vom Klimawandel betroffen. In der arktischen Region kam es seit Beginn der Industrialisierung zu einer durchschnittlichen Erwärmung von drei bis vier Grad Celsius, was die massive Schrumpfung der sommerlichen Eisdecke zur Folge hatte. Die Siedlungen und Rohstoffabbaugebiete in küstennahen Gegenden konnten sich durch die erwärmungsbedingte verbesserte Zugänglichkeit mit dem Schiff sehr gut entwickeln. Auch die internationale Schifffahrt hat von der nun sicheren Sommerpassage zwischen Europa und Asien durch das Eismeer enorm profitiert: Die Abkürzung der Strecken von Europa nach Asien um durchschnittlich 7000 Seemeilen wirkte auf die Schifffahrt wie ein riesiger Energieschub. Die kürzere Reise führte zu erheblich niedrigeren Betriebskosten der Schiffe und die Durchfahrtgebühren für Panama- und Suezkanal entfielen. Die neuen Passagen liegen in einer geopolitisch relativ stabilen, sicheren und pirateriefreien Region mit fast unbegrenzter Kapazität für weitere Zuwächse im Schiffsverkehr. Es entbehrt nicht einer gewissen

Ironie der Geschichte, dass es der Klimawandel selbst war, der durch das Freiwerden der Arktispassagen der umweltfreundlichen, weil wasserstoffbetriebenen Schifffahrt mit zum Durchbruch verhalf.

Unsere Reise führt uns weiter entlang der sibirischen Küstenlinie. Vorbei an Murmansk, Novy Porta, Tiksi und Pewek. Überall sind am Horizont Lichter von neuen Siedlungen, der Wärmeglanz von Industrieanlagen oder der Widerschein von Erz-, Öl- und Gasförderanlagen zu sehen. Es scheint, als sei aus dem Eis an den Rändern des arktischen Ozeans ein neuer Kontinent aufgetaucht, der nun entdeckt, besiedelt und ausgebeutet wird. Eine Entwicklung, die bei den einen blankes Entsetzen hervorruft, bei den anderen freudig begrüßt wird. Ich will eine differenziertere Betrachtung versuchen.

Frühzeitig und unerwartet konfliktfrei hatten die großen Weltmächte und die kleineren Anrainerstaaten die entsprechenden Zugänge zu Schürf- und Fördergründen für Rohöl, Gas und Rohstoffen auf dem Meeresboden untereinander aufgeteilt. Und wider Erwarten einigte man sich sogar auf harte Umweltstandards, um die ökologischen Folgen der Rohstoffentnahme in dem sensiblen maritimen Ökosystem der Arktis so gering wie möglich zu halten. Mit Grönland entstand in den 2020er Jahren eine neue, von Dänemark nun vollständig unabhängige Nation, die sich aufgrund ihrer vielfältigen Bodenschätze wirtschaftlich eindrucksvoll entwickelt. Wo immer das Eis den Boden und das Meer Grönlands freigibt, wird bald nach Rohstoffen gebohrt, geschürft und gegraben. Zusammen mit Island hat sich Grönland zu einer einflussreichen nordischen Regionalmacht entwickelt, die es sich zum Prinzip gemacht hat, den Reichtum der Bodenschätze ohne Umwege in die Errichtung einer zukunftsfähigen und ökologischen Wirtschafts- und Infrastruktur zu investieren. Dabei spielt der Aufbau einer maritimen Hafen- und Versorgungsinfrastruktur für den arktischen Transit eine wichtige Rolle. Zuvorderst aber investiert Grönland in den arktischen Tourismus, der in den letzten Jahren enorme Zuwächse verzeichnen konnte. Seit unserem Start in Hamburg ist die Arctic Queen mindestens zehn Arctic-Linern unter den unterschiedlichsten Flaggen begegnet, die sich kreuz und quer durch das Nordpolarmeer bewegen, so wie es die Jahreszeit und die Eisentwicklung gerade zulassen. Aber auch die Luftschiffkreuzfahrten zum Nordpol sind heiß begehrt. Was knapp ist, ist bedeutsam und teuer. Je heißer die Welt wird, so scheint es, desto mehr sehnen sich die Menschen nach den Resten von Kühle, Eis und Schnee und wollen sie erleben, solange diese noch vorhanden sind.

Über die Beringstraße nähern wir uns dem Ende unserer arktischen Reise. Viele Jahrtausende war Gibraltar eine der wichtigsten, wenn nicht die wichtigste Meerenge der Welt. Während der Blütezeit der fossilen Epoche kamen der Suezkanal, der Panamakanal und die Straße von Hormus dazu, die häufig im Zentrum geopolitischer Verwicklungen und Auseinandersetzungen standen. Heute nun ist die Beringstraße von größter Bedeutung. Als wir sie zwischen Nome und Uelen passieren, zeigt sich, welche Bedeutung die Anrainerstaaten des arktischen Ozeans dieser Durchfahrt zuweisen und wie viel sie aus der Geschichte der Meerengen gelernt zu haben scheinen. Gemeinsam sorgen sie dafür, die Straße unter allen Umständen frei und passierbar zu halten. Zu diesem Zweck wurden die amerikanischen und russischen Hoheitsgebiete rechts und links der Durchfahrt unter die Verwaltung der Vereinten Nationen gestellt. Die VN sichern die Passage militärisch ab. Die Europäer engagieren sich unter der Schirm-

herrschaft der VN militärisch und finanziell in besonderem
Maße. Denn ihre größte Furcht ist es, im pazifischen Jahrhundert vom Wirtschaftsraum rund um den gewaltigsten Ozean
der Erde abgekoppelt zu werden, weshalb ein schneller und
dauerhaft ungehinderter Zugang zu ihm absolute Priorität für
sie hat.

Die maritime Mobilität im pazifischen Jahrhundert

Der Aufstieg Chinas und die Orientierung der USA weg von
Europa und hin nach Asien läuteten vor vierzig Jahren das
sogenannte pazifische Jahrhundert ein. Gemeint war damit
vor allem die Tatsache, dass sich der Schwerpunkt der welt-
wirtschaftlichen Entwicklung vom europäisch-amerikanischen
Raum in den asiatisch-amerikanischen Raum verlagerte. Die
pazifische Region reicht von Indien bis zu den Westküsten
Nord- und Südamerikas und umfasst zwei Ozeane. In ihr lebt
heute mehr als die Hälfte der Weltbevölkerung in den äußerst
dynamischen Gesellschaften Asiens, Latein- und Nordameri-
kas. Waren Weite und Unberechenbarkeit des Pazifiks über
Jahrtausende hinweg Hindernisse eines intensiven kulturellen und wirtschaftlichen Austauschs, so fungieren die wasser-
unabhängige Luftschifffahrt und der sichere Schiffsverkehr
heute als Verbindungselemente der Region. Durch die enorme
Kostenreduktion, die die moderne Windschifffahrt und der
Einsatz von Wasserstoffbrennstoffzellen mit sich bringen, hat
die Menge der Gütertransporte auf eine Weise zugenommen,
die vor wenigen Jahrzehnten noch unvorstellbar war. Die mit
der wirtschaftlichen Verflechtung einhergehenden kulturellen und demographischen Annäherungen führten ihrerseits
zu einem enormen und dauerhaft anhaltenden Personenverkehr durch und über den Pazifik. Die transpazifischen Fami-

lienbeziehungen und sozialen Netze wurden schließlich zu einem zentralen Faktor der dauerhaften Stabilisierung und Befriedung der Region, die sogar weit über die traditionelle transatlantische Bindung zwischen Nordamerika und Europa hinausging.

Die Artic Queen steuert entlang der Küsten von Washington, Oregon und Nordkalifornien auf den Zielhafen unserer Reise zu: San Francisco. Die gesamte Westküste der beiden Amerikas hat in den letzten Jahrzehnten einen enormen wirtschaftlichen Boom erlebt, vor allem aber die nördlichen Regionen. Vancouver, Seattle und Portland sind zu Metropolen herangewachsen, die immer mehr Menschen aus dem Osten Kanadas und der USA sowieso aus Mexiko und der Karibik anziehen. Die Region lebt vom Schiff- und Luftschiffbau, von Computer- und Umwelttechnologien, aber auch von maritimen Lebensmitteln und landwirtschaftlichen Erzeugnissen, die in ökologischer Landbauweise erzeugt werden. Gerade die Region um den Großraum Seattle konnte, ebenso wie die Bay Area um San Francisco, an die regionale Tradition des Schiffbaus anschließen und die große heimische Luftfahrtindustrie erfolgreich in den zukunftsfähigen Luftschiffbau transformieren. Als ein weiterer Grund für den Erfolg der Region gilt neben der enormen Nachfrage nach Transport- und Informationstechnologien für den pazifischen Brückenschlang die Tatsache, dass die drei Westküstenstaaten eine Art ökologische Wirtschaftsallianz gebildet haben, deren Synergien die Region sehr viel besser durch die Wirren der fossilen Ausstiegsphase gebracht haben als den Rest der USA. San Francisco ist die Hauptstadt dieser regionalen Allianz und hat sich neben Los Angeles zum wichtigsten Brückenkopf der transpazifischen maritimen Beziehungen entwickelt.

Es ist überwältigend, bei der Einfahrt zu sehen, wie sehr

sich die gesamte San Francisco Bay zu einer einzigen großen Werft- und Hafenanlage entwickelt hat, ebenso wie der Puget Sound vor Seattle, den ich vor einigen Tagen besichtigen konnte. Das Ganze wird mit größtmöglicher ökologischer Verträglichkeit betrieben und mit regenerativer Energie gespeist, die aus den Windenergiefarmen im bergigen Hinterland der Bay Area, vornehmlich aber aus dem riesigen Solarthermie-Projekt in der Wüstenregion in und rund um das Death Valley stammt. Dort produzierte Energie fließt auch nach Los Angeles, wo sie hauptsächlich für den Betrieb von Wasserentsalzungsanlagen verwendet wird. Während Los Angeles noch an seiner von den Unterhaltungsmedien dominierten ökonomischen Struktur und seiner chronischen Wasserknappheit laboriert, konnte sich San Francisco mit dem pazifischen Jahrhundert zur dominierenden Westküstenkapitale weiterentwickeln. Der Dreiklang von maritimer Technologie, Hafenwirtschaft und Silicon Valley hat – im Verbund mit dem aus der Asche erstiegenen Label der University of California Berkeley als *dem* universitären Hot Spot für Fragen der technologischen, sozialen und kulturellen Transformation hin zu einer zukunftsfähigen Gesellschaft – die Bay Area zu einer der dynamischsten Regionen des gesamten pazifischen Raums werden lassen.

Auf dem Putzerschiff nach Japan

Meine Zeit in der Bay Area habe ich für Besuche im Silicon Valley und bei der UC Berkeley, vor allem aber dazu genutzt, mich über ein besonderes Kooperationsprojekt der pazifischen Anrainerstaaten zu informieren: die *Great Pacific Cleanup Alliance*. Anlass für die Entstehung dieser Kooperation war das Problem der Unmengen an Kunststoffabfällen in den Ozeanen, deren tatsächliche Größenordnung erst gegen 2016 ins öffentliche Bewusstsein drang und Gegenstand internationaler Beratungen wurde. Bei einer Fachkonferenz der Vereinten Nationen in Genf konnte der japanische Ozeanologe, Biologe und Umweltwissenschaftler Hitaki Nagama damals durch eine überzeugende Untersuchungsreihe nachweisen, dass die kleinstgemahlenen Bestandteile des Plastikmülls über die maritime Fress- und Nahrungskette schon seit Jahrzehnten in die Körper fast aller Lebewesen auf der Welt gelangten und sich dort – oft sogar auf molekularer Ebene – anreicherten. Nagama zeigte außerdem, dass die Mikroplastikpartikel ab einer bestimmten Konzentration massiven Einfluss auf die metabolischen Abläufe der Organismen nahmen und die Wirkung von Hormonen, Enzymen, Vitaminen und verschiedener anderer endokriner Stoffe beeinflussten oder sogar blockierten. Als man in der Folge dieser Studie hohe Summen an Forschungsgeldern einsetzte, konnte man bis 2020 tatsächlich die Entstehung einiger bislang nicht erklärbarer Krankheitsverläufe und neuartiger Gendefekte besonders in den Populationen mit hohem Anteil maritimer Nahrungsmittel erklären. Hitaki Nagama wurde 2022 zum ersten Mal für den Nobelpreis vorgeschlagen. 2025 erhielt er ihn schließlich.

Erstmals war das Problem des Plastikmülls in den Ozeanen 1997 präziser beschrieben worden. Seitdem fanden immer genauere Vermessungen statt. Je nach Berechnungsweise schätzten Wissenschaftler das vom Plastikmüll betroffene Gebiet auf die Größe der USA oder Westeuropas. Ins Meer gelangte der Müll hauptsächlich über die Flüsse. Praktisch jedes Stück Plastik, das seit den 1940er Jahren produziert und nicht der thermischen Verwertung zugeführt worden ist, landete früher oder später in einem der Ozeane. Plastikprodukte jeder Art und jeder denkbaren Verwendung sammeln sich seitdem vor allem in den fünf großen Meeresdriftströmungswirbeln im Nordpazifik, im Südpazifik, im Indischen Ozean und im Nord- und Südatlantik. Durch Wellenbewegungen und UV-Licht wurde das Plastik dort mit der Zeit immer kleiner pulverisiert und schließlich von den Meeresbewohnern aufgenommen. Auch das Plankton nahm das Plastikpulver auf. Da Plankton aber die Grundlage der gesamten maritimen Nahrungskette darstellt, kam es im Laufe der Jahre über die Kaskade der größeren Beutefische schließlich auch beim Menschen zu einer enormen Anreicherung. Zu dem Zeitpunkt, als man das Problem ernst zu nehmen begann, zirkulierten schätzungsweise bereits 140 bis 150 Millionen Tonnen Plastik in den großen Müllstrudeln. Wie viel Kunststoff allerdings insgesamt bereits eingebracht war, konnte niemand mit Sicherheit sagen, da etwa 70 Prozent des Mülls irgendwann auf den Meeresgrund gesunken war und dort weiter zersetzt wird. Ein weiterer Teil des Plastiks wurde irgendwann wieder angelandet und in den Küstenbrandungen der Welt weiter zermahlen, so dass auch der Sand mancher Strände heute bis zu 10 Prozent aus Plastikabrieb besteht.

Spontan entschließe ich mich, im nächsten Abschnitt meiner Reise einen Abstecher zum sogenannten *Great Pacific Garbage Patch* (dt. *Großer Pazifikmüllfleck*) einzuschieben. Auf einem der großen Putzerschiffe der *Cleanup Alliance*, die von den USA, Russland, Japan und China betrieben wird, geht es nun von San Francisco aus durch den Nordpazifik direkt in die Shinomaki-Bai nach Japan. Das Putzerschiff ist seit über zwanzig Jahren in Betrieb und wurde erst kürzlich auf einen kombinierten Gas- und Wasserstoffbrennstoffzellenantrieb umgerüstet. Im Grunde ist das Schiff nichts anderes als eine große schwimmende Müllpresse mit weiten Auslegern, die dazu dienen, den Müll aus den autonomen Sammelstationen des Pazifikmüllflecks aufzunehmen. An Bord wird der Kunststoff gepresst und sicher eingelagert, um ihn in Japan der Weiterverwertung zuzuführen. Jede der an der *Cleanup Alliance* beteiligten Nationen betreibt jeweils drei Putzerschiffe, die seit vielen Jahren ständig im Einsatz sind, um die vielen Slat-Filter regelmäßig zu leeren. Diese Filter sind benannt nach dem Niederländer Boyan Slat, der seine Idee zum ersten Mal als Student im Jahr 2012 bei einer TEDx-Veranstaltung der Universität Delft einer breiteren Öffentlichkeit vorstellte. Die Slat-Filter, großen Rochen ähnelnde Plattformen, sind mit rohrförmigen, schwimmenden Sieb-Pontons verbunden. Durch Ausnutzung der natürlichen Strömung im Bereich des Großen Pazifikmüllflecks filtern sie nach und nach den Müll aus dem Wasser, ohne dabei den Seetieren Schaden zuzufügen. Seit über zwanzig Jahren sind die Slat-Filter nun im Einsatz und haben einen guten Teil des Pazifischen Flecks und der Müllwirbel in den Nachbarozeanen abfischen können. Nichtsdestotrotz sammelt sich immer wieder neuer Müll in den Strudeln. Viel länger als Boyan Slat selbst angenommen hatte, muss die *Cleanup Alliance* daher die Filtersysteme betreiben, ein Ende scheint auch trotz der vielen internationalen Maßnahmen zur Eindämmung der Kunststofflut noch immer nicht in Sicht zu sein.

Nach zwei Wochen im Nordpazifik und Dutzenden geleerter Slat-Filter hat sich der Laderaum bis zur Neige mit Pressblöcken aus Kunststoff gefüllt. Morgen nehmen wir Kurs auf Shinomaki, das sich zum Herzstück der japanischen Stoffstromindustrie entwickelt hat. Die Shinomaki-Bai liegt gut geschützt hinter der Halbinsel Oshika, etwas oberhalb der Katastrophenregion um Fukushima, wo sich im Jahr 2012, verursacht durch ein Erdbeben und einen folgenden Tsunami, ein atomarer GAU ereignete. Die gesamte Westküste Japans, von Oshika bis Tokio, nahm durch die Katastrophe gewaltigen Schaden. Die unmittelbaren Zerstörungen durch die große Welle und die radioaktive Verstrahlung hatten das wirtschaftliche Leben der Region dauerhaft zerstört. Vor allem der Fischfang in den eigentlich sehr nährstoffreichen und ergiebigen Fischgründen vor der japanischen Küste ist aufgrund der hohen Verstrahlung durch das radioaktive Kühlwasser aus den Reaktorblöcken Fukushimas seither nicht mehr möglich. Durch die langen Halbwertszeiten der radioaktiven Stoffe hat die Region wahrscheinlich für immer ihre Haupteinnahmequelle verloren. Auch der Schiffbau, die Reparatur- und Hafenanlagen für die Fischereiflotte, die Kühl- und Verarbeitungsanlagen, ja die gesamte maritime Infrastruktur der Gegend starb mit dem GAU und seinen Folgen ab.

Gleichzeitig aber begann man in Japan langsam, aber sicher umzudenken. Nach einiger Zeit entwickelte sich aus der Krise für die gesamte Region eine neue Perspektive als materialwirtschaftliche Boomregion, in der, ausgehend vom Recycling und Upcycling zunächst des pazifischen Plastikmülls, später auch von maritimen Produkten und Infrastrukturen wie Tankern, Kriegsschiffen, Fischtrawlern und Ölplattformen, das völlig neue Konzept einer in sich geschlossenen Stoffstromökonomie umgesetzt wurde. Dieses hatte Modellcharakter für die gesamte japanische Wirtschaft und entfaltete weltweite Ausstrahlungskraft als Beispiel dafür, wie eine tiefe Krise nicht zum Niedergang führen muss, sondern zum Anlass einer fundamentalen Transformation werden kann. Das ist die Geschichte der dritten kulturellen Selbsterneuerung Japans.

Maritimes Cradle-to-Cradle:
Zu Gast beim Stoffstromgiganten Japan

Jahrzehntelang hatte sich die japanische Gesellschaft unter
Missachtung aller Warnungen auf die Atomenergie als verlässliche Energiequelle und ökonomische Basis der japanischen Hochtechnologiewirtschaft verlassen. Der Tsunami und
der folgende GAU, seinerzeit eine furchtbare, wenn auch
nicht überraschende Katastrophe, sind aus heutiger Sicht als
Anschub für eine fundamentale Transformation der japanischen Kultur und Gesellschaft zu deuten. Erst vorsichtig und
strategisch, mit der Zeit immer offensiver und selbstbewuss-
ter setzten sich ab 2017 junge innovative Köpfe durch, die Japan zu einer durch und durch grünen Ökonomie umbauen
wollten. Vieles sprach für sie: auf der einen Seite die Risiken
der alten Technologie und die erkennbaren Sackgassen der
bisherigen Exportschlager, allen voran der Autoindustrie, auf
der anderen Seite die nach wie vor enormen technologischen
Fähigkeiten und das weiterhin sehr hohe Bildungsniveau
der japanischen Bevölkerung. Schon zweimal in seiner Geschichte hatte sich Japan in sehr kurzer Zeit neu erfunden.
Einmal während der Meiji-Restauration ab 1868, die mit weitreichenden Reformen von Recht, Staat, Wirtschaft und Militär den Sprung in eine westlich orientierte Moderne brachte.
Und zum zweiten Mal während des demokratischen und ökonomischen Wiederaufbaus nach den Zerstörungen des Zweiten Weltkriegs. Diese Zeit war vor allem eine Phase des rasanten ökonomischen Wachstums der Automobilindustrie,
der Elektronikkonzerne und des Schiffbaus. An diese kulturelle Fähigkeit zur schnellen Neuerfindung wollten die grünen Modernisierer nun anknüpfen. Dafür setzten sie bei den
Hauptproblemen der Inselnation an: der extremen Knappheit

an Rohstoffen und Energie. Beides führte zur zunehmend problematischen Empfindlichkeit gegenüber den Preissteigerungen an den Weltrohstoffmärkten und zur Abhängigkeit von der insbesondere im Erdbebenland Japan äußerst riskanten Atomtechnologie. Und beides war langfristig nur mit grüner Technologie und einem kreislauforientierten Wirtschaftssystem zu lösen. Wie schon bei den ersten beiden Modernisierungswellen Japans war es wieder die Öffnung gegenüber Impulsen und Ideen von außerhalb, die entscheidende Entwicklungen ermöglichte. Seit 2018 suchten die japanischen Erneuerer einen engen Schulterschluss mit Island, Deutschland und den Niederlanden, später mit der ökologischen Allianz der drei U.S.-amerikanischen Westküstenstaaten und vor allem – was zunächst überraschte – mit China. Die chinesischen Machthaber hatten sich mit ihrem Plan des Grünen Drachen seit 2015 weit vorgewagt und konnten fünf Jahre später schon wichtige und stabile Erfolge beim ökologischen Umbau ihrer Energieversorgung und ihrer Produktionsweisen vorzeigen. Jetzt wollte man einerseits damit beginnen, einige der neuen Technologien zu exportieren. Zudem entdeckten die Chinesen die Zukunftspotentiale von Green Finance, das heißt, der Staat und einige der privaten Unternehmen investierten einen wachsenden Anteil ihrer nach wie vor enormen Überschüsse in die Finanzierung ökologischer Transformationstechnologien auf der ganzen Welt.

In Japan konzentrierte man sich zunächst auf den Umbau des Energiesystems und stützte sich dabei auf deutsche und kalifornische Erfahrungen mit Sonnen- und Windenergie, aber auch mit Wellen- und Gezeitenenergieanlagen, wie sie vor der amerikanischen Westküste zum Einsatz kamen. Auch die Geothermie wurde mit Hilfe isländischen Know-hows ausgebaut. Da Japan genau wie die nord- und südamerikanischen

Westküstenstaaten direkt auf dem bekannten, Pazifischer Feuerring genannten Vulkangürtel liegt, der den gesamten Pazifik einrahmt, bietet die Geothermie für Japan und viele andere Länder entlang des Feuerrings ähnlich große Potentiale wie für Island. So findet man in Japan Wärme mit Temperaturen von 150 bis 400 Grad bereits in ein bis drei Kilometern Tiefe. Probebohrungen zeigten alsbald, dass Japan nach Amerika und den Philippinen die drittgrößten Geothermie-Potentiale der Welt besitzt. Hinzu kam, dass gerade japanische Unternehmen Anfang des Jahrhunderts paradoxerweise weltweit führend bei der Entwicklung von Geothermie-Turbinen waren, während Japan selbst sich fast ausschließlich mit Atomenergie versorgte. Nachdem der riesige natürliche Energiereichtum Japans offenbar geworden war, drängte besonders China in die Finanzierung des Aufbaus der neuen Infrastrukturen und legte mit seinem Japan-Geothermie-Fond die Grundlage zur dauerhaften Kooperation mit den japanischen Mineralölfirmen. Diese begriffen, dass sie ihre Zukunft nur mit der Transformation ihres Geschäftsmodells vom Öl zur Geothermie würden retten können. Gleichzeitig investierten die Chinesen in die Wind-, Wellen- und Gezeitenenergie, für deren Ausbau nach harten staatlichen Regulierungen ab 2020 vor allem die ehemaligen staatlichen und halbstaatlichen Stromversorger zuständig wurden. Das Interesse Chinas an der Unterstützung des alten Feindes Japan war einfach zu erklären: Erstens hatte Japan nach wie vor einen teilweise riesigen Vorsprung an Technikwissen, zu dem man weiteren Zugang gewinnen wollte; zweitens erhoffte sich China dauerhafte und günstige Energieimporte aus Japan, da das kleine Land viel mehr Energie produzieren konnte, als es jemals selbst verbrauchen würde; drittens wurde chinesisches Kapital hier langfristig sicher und gewinnbringend angelegt; und

viertens verbesserte sich mit der engen energiewirtschaft-
lichen Allianz auch die geopolitische Sicherheitslage in der
Region: Man wusste Japan – trotz der natürlichen Größenun-
terschiede der beiden Länder – nach den historischen Erfahrungen mit dem japanischen Nationalismus lieber bei sich als
gegen sich. Noch zu Beginn der 2010er Jahre hatten sich Japan
und China um die von Japan verwalteten Senkaku-Inseln gestritten, die auch von China beansprucht wurden. In der Nähe
des Archipels wurden von beiden Seiten zu Recht große Roh-
stoffvorkommen vermutet. Eine Eskalation drohte 2014, als
beide Länder an der Aufrüstung ihrer Flotte arbeiteten und
nicht dementierten, ihren Anspruch auf Senkaku auch mit
Gewalt durchzusetzen. Erst ein Regierungswechsel in Japan
unter Beteiligung der ökologisch-progressiven jüngeren Kräfte
neutralisierte die japanischen Ultra-Nationalisten, während
in China das Umdenken im Zusammenhang mit dem Plan des
Grünen Drachen stattfand und man immer stärker an international kooperativen Lösungen interessiert war. Am Ende
konnte ein Waffengang auch durch eine diplomatische Initiative der USA vermieden werden, die ihre Rolle als wichtigste
Importnation für die Waren beider Nationen zur Geltung
brachten. Schneller als erwartet hatte sich von da an in China
das Bild eines dauerhaft friedlichen Japans als grünem Ener-
giegaranten der chinesischen Wirtschaftsmacht etabliert. So
wurde aus dem immer schon energiearmen und deswegen oft
angriffslustigen und expansiven Japan ein Energieexporteur,
bei dem nun andere ihren Energiehunger stillen konnten. Offen blieb allerdings die Frage der dauerhaften und finanzier-
baren Verfügbarkeit der in Japan ebenfalls extrem knappen
nichtenergetischen Rohstoffe wie Metalle, seltene Erden und
wichtige Chemikalien.

Auch in dieser Frage begann, inspiriert durch die japanische

Energiewende, ein Umdenken, bei dem man sich die ebenfalls
rohstoffarmen Niederlande zum Vorbild nahm, die bereits
seit der Jahrtausendwende mit dem Umbau zu einer Cradle-
to-Cradle-Stoffstromökonomie begonnen hatten. Die Grundidee des von dem deutschen Chemiker Michael Braungart und
dem amerikanischen Architekten William McDonough entwickelten Cradle-to-Cradle(C2C)-Konzeptes, was auf Deutsch
so viel bedeutet wie »von der Wiege zur Wiege«, ist die Vision
einer abfallfreien Gesellschaft. Wie in den natürlichen Stoff-
stromkreisläufen, in denen die Abfälle und Zersetzungspro-
dukte des einen Organismus zu Nahrung und Baustoffen für
andere Organismen werden, es also keinen Abfall im Sinne
des modernen Zivilisationsmülls gibt, werden in einer C2C-
Ökonomie die Materialströme, die in die Produkte eingehen,
so konzipiert, dass sie nach dem Konsum möglichst vollständig in den Herstellungsprozess neuer Produkte einfließen
können. Alle Materialien befinden sich in einem idealerweise
völlig in sich geschlossenen Kreislauf, und der Verlust von
natürlichen Ressourcen wird gestoppt. Dies versprach angesichts der vielen Milliarden Tonnen hochwertiger Stoffe, die
zu Beginn des Jahrtausends weltweit jährlich auf Müllhalden
und in Verbrennungsanlagen landeten, einen bedeutenden
Entwicklungsimpuls für Umwelt und Ökonomie.

Als Anfang der 2020er Jahre ein nationaler Entwicklungs-
plan zum Aufbau einer in sich geschlossenen Stoffstromökonomie in Anlehnung an das niederländische Vorbild verab-
schiedet wurde, sah man in der japanischen Westküstenregion
zwischen Shinomaki und Fukushima sofort die darin verborgene Chance, die Region neu zu erfinden. Bereits 2022 war
Japan der *Pacific Cleanup Alliance* beigetreten, nicht zuletzt
weil ein guter Teil des jüngeren Zuwachses zum nordpazifi-
schen Müllfleck 2012 vom Tsunami ins Meer gespült worden

war. Wichtigster Grund aber wurde, dass es den Japanern gelungen war, von der Allianz den Zuschlag für die werkstoffliche bzw. rohstoffliche Aufarbeitung des eingesammelten Plastikmülls zu bekommen. So wurden die gesamten dazu benötigten Infrastrukturen von den beteiligten Partnern der Allianz gemeinsam finanziert. Die geographisch gut gelegene Shinomaki-Bai sollte zum Herzstück der neuen Aufarbeitungsökonomie werden, was einer enormen Wirtschaftsförderung der zerstörten Region gleichkam und somit auch die Allianz-Partner begrüßten. Doch der Pazifikmüll war nur der Anfang der Entwicklung. Gefördert durch nationale Mittel zur Entwicklung der Kreislaufökonomie, eingerahmt von nationalen rechtlichen Standards und Verordnungen und beschleunigt durch die ab 2020 weltweit rasant steigenden Ressourcenpreise, entstand in Japan ein Markt für materialwirtschaftliches Wissen, neue Designkonzepte, nachhaltige industrielle Verfahrensweisen und Produkte aus der Region. Ab 2025 wurde mit Universitäten, Forschungslaboren, Aufbereitungs-Infrastrukturen, Hafenanlagen und neuen Verkehrswegen die gesamte Region um Fukushima als nationale Cradle-to-Cradle-Modellregion neu erfunden. Von dort aus diffundierte das Modell ins ganze Land, so dass das geographisch kleine Japan sich heute zu einem der internationalen Stoffstromgiganten entwickeln konnte.

Zu einer weiteren japanischen Besonderheit entwickelte sich ab Ende der 2020er Jahre die maritime Cradle-to-Cradle-Industrie in Japan. Immer schon war Japan nach China und Südkorea einer der größten Schiffbaustandorte weltweit gewesen. Bereits Ende der 2010er Jahre wurde deutlich, dass die Zukunft des Landes im Wettbewerb mit der kostengünstiger produzierenden asiatischen Konkurrenz nur in der Entwicklung und Produktion technologisch sehr anspruchsvoller und hochwertiger Schiffe liegen konnte. Zunächst konzentrierten sich die Werften deswegen auf Spezialschiffe für den Tourismus, die Wissenschaft und die Offshore-Windenergieproduzenten sowie auf Spezialtanker für Flüssiggas, dessen Transport damals eine immer größere Rolle spielte. Dank dieser Spezialisierung war man sehr gut vorbereitet, den enormen Bedarf an Spezialtankern für den Transport von flüssigem Wasserstoff zu bedienen, der sich ergab, als Länder weltweit mit Hilfe von geo- und solarthermischen Anlagen Wasserstoff zu produzieren begannen. Island, Australien und verschiedene Golfstaaten und nordafrikanische Länder benötigten plötzlich eine Flotte sicherer Tanker, und der japanische Schiffbau war in der Lage zu liefern.

Zugleich begann man auch im Schiffbau – inspiriert durch die neu entstehende Kreislaufwirtschaftskultur – mit dem Design neuer Schiffstypen und Bauweisen zu experimentieren, die der Cradle-to-Cradle-Idee gerecht werden würden. Da man beim Schiffbau große Mengen an Stahl und anderer Metalle benötigt, deren Rohstoffe damals immer knapper und teurer wurden, waren die Werften interessiert, zusammen mit den Reedern neue Nutzungs- und Geschäftsmodelle zu entwickeln. Die Idee war einfach, aber folgenreich: Die Werften entwickelten leicht abzuwrackende und dabei möglichst vollkommen wiederverwertbare Schiffe. Diese blieben in ihrem Besitz und wurden den Reedereien für eine geplante Nutzungsdauer von mehreren tausend Betriebsstunden in einer Art Leasingverfahren zur Verfügung gestellt. Danach nahmen die Werften die Schiffe wieder zurück, zerlegten sie in ihren darauf spezialisierten Abwrackwerften und konnten die Rohstoffe gleich wieder als Ausgangsmaterialien für neue Schiffstypen verwenden. Je intelligenter das Design, desto geringer der Abwrackaufwand, desto günstiger die Rohstofflage.

Auch den Reedereien brachte der neue Ansatz weitreichende Vorteile, da sie sich nicht mehr mit dem teuren Abwrackverfahren auseinandersetzen mussten. In der Vergangenheit hatten sie ihre ausgedienten Schiffe meist unter neuen, falschen Namen in Indien, Bangladesch oder Pakistan an offenen Stränden unter skandalösen Arbeitsbedingungen für Dumpinglöhne entsorgen lassen. Viele der damals noch hochgiftigen Ausgangsstoffe wurden dabei ungesichert freigesetzt – mit schweren Folgen für die Gesundheit der Arbeiter und die Meeresökologie der betroffenen Küstenabschnitte.

Natürlich begannen bald auch die Werften anderer Länder mit dem neuen Ansatz zu experimentieren. So entstand ein intensiver Wettbewerb um neue Design- und Konstruktionsformen, was der Schiffbauwissenschaft weltweit zu neuer Blüte verhalf. Hinzu kam ein wachsender Bedarf an energiesparenden Schiffstypen. Die globale Schiffbauindustrie experimentierte mit modernster Segeltechnologie, neuen Rumpftypen und Antriebsformen, modularen Aufbaukonzepten und digitalen Steuerungstechnologien und erfand sich auf diese Weise Stück für Stück neu. Ganz wie der Autoindustrie und der Luftfahrtindustrie gelang es ihr auf diese Weise, die fossil-industrielle Phase hinter sich zu lassen. In einigen Ländern konnte sie sogar wieder ihre alte Rolle als Leitökonomie übernehmen, die sie schon einmal, zu Beginn des 20. Jahrhunderts, innegehabt hatte.

Monotonie in der Südsee – Durch den Stillen Ozean

Japan lag auf der Hälfte meiner maritimen Weltreise. Auf einem Linienschiff der Transasiana-Line trete ich den Heimweg durch den Indischen Ozean und das Mittelmeer an. Viele Jahre war diese Route nicht befahrbar gewesen, ich bin ge-

spannt auf den neu eröffneten Suezkanal. Die Reise von Japan
verläuft zügig und unspektakulär. Das Leben auf einem Linienschiff ist von einer wohltuenden Monotonie geprägt, die
nichts mehr mit dem Wellness- und Unterhaltungsterror der
früheren Kreuzfahrten zu tun hat. Ich habe die Zeit vor allem
zum Arbeiten genutzt. Meine kleine Kabine bietet standardgemäß alle dazu nötigen Infrastrukturen und Medienzugänge.
Sie ist hell, gut durchlüftet und absolut ruhig. Mein Tages-
ablauf besteht während dieser Reise aus Recherche- und
Schreibarbeit am Videoboard der Kabine, das mich mit der
ganzen Welt verbindet, unterbrochen von den Mahlzeiten in
der schlichten, aber guten Kantine und Spaziergängen an
Deck. Die frühen Abendstunden verbringe ich in der Sport-
abteilung, wo eine entspannte Kommunikationsatmosphäre
herrscht: Wer plaudern will, findet immer Gesprächspartner,
wer seine Ruhe haben will, dem wird sie gegönnt. Abrunden
lassen sich die Abende im bordeigenen Kino oder in der Bar.
Weitere Unterhaltungsangebote gibt es nicht – und niemand
vermisst sie!

Die warmen und ruhigen Nächte im Stillen Ozean verbringen etliche Passagiere an Deck. Die Crew hat nichts einzu-
wenden, wenn überall kleine Lager und Camps aus Matrat-
zen, Decken und Hängematten entstehen, solange ein paar
Grundregeln eingehalten werden.

Die Passagiere sind eingeladen, einmal während der Reise
die Maschinenräume zu besichtigen und auch sonst hinter
die Kulissen der Bordroutine zu schauen. Ich bin vor allem davon fasziniert, welchen Effizienzgrad die Skysail-Technologie
mittlerweile erreicht hat und wie die jeweiligen Windverhältnisse stets optimal ausgenutzt werden. Die Drachen werden
vollautomatisch gestartet, gesteuert und eingeholt. Unter Be-
rücksichtigung der Wetterlage, der Jahreszeit und der mete-

reologischen Vorhersagen wird die beste Route vor dem Wind berechnet. Das Schiff ist zusätzlich mit einem Flettner-Rotor ausgestattet, der bei günstigen Windverhältnissen eingesetzt wird. Einige der neuen Linienschiffe, die ich auf der Reise sah, nutzen die Flettner-Rotoren in Kombination mit einem unterstützenden Brennstoffzellenantrieb. Bei diesem Antrieb wird die in einem chemischen Treibstoff – heute meist Wasserstoff – gespeicherte Energie durch Katalyse in der Brennstoffzelle in Strom umgewandelt und dann für den Betrieb eines Elektromotors eingesetzt. In der Unterseeschifffahrt hatte die Brennstoffzelle bereits eine lange Tradition, bevor auch die Automobilindustrie und später die Schiffbauindustrie sie für sich entdeckten. Weil Brennstoffzellen ohne direkte Verbrennung und deswegen ganz ohne Vergaser, Generatoren, Turbinen, Kolben und andere Großmaschinen auskommen, ist im Maschinenraum nur ein Summen zu hören. Das ganze Schiff bewegt sich entsprechend ruhig, ohne das ständige Vibrieren und Erzittern des Schiffsrumpfes, das lange Seefahrten früher so nervenaufreibend machen konnte.

**Vom Zankapfel zum Peacemaker –
Per Schiff durch den neuen Suezkanal**

Durch den Golf von Aden fahren wir ins Rote Meer ein und bewegen uns entlang der gebirgigen Westküste Jemens und Saudi-Arabiens langsam nach Norden in Richtung Suezkanal. Da wir uns nah an der Küste halten, sind die solarthermischen Anlagen, Entsalzungspumpen und kleinen Verladehäfen für den Export von Wasserstoff und Frischwasser, die den Küstenstreifen säumen, sehr gut erkennbar. Ähnlich muss es auch an der Ostküste und in Teilen der großen inländischen Wüste aussehen. Seit einigen Jahren ist Saudi-Arabien neben

Australien einer der größten Produzenten von solarthermischer Energie weltweit. Der Strom wird für die Wasseraufbereitung, für die Wasserstoff-Elektrolyse und den Direktverbrauch genutzt. Während andere Länder bis heute oft große Mühe haben, das nötige Kapital für den Aufbau ihrer alternativen Energieversorgung aufzubringen, waren die Saudis klug genug, ihren natürlichen Ölreichtum rechtzeitig vor seinem Versiegen in den Aufbau einer alternativen Infrastruktur für die Nutzung ihres natürlichen Sonnenreichtums zu investieren. Auch die anderen Golfstaaten nutzen heute vor allem Sonnenenergie, die über dezentrale Versorgungsstrukturen für den eigenen Bedarf, für den Export und für den Betrieb einer neu aufgebauten Tourismuswirtschaft an den Küsten bereitgestellt wird.

Die Kraft der Sonne hat die geopolitische Lage der gesamten Region verändert und bis auf wenige Konflikte einen stabilen und dauerhaften Frieden möglich gemacht. Dabei war es nach der Zerstörung des Suezkanals lange Zeit nicht sicher, ob der Neuordnungsprozess der Region überhaupt gelingen konnte. Ein bis nach Suez mitreisender älterer Ägypter, mit dem ich vor einigen Tagen ins Gespräch kam, erzählte mir, welch ein tiefgehender, aber heilsamer Schock der Anschlag auf den Suezkanal für die gesamte Region des Nahen und Mittleren Ostens und Nordafrikas gewesen war. Trotz aller Drohungen und blutigen Konflikte in den 2010er Jahren hatte niemand erwartet, dass diese Grenze jemals überschritten werden würde. Als am 20. August 2018 tatsächlich eine kleine Nuklearwaffe die südliche Einfahrt in den Suezkanal verschüttete, wirkte das wie ein Fanal. Der Kanal war bis auf weiteres unbrauchbar, die nähere Umgebung kontaminiert. Dank vor dem Anschlag eingegangener Warnungen konnten die Menschen aus dem spärlich besiedelten Gebiet zwar rechtzeitig evakuiert, die Zündung des Sprengkörpers jedoch nicht mehr verhindert werden. Der Spekulationen gab es viele, doch bis heute lässt sich nicht mit Sicherheit sagen, woher die Bombe stammte und mit welchem politischen oder militärstrategischen Ziel sie gezündet wurde.

Die Folgen waren schlecht und gut zugleich. Schlecht waren die ökonomischen Auswirkungen auf die Ölmärkte, auf die Börsen und auf den globalen Warenverkehr, wo sie sich in einer empfindlichen Verteuerung niederschlugen. Alles Öl und alle Waren mussten nun so lange wieder den Weg um das Kap der Guten Hoffnung nehmen, bis die Arktis im Sommer weitgehend eisfrei blieb. Anderseits beförderte diese Situation den guten Willen, in der arktischen Region weitgehend zu kooperieren, um die Alternativrouten durch die Nordwest- und Nordostpassage möglichst ungehindert nutzen zu können. Im Winter musste man dennoch weiterhin um die afrikanische Südspitze fahren. Ein weiterer, mittel- und langfristig positiver Effekt war der Impuls für den Ausbau der regenerativen Energieversorgung weltweit, um unabhängig zu werden von dem nun noch teureren Öl.

Die wichtigste Folge aber war der Einigungswille, den die Bombe im Nahen und Mittleren Osten erzeugte. War die Bombe gelegt worden, um die Region politisch zu destabilisieren, so geschah für alle unerwartet das genaue Gegenteil. Bereits wenige Tage nach der Explosion trafen sich die Führer aller islamischen Glaubensrichtungen und radikalislamischen Bewegungen und Splittergruppen auf Einladung des saudischen Königshauses in Mekka. Saudi-Arabien war zu jener Zeit die einzige wirklich handlungsfähige Macht in der Region und militärisch in der Lage, ein solches Treffen zu schützen. Kurze Zeit später fand ein erneutes Treffen unter Hinzuziehung der Regierungschefs der Region statt. Alle arabischen

Staaten Nordafrikas und des Nahen Ostens, außerdem Israel, die Türkei, Iran, Irak, Afghanistan und Pakistan waren vertreten. In einem äußerst komplizierten und mehrfach vom Scheitern bedrohten, aber doch von ernsthaftem Einigungswillen getragenen, mehrmonatigen Ringen wurde in Konsultationen, Arbeitsgruppen und Gipfeltreffen ein Plan entwickelt, wie die Großregion dauerhaft zu befrieden sei.

Es ist ein offenes Geheimnis in der Geschichte der Außenpolitik, dass hinter dem geopolitischen Wandel des 19. und 20. Jahrhunderts, insbesondere im Nahen und Mittleren Osten sowie in Zentralasien, im Wesentlichen das Streben der Großmächte nach Zugang zu Energieressourcen stand. Die Entwicklung dieses zunehmend gewalttätigen Wettbewerbs der schnell wachsenden Industrienationen um den immer prekäreren Zugang zu fossilen Energiequellen führte vom sogenannten Great Game zwischen dem britischen Empire und dem Russischen Reich Ende des 19. Jahrhunderts, über die Erschaffung der arabischen Kunststaaten auf den Überresten des im Ersten Weltkrieg untergegangenen Osmanischen Reichs – wobei Grenzverläufe ohne Rücksicht auf die ethnisch-religiösen Gegebenheiten gezogen wurden – bis hin zum New Great Game um die Sicherung des Zugangs zum Erdöl in der Region um das Kaspische Meer. Mehr als ein Jahrhundert ökonomischer, politischer und sozialer Deformationen des Nahen und Mittleren Ostens wie auch Zentralasiens leisteten keinen geringen Beitrag zur Entstehung eines gesellschaftlichen Protestpotentials, das wiederum Nährboden islamistischen Terrors wurde und sicher auch zum historischen Hintergrund der arabischen Verwerfungen in den 2010er Jahren zu zählen ist. Eines der größten Probleme waren die gemäß westlicher Ölinteressen zugeschnittenen Kunststaaten, in denen Bevölkerungsgruppen und religiöse Orientierungen zusammengezwungen wurden, die nicht zusammengehörten und nicht zusammenfanden.

Die Trennung von ethnischen und religiösen Gruppen und die Zuordnung von autonomen, selbst verwalteten Lebensräumen spielte deswegen bei den Konsultationen eine zentrale Rolle. Von großer Bedeutung war auch die Bereitschaft Israels, nun doch einen unabhängigen palästinensischen Staat entstehen zu lassen. Die Arabische Liga entwickelte in den Monaten danach mit Unterstützung der Vereinten Nationen einen komplizierten Neuordnungsplan, der neben konkreten Siedlungsplänen massive finanzielle Investitionen in den Aufbau einer soliden wirtschaftlichen Grundlage der neu zu schaffenden Kleinstaaten vorsah. Der Aufbau von Anlagen zur dezentralen Erzeugung von Solarenergie, die Neuordnung des sicheren Zugangs zu Wasser in der Region – auch mit Hilfe von Wasserentsalzungsanlagen –, die Unterstützung beim Aufbau von landwirtschaftlichen Selbstversorgungsstrukturen und Investitionen in Anlagen für die maritime Landwirtschaft waren die wesentlichen Bestandteile des Plans. Am Ende des fast zwei Jahrzehnte dauernden, nicht leichten, aber schließlich erfolgreichen Umbaus der Region stand vor heuer acht Jahren die Neueröffnung des mit Hilfe der Vereinten Nationen und der Weltbank erweiterten und modernisierten Suezkanals. Die Region brauchte den Kanal als Transportweg für Waren, Trinkwasser, landwirtschaftliche Erzeugnisse, regenerativ erzeugten Wasserstoff und als Zugang für Touristen. Die Weltwirtschaft benötigte ihn für den internationalen Personen- und Gütertransport zu Wasser.

Die Passage durch den fast 200 Kilometer langen, auf beiden Seiten von Feldern und hügelloser Wüste gesäumten Kanal ist monoton – und doch für mich und alle Mitreisenden aufgrund der Historie ein bewegender Moment.

Neue Blütezeit im Mittelmeer:
Das mediterrane Großlabor der Meeres-Landwirtschaft

Von Suez aus nimmt unser Schiff den kürzesten Weg durch
das Mittelmeer zur Meerenge von Gibraltar. Es sind auffal-
lend viele kleine Fischkutter unterwegs, was damit zusammenhängen mag, dass die lange Sperrung des Suezkanals im
Verbund mit einem Abkommen der Mittelmeeranrainerstaa-
ten zur Regulierung des Fischfangs den Beständen sehr gut
bekommen ist. Im Mittelmeer wird heute eine nachhaltige
Fischerei betrieben, die großen schwimmenden Fischfabriken
sind schon lange verboten. Um der nach wie vor hohen Nachfrage gerecht zu werden, hat neben der Kleinfischerei die
Fischzucht in Aquafarmen an fast allen geeigneten Küstenabschnitten rund um das Mittelmeer einen enormen Bedeutungs-
zuwachs erfahren. Die Farmen werden in moderner Netzgehe-
gezucht ohne Pestizid- und Medikamenteneinsatz betrieben.
Auch die Austern-, Shrimp- und Muschelzucht spielt eine
wichtige Rolle für die Erzeugung von hochwertigem Eiweiß
für die Weltbevölkerung. Die Futtermittel für die Aquafarmen stammen meist aus Algenfarmen, die vor allem in Nordafrika, Spanien und der Türkei eine große Bedeutung als wirtschaftlicher Entwicklungsfaktor gewonnen haben.

Es gibt vier zentrale Verwendungszwecke für die Produkte
der Algenlandwirtschaft. Erstens die hochwertigen Algen zur
Nahrungsergänzung für den Menschen, die einen Teil der
weltweit verbrauchten tierischen Proteine substituieren. Hinzu kommen wichtige Spurenelemente, Mineralien und Vita-
mine. Zweitens die Algenproduktion für die Fisch- und Mu-
schelfarmen, drittens die Algenproduktion für die Erzeugung
von Biotreibstoffen in Form von Biodieselkraftstoffen, Etha-
nol bzw. Methan, und viertens die Verwendung für pharma-

zeutische Zwecke, Wellness-Anwendungen und Kosmetik.
Je nach Zweck und Güteanforderung werden die Algen auf
unterschiedliche Art und Weise angebaut. So gibt es in Nordafrika Algenfarmen im Wasser, in riesigen, flach angelegten
Teichanlagen an Land und in hochwertigen gewächshausarti-
gen Tanks mit Röhrensystemen. Die Algenfarmen sind heute
nicht nur ein zentraler ökonomischer Faktor der Mittelmeerregion. An Energie benötigen sie nur die reichlich vorhandene
natürliche Kraft der direkten Sonneneinstrahlung, weshalb
mit geringen Investitionen hohe Erträge erzielt werden können. Sie sind auch eines der wichtigsten Instrumente gegen
den Klimawandel, da die Algen für ihr Wachstum als Nähr-
stoff vor allem CO_2 benötigen, das ihnen direkt aus CO_2-pro-
duzierenden Industrien zugeführt oder aus der Atmosphäre
gefiltert wird. Im Vergleich zum Beginn dieses Jahrhunderts
hat sich die Mittelmeerregion sehr verändert. Traditionell war
die Region immer schon wenig industriell und mehr land-
wirtschaftlich geprägt war. Mit dem Tourismus wuchs seit
Mitte des 19. Jahrhunderts der Dienstleistungssektor heran,
der seit der Entfaltung des Massentourismus in der Zeit nach
dem Zweiten Weltkrieg zur wichtigsten ökonomischen Säule
der Region geworden ist. Als mit den unmenschlichen Temperaturen, die seit den 2020er Jahren den Sommerurlaub
praktisch unmöglich gemacht haben, der Tourismus in wichtigen Segmenten wegbrach und die Landwirtschaft unter der
sich immer weiter verschärfenden Wasserknappheit zu leiden
begann, sah es eine Zeitlang düster um Südeuropa aus. Die
gut ausgebildeten Fachkräfte verließen ihre Heimat in Richtung der reicheren nordeuropäischen Länder, die schlechter
ausgebildeten Arbeiter und Angestellte in Landwirtschaft,
Fischerei und Tourismus blieben zurück. Zugleich drängten
die jungen Armutsmigranten aus den schnell wachsenden

nordafrikanischen Gesellschaften über das Mittelmeer, weil sie zu Hause keine Arbeit fanden. Die Wende zu einer neuen Blütezeit brachte erst die Rückbesinnung auf den pfleglichen Umgang mit den Reichtümern des Meeres und der großformatige Ausbau der Algenproduktion. Die Europäische Union investierte seit Beginn der 2020er Jahre große Summen, allerdings nicht nur aus den laufenden Haushalten, sondern aus einem neu aufgelegten Mittelmeer-Klimafonds, der aus dem sogenannten Algenpfennig finanziert wurde. Denn der großformatige Algenanbau weckte bei den Klimawissenschaftlern so große Hoffnungen auf einen positiven Klimaeffekt, dass sie mit ihren überzeugenden Argumenten politische Unterstützung für die neue Abgabe fanden. Auch wurde der Algenpfennig nur für eine begrenzte Zeit zusätzlich zur Mehrwertsteuer erhoben. Da lediglich eine Initialfinanzierung zum Aufbau der Farmen in Nordafrika und Südeuropa nötig war und der Betrieb der Farmen sich dann alsbald sehr gut selbst finanzierte, war der Widerstand gegen den Algenpfennig begrenzt und politisch handhabbar. Zeitgleich, so sah es das Gesamtkonzept vor, wurde der Aufbau von Aquafarming-Anlagen sowie Aufbereitungs- und Transportinfrastrukturen für Algenprodukte in Südeuropa massiv subventioniert. Nach den Einbußen im Tourismus und in der extensiven Landwirtschaft wurde jetzt die maritime Kreislaufwirtschaft zum wichtigsten Stabilitätsfaktor des Mittelmeerraumes, und die maritimen Proteine, Algenprodukte und Biotreibstoffe waren ihre wichtigsten Erzeugnisse. In Nordafrika waren die Algenfarmen der Anschub für eine sich selbst tragende Entwicklung, bei der neben dem Aquafarming vor allem kleine und dezentral angelegte solarthermische Anlagen für Energie und sauberes Wasser sorgten und als regionale Entwicklungskerne wirkten.

Vor Gibraltar fahren wir unter der heute längsten Brücke der Welt hindurch, die leicht und majestätisch zugleich circa zwanzig Kilometer Meerenge überwindet. Diese Brücke ist das stärkste Symbol für den Aufbruch der Mittelmeerregion in eine neue Blütezeit geworden. Sie steht dort, wo früher die Boatpeople an den Grenzen der Festung Europas abgewiesen wurden, wenn sie die gefährliche Reise überlebt hatten. Heute herrscht das Bewusstsein vor, dass Nordafrika, Südeuropa und der Nahe Osten zusammengehören, wie sie schon seit den Zeiten der großen mediterranen Seevölker zusammengehört haben. Dieses maritime Großlabor wird seine klimaschützenden, nahrungspendenden und Sicherheit gewährenden Segnungen auch in der Zukunft nur als gemeinsamer Kulturraum garantieren können.

Im Atlantik folgt unser Schiff nun den Küsten von Portugal, Spanien und Frankreich bis zu einem Zwischenstopp in La Rochelle. Seit wir uns auf dem Atlantik befinden, herrscht rauere See. Das Wetter ist schlecht, wir verbringen die meiste Zeit unter Deck. Das schäumende Wasser und der peitschende Wind sind extrem energiegeladen, und folgerichtig ist die gesamte Küstenlinie von Sagres bis Brest gesäumt von Wellenenergieanlagen und Windkraftparks, die mit der enormen Kraft der Atlantikdünung und der steten Winde den größten Teil zur Energieversorgung dieser Länder beisteuern. Zusammen mit Energieimporten aus den solarthermischen Kraftwerken in Südspanien und Portugal kann heute selbst der ehemalige Atomriese Frankreich vollständig auf Nuklearenergie verzichten. Als wir in La Rochelle einlaufen, bin ich überwältigt von der Größe dieses Hafens. Von hier aus wird heute fast der gesamte transatlantische und transarktische Schiffsverkehr Frankreichs abgewickelt. Vor allem die großen Passagierlinien sind hier angesiedelt, während Bordeaux sich auf den Umschlag von Gütern spezialisiert hat. Außerdem schlägt in La Rochelle das Herz des französischen Schiffbaus, und auch der Ausbau und die Wartung der Wellenkraftanlagen und Offshore-Windkraftparks werden von hier aus gesteuert. Früher stand La Rochelle im Schatten des schicken Bordeaux. Mit dem Boom der maritimen Wirtschaft und der regenerativen Energiesysteme ist die Stadt geradezu explodiert, ist wieder so lebendig, modern und weltoffen geworden wie zu ihrer Blütezeit als mittelalterliche Hansestadt.

Maritime Architektur –
Wie die Holländer auf dem Wasser leben

Was macht man, wenn die Hälfte des Landes unter dem Meeresspiegel liegt und der Meeresspiegel zu steigen beginnt, möglicherweise um bis zu 1,4 Meter bis zum Ende dieses Jahrhunderts? Man zieht in schwimmende Häuser und baut amphibische Städte. So, wie es die Bewohner der Niederlande tun.

Der letzte Reiseabschnitt führt nach Holland, wo die Fahrt mit der Transasia-Linie im Hochseehafen von Rotterdam endet. Von hier aus mache ich mich mit einem Küstenhopper auf den Weg in die benachbarte Hauptstadt. Die Küstenhopper sind Linienschiffe entlang der niederländischen Küste, die einen großen Teil des öffentlichen Verkehrs in den Regionen bewältigen, die regelmäßig zu Überschwemmungsgebieten werden. Hier ist es nicht mehr finanzierbar, die Schieneninfrastrukturen und Bahnhöfe nach jedem Hochwasser wieder instand zu setzen. Amsterdam ist eine der Pionierstädte der maritimen Architektur. So in der Vergangenheit und heute erst recht. Schon immer mussten sich die Holländer mit dem Meer auseinandersetzen. Ein altes niederländisches Sprich-

wort besagt sinngemäß, der Herrgott hätte jedem Volk ein
Land gegeben, nur den Holländern wies er eines zu, das sie
erst noch dem Meer abtrotzen mussten. Der daraus erwach-
sene amphibische Erfindergeist und Einfallsreichtum kommt
den Holländern heute zugute, da sie vor zwei großen Herausforderungen stehen: dem Raumdruck, den die stetig wachsende städtische Bevölkerung erzeugt, und dem Wasserdruck,
der sich aus den immer höheren Wasserständen ergibt. Am
größten ist Letzterer im Mündungsgebiet von Maas und Rhein
sowie im Ijssel- und Markermeer, wo mehr und mehr bislang
sicherer Siedlungsraum verlorengeht. Von der Anlegestelle
der Küstenhopper fahre ich direkt zum Ijssel- und Markermeer, die als schützende Binnengewässer vor den Hafenanlagen Amsterdams liegen. Hier haben die verrückten Holländer ein neues Venedig entstehen lassen, gleich eine ganze
schwimmende Stadt, die weltweit zur Stil-Ikone für eine
klimaresiliente Stadtentwicklungspolitik geworden ist und
Heerschaaren von Stadtplanern und Architekten aus allen
Teilen der Welt anzieht, die gleichermaßen vom steigenden
Meeresspiegel betroffen sind.

Die schwimmende Siedlung hat im südöstlichen Teil des
Markermeers vor der Küstenlinie zwischen Almere und
Lelystad Wohnraum für 100 000 Menschen geschaffen. Eine
weitere Siedlung ist im westlichen Ijsselmeer vor der Küste
zwischen Lemmer und Urk geplant. Die meisten Siedlungen
in den niederländischen Hochwassergebieten sind auf festem
Grund gebaut: Die mit Schwimmkörpern in Form von was-
serdichten und hohlen Betonwannen ausgestatteten Häuser
ruhen bei Niedrigwasser auf ihrem Fundament und steigen
bei Hochwasser entlang von Stahlpfeilern mit dem Wasser-
pegel in die Höhe. Das Besondere an den neuen Siedlungen im
Marker- und Ijsselmeer ist jedoch, dass sie tatsächlich immer

schwimmen. Auf großen Pontons sind im Markermeer mehr-
geschossige Häuser in Blockrandbebauung aufgerichtet. Die
Ver- und Entsorgungsleitungen sind sämtlich unter Wasser
verlegt. Hauptsächlich per Schiff wird der Verkehr über sechs
einander im rechten Winkel überschneidende Hauptgrachten
abgewickelt. Außerdem läuft entlang jeder Gracht ein Fahr-
radweg. Autos sind nicht zugelassen, nur die kleinen Elektro-
leichttransporter für Umzüge, Warenanlieferungen und Not-
einsätze, soweit diese nicht auch über das Wasser abgewickelt
werden können.

Die Nähe zum Wasser erzeugt eine völlig neue, leichte
urbane Stimmung. Überall finden sich kleine schwimmende
Grünanlagen mit Schwimmbädern und Sportanlagen, phan-
tasievoll gestaltet mit Spielplätzen, Cafés und Restaurants.
Viele Bewohner haben in der Nähe ihrer Wohnung ihr eigenes Boot liegen, auf dem sie sommers die Abende und Nächte
verbringen. Spazier- und Joggingstrecken ziehen sich in aben-
teuerlichen Holzkonstruktionen auf mehreren Ebenen zwischen den Wohnblöcken und an der Außenkante der Siedlung – mit Blick auf das offene Binnenmeer – entlang, und
eine Seilbahn über der mittleren Hauptgracht dient neben
dem Warentransport auch touristischen Zwecken. Wie auf
einem großen Abenteuerspielplatz scheinen die Architekten
hier ihre wildesten Bauphantasien ausgelebt zu haben. Und
doch funktioniert alles auf technisch höchstem und sicherem
Niveau.

Nach wenigen Stunden in Ijsselstad beschließe ich, hier-
zubleiben und mir eine Wohnung zu suchen. Auf den ersten
Blick habe ich mich in diese Wohnform verliebt. Nach all
den Monaten auf dem Schiff begreife ich erst hier, wie viele
Antworten auf die aktuellen Probleme der Menschheit im
maritimen Raum liegen. Das Leben kommt aus dem Meer,

und hier liegt auch unsere Zukunft: in einem zivilisierten und zugleich mutigen Umgang mit den noch vielfach unentdeckten Potentialen, die der maritime Lebensraum zu bieten hat.

Prora – Von der Volkserholung zum Ferienlabor
Notizen von Peter Fischer

25. Juli 2043
Zurück vom Morgenbad in der Ostsee. Eine fünfhundert Meter lange Wasserrutsche führt vom Dach meines Apartmentgebäudes im siebten Stock direkt ins Wasser. Handtuch und Bademantel habe ich in einer wasserballgroßen Kunststoffkugel verpackt, die zur Ausstattung jeder Ferienwohnung gehört. Man lässt sie vor dem Start in einer schlichten Rollbahn aus Drahtgeflecht, die unter der Rutsche angebracht ist, nach unten rollen und nimmt sie dort nach dem Baden aus einem Hochregal wieder in Empfang, dessen Fächer mit digital angezeigten Nummern markiert sind. Heute war ich laut des automatischen Zählwerks über dem Einstieg der Rutschgast mit der Startnummer zwanzig, und im Regalfach mit dieser Nummer lagen dann unten auch meine Sachen. Ein schlichtes, aber effizientes System.

Wie die meisten anderen Sommergäste steige ich fast jeden Tag in Badehose aufs Dach, rutsche, schwimme ein wenig und bringe mir auf dem Rückweg frische Brötchen mit, die klugerweise direkt an der Promenade auf dem Rückweg zum Hotel verkauft werden. Ihr Preis wird automatisch über den digitalen Zugang meiner Smartwatch abgerechnet, genau wie alle anderen Einkäufe, Restaurantbesuche, die Pommes und das Eis am Strand oder die verschiedenen Verkehrsmittel. Am Ende des Urlaubs bezahle ich alles in einer Gesamtrechnung.

Den Besitzern der Geschäfte und Betriebe, die ich besucht habe, wird ihr entsprechender Anteil an der Summe automatisch überwiesen. Dauert der Urlaub länger, wird zwischendurch eine Abschlagzahlung vorgenommen, damit die Dienstleister nicht zu lange in Vorkasse gehen müssen. SeamlessHoliday nennen die Betreiber dieses Bezahlsystem, das mittlerweile fast an der gesamten Ostseeküste und auch in vielen anderen Ferienregionen eingerichtet worden ist. Es vereinfacht den Urlaub extrem, schützt vor Stranddieben und lässt die Gäste natürlich auch nicht auf den Cent schauen – zur Freude der ansässigen Unternehmen! Und wer seine Ausgabe doch im Blick behalten will, kann sich die Tages-, Wochen- oder Gesamtzwischensumme jederzeit auf der Smartwatch anzeigen lassen.

26. Juli 2043
Mit der Aufwach-Rutsche beginnt jeder Tag in Prora mit einem kleinen Spaß. Und so verbinden in der gesamten Ferienregion Rügen etliche Einfälle das Angenehme mit dem Nützlichen. Ein weiteres Beispiel ist die Strandseilbahn. Sie führt jeweils vier Kilometer nach Norden in Richtung Sassnitz und vier Kilometer nach Süden in Richtung Binz und erschließt damit den gesamten riesigen Sandstrand der weitläufigen Bucht des Prora Wiek.

Nach dem Frühstück habe ich mich für eine Fahrt mit der Seilbahn in Richtung Binz entschieden. Vor dem Apartmenthaus bin ich in einen der niedrighängenden Sessel der Bahn gestiegen, die so langsam fährt, dass man überall entlang der Strecke ein- und aussteigen kann. Alle vier Meter ist ein Einzelsitz an dem waagrecht geführten Trageseil angebracht, alle acht Meter ein Doppelsitz für Pärchen und alle zwölf Meter eine schlichte Gondel für vier- bis fünfköpfige Familien. Ne-

ben jedem Sitz hängt ein Seil, an das mit einem einfachen
Schnellverschluss zum Beispiel ein Kinderwagen oder einer
der leichten Strandwagen angehängt werden können, die
ebenfalls zur Standardausstattung der Ferienwohnungen gehören. Da der Boden unter der Seilbahnstrecke ganz eben und
gepflegt ist, rollen die angehängten Wagen leicht und sicher
hinter den Gondeln her.

An meiner Lieblingsstelle am Strand ausgestiegen. Bezahlt
wird pro gefahrenem Streckenabschnitt wieder über die Smartwatch. Die Gondel fährt weiter. Immer im Kreis von Binz
nach Sassnitz und wieder zurück, ist sie von morgens um sieben bis nachts um zwei Uhr in Betrieb. Angetrieben wird sie
von starken Elektromotoren, die das Tragseil an den Enden
der Strecke und an einigen Stationen dazwischen gleichmäßig
vorantreiben. Die Seilbahn ist Teil des Mobilitätskonzeptes
der Insel, mit dem Rügen in den vergangenen Jahren nahezu
vollständig autofrei geworden ist. Bis auf wenige Elektrofahrzeuge für logistische Zwecke und Notfälle kommt man hier
hervorragend ohne Autos zurecht. Eine der witzigsten Er-
scheinungen dieser experimentellen Mobilitätskultur sind die
sogenannten LogBalls (kurz für: logistische Kugeln), eine Art
Trägerkugeln, von denen gerade wieder eine am Strand an mir
vorbeigerollt wurde. Drinnen saßen zwei Kinder mit Strand-
gepäck, die von ihrem Vater wie in einem großen Ball vor sich
hergeschoben wurden. Die Kugeln bestehen aus einem leicht
federnden und durchsichtigen, biologisch abbaubaren Kunststoff. Durch eine genial einfache, aber wirkungsvolle Aufhän-
gung mit Innenrollen ist es möglich, in der Mitte der Kugel
ein Gewicht von bis zu 60 Kilogramm sicher in einer stabilen
und aufrechten Position zu verwahren, während das Äußere
der Kugel sich dreht und die Unebenheiten des Bodens abfe-
dert. Man transportiert damit – zunehmend nicht nur im Ur-

laub – Gepäck, Einkäufe, Kinder und Haustiere, die in der Kugel geborgen und geschützt sind vor Wind und Wetter. Auf der Weite des Strandes funktionieren diese Kugeln mit ihrer großen Oberfläche natürlich besonders gut. Aber man begegnet ihnen auch im Städtetourismus oder bei Wanderungen in den Mittelgebirgen. Dort sind die Kugeln dann an zwei Seiten als Schutz vor dem Gefälle bei Bergabwanderungen mit einer Sicherungsleine am Körper der Schiebenden fixiert und deswegen nicht mehr in alle Richtungen flexibel beweglich.

Von meinem Platz am Strand aus ist die ganze gewaltige Größe des *Prora International Seaside Resort* zu überblicken, das sich in leichter Krümmung fast fünf Kilometer auf dem hügeligen Kamm der schmalen Heide der Prorabucht entlangzieht. Nach vielfältigen Umbauten und Modernisierungen beherbergt der Komplex ehemals baugleicher Häuserblocks heute Hotels, Apartmenthäuser, Lofts, Hostels und eine Jugendherberge. Mit seinen Restaurants, Geschäften, dem Einzelhandel, den Kindergärten, dem Spaßbad und den Sportstudios ist Prora eine kleine kompakte Stadt.

Für ganz unterschiedliche Zielgruppen werden rund ums Jahr alle möglichen Angebote gemacht: Von Wellness in den unterschiedlichsten Preisklassen über Ostsee-Kulturevents und Business-Fortbildungen bis hin zur Surfer-Idylle für das Backpacker-Milieu und schlichtem Familienurlaub findet sich alles im Angebot. Obwohl ganz unterschiedliche Beherbungs- und Gastronomiebetriebe Prora gemeinsam bewirtschaften, verfügt das gesamte Resort einschließlich der nahen Siedlungen für das Servicepersonal und die Saisonkräfte über ein einheitliches Energie- und Ressourcenmanagement in der Hand eines einzigen Anbieters. Da die Ostseeküste im deutschlandweiten Vergleich an der Spitze der jährlichen Sonnenscheindauer steht, ist es nicht überraschend, dass Prora zusätzlich zur Energieeffizienz auch auf Solarenergie setzt. Das ganze Gebäude leuchtet deswegen weithin im strahlenden Weiß aufstreichbarer Solarzellen auf Basis von Nanopartikeln aus Titandioxid. Der Vorteil dieser Farbstoff-Solarzellen, die ähnlich wie das Chlorophyll in Pflanzen funktionieren, ist, dass sie auch dann äußerst effizient sind, wenn die Sonneneinstrahlung durch Nebel oder Wolken gedimmt ist. Auf den Dächern finden sich zusätzlich solarthermische Panels und einige wenige Photovoltaik-Anlagen, und im Keller stehen für die Winterzeit eine Brennstoffzellenanlage und ein Blockheizkraftwerk bereit.

Dank mehrerer Faktoren konnte sich Prora seit einigen Jahren als internationales Vorzeigeprojekt des nachhaltigen Massentourismus etablieren. Als externe Faktoren können das intelligente Mobilitätskonzept der Region und die effiziente Anreiseorganisation mit Luftschiffen, Nachtzugkurswagen und Schiffen aus dem gesamten baltischen Raum gelten. Intern fallen das Arbeitsplatzpotential, die Nachfragemacht nach regionalen Erzeugnissen und die enormen Investitionen des Seebades in die Verbesserung der Ostsee-Ökologie und der Wasserqualität ins Gewicht. Es ist letztlich eine schöne Ironie der Geschichte, dass sich in dem ursprünglich für arische Kraft-durch-Freude-Volksgenossen konzipierten Seebad am Ende bunte Völker aus aller Herren Länder tummeln, wenngleich der Grund für ihr Kommen weniger schön ist: In ihren eigenen Ländern sind die Sommer des Klimawandels wegen schlichtweg zu heiß geworden.

Essayskizze: Die weite Ferne so nah –
Wie Nordeuropa zum Ferienland wurde

27. Juli 2043
Wieder mit Sessellift und Notizbuch an meine Lieblingsstelle
am Strand gefahren.

Prora ist ein besonderer Ort mit einer besonderen Geschichte.
Zugleich ist es ein Beispiel für die gewaltige Umwälzung, die
sich in Europas Tourismuswirtschaft abgespielt hat. Seit dem
zweiten Drittel des 20. Jahrhunderts war die Urlaubsreise
so eng mit dem Fliegen in die Ferne verknüpft, dass die Bild-
assoziationstests der Marktforschungsinstitute selbst bei ganz
kleinen Kindern als erstes und wichtigstes Gedankenbild im
Zusammenhang mit der Ferienreise das Bild eines Flugzeugs
fanden. Heute ist das anders. Mindestens ebenso häufig werden Verknüpfungen zur Eisenbahn, zum Luftschiff und zum
Fahrrad hergestellt. Das heißt, die Fernreise hat noch ihre Bedeutung in den Urlaubskonzepten der Verbraucher, aber bei
weitem nicht mehr die Monopolstellung von einst. Grund
dafür ist zum einen eine kluge Angebotspolitik der Bahnen,
der Passagierschifffahrt und der Luftschifflinien, zum anderen eine nationale und europäisch abgestimmte Tourismus-
strategie, die nicht nur aus Gründen der Ressourcenteuerung
rechtzeitig wieder auf mehr Nähe gesetzt hatte.

Ein ganzes Bündel von Entwicklungen hatte um 2020 her-
um dazu geführt, dass der Fernreisetourismus in die Krise
schlidderte: allem voran die Preisentwicklung für fossile
Treibstoffe und die zunehmenden Sicherheitsprobleme in
den Ferienregionen, die sich im Verbraucherverhalten nieder-
schlug. Hinzu kamen die Hitze- und Dürresommer Anfang
der zwanziger Jahre. In den klassischen Feriengebieten im

Mittelmeerraum war es zur Hauptsaison im Sommer nicht
mehr auszuhalten. Dauerhafte Temperaturen um 40 Grad
und Wasserknappheit machten den Regionen zu schaffen.
Wasser wurde so knapp und damit teuer, dass die Anbieter die
Preise extrem anheben mussten und der ehemals so billige
Strandurlaub durch die Hintertür wieder zu einer elitären
Angelegenheit wurde. Mancherorts entstanden in einer Übergangszeit Wassersparbilligangebote, bei denen den Reisenden
für die gesamte Urlaubszeit nur ein bestimmtes Wasserkon-
tingent zur Verfügung gestellt wurde. Je weniger man ver-
brauchte, desto günstiger wurde der Urlaub. Das führte zu ab-
surden Situationen – von Hygieneproblemen in den Fliegern
durch Urlauber, die allzu sehr an Wasser gespart hatten, bis
hin zu morgendlichen Waschritualen am Strand mit Meer-
wasser. Hitze, Wasserknappheit, sozial unsichere Lagen in den
Ferienregionen Südeuropas und stark steigende Flugpreise –
all das zusammen brachte die Reiseanbieter zum Nachdenken
und letztlich zu der Entscheidung, wieder stärker auf die Nähe
zu setzen. Es war die TUI, die sich an die Spitze der Bewegung
setzte. Sie brachte alle großen Spieler der Tourismuspolitik an
einen Tisch und moderierte den Zukunftsprozess so, dass den
Beteiligten die mittel- und langfristigen Vorteile stärker zu
wiegen schienen als das Risiko, das mit dem Betreten neuer
Pfade verknüpft war. Die neue nationale Tourismusplattform
brachte das Bundes- und die Landeswirtschaftsministerien,
die Vertreter der großen deutschen Tourismusregionen an der
See, in den Mittelgebirgen und in den Alpen, die Vertreter
nahe gelegener Urlaubsregionen in Dänemark, in den Niederlanden, in Osteuropa und in der Alpenregion und schließlich
auch die Mittelständler der Reisebranche an einen Tisch.
   Die Vertreter der deutschen Mittelgebirge witterten sofort
ihre Chance, mit einer zumindest teilweise staatlich unter-

stützten Modernisierungsinitiative den Muff der siebziger Jahre auszutreiben und mit breitgefächerten Angeboten viele neue Zielgruppen anzusprechen. Eine wichtige Rolle spielten dabei die Verkehrskonzepte der Regionen und die Möglichkeit einer reibungslosen Anreise. Heute kommen viele Urlauber mit der Bahn an, gerne im gut ausgebauten Nachtzugsystem. Vor Ort nutzen sie die umfassende Radwegeinfrastruktur, Elektroleihwagen, Elektro-Scooter und Elektrofahrräder, Solar-Elektroboote, Segways, mechanische Exoskelette, Sprungstiefel und sogar kleine Elektro-Leichtflugdrachen, um sich fortzubewegen. In den gebirgigen Feriengebieten sind außerdem technisch aufgerüstete Wanderstöcke der Renner. Mit digitaler Navigation, integriertem Regenschirm und Refill-Gadget für Wasser oder Bier haben sie schon so manchen Wanderer vor Ungemach bewahrt. Hinzu kommen außerdem eine kostengünstige Hol- und Bringlogistik für das Gepäck. Auch die vielfältigen Versorgungsmöglichkeiten der Urlauber jenseits der All-inclusive-Angebote, die schon lange nicht mehr mit den immer differenzierteren Konsummustern und Ernährungsgewohnheiten mithalten konnten, die neuen spannenden Konzepte zur Thematisierung der jeweiligen Regionalkultur und die künstlichen Sandstrände zum Baden an vielen Gewässern der Mittelgebirge wirkten so gut zusammen, dass die Nachfrage nach regionalen Urlaubsangeboten enorm anstieg.

Es gibt weiterhin genug Wasser in Nordeuropa, die energiepreisbedingten Reisekosten bleiben überschaubar, und überdies profitiert Nordeuropa in allen Regionen von genau dem Zuwachs an Wärme und Sonne, mit der der Klimawandel in der Mittelmeerregion Erholungsurlaube nahezu unmöglich macht. Die berühmte Mittelmeerküste von Cassis bis La Spezia ist als Urlaubsdestination von der sogenannten Nord- und

Ostseeriviera in Holland, Norddeutschland, Dänemark und
Polen abgelöst worden. Günstige Windenergie, gutes Wetter,
Sand und hervorragende Wasserqualität sprechen für sich.
Natürlich wird auch weiterhin in die Ferne gereist. Aber es
sind meist wohl überlegte, lang geplante und häufig durch
zwischengeschobene Arbeitsaufenthalte oder bezahlte Tä-
tigkeiten an Bord finanzierte Reisen per Schiff und Luftschiff. Und immer mehr Menschen ziehen heute Bildungs-
und Kulturreisen, verbunden mit Wellness-Zwischenstopps,
dem schnellen Sonnen- und Stranderlebnis sogar vor.

»Sanfter Tourismus«

Während an der Küste große Ferienanlagen und ökologischer
Massentourismus das Bild beherrschen, überwiegt im Kü-
stenhinterland, in der Heide und an den Mooren der sogenannte sanfte Tourismus, der die Anziehungswirkung von regionalen Kulturlandschaften mit dem nachhaltigen Bestreben
verknüpft, diese Landschaften und die damit verbundenen
Traditionen zu schützen. Die Förderung der lokalen Architektur, kleiner landwirtschaftlicher Betriebe und des Anbaus traditioneller Produkte sind für den sanften Tourismus zu lei-
tenden Konzepten geworden. Weiter Horizont, kleinräumige
Bewirtschaftung, schafbeweidete Deiche und pittoreske Fi-
scherhäfen sind die Markenzeichen, auf deren Bewahrung
großer Wert gelegt wird. Sanfter Tourismus wird heute mit
Bildung und Erlebnis, Wellness- und Gesundheitsangeboten
verknüpft. In den Sektoren Gesundheitswirtschaft und Tourismus sind heute viele Teilzeitangestellte beschäftigt. Das
hochwertige Lebensumfeld in den Regionen des sanften Tourismus führt dazu, dass junge Familien zuwandern und vor
Ort verschiedene Erwerbsmöglichkeiten flexibel kombinie-

ren. Möglichkeiten für Teilzeitbeschäftigung bestehen auch für Senioren, die sich besonders häufig in der Tourismusbranche engagieren.

In leichtem, warmem Sommerregen im Sessellift zurück nach Prora. Ein letztes Mal mit der Wasserrutsche vom Dach. Morgen an die Atlantikküste, Recherche zu künstlichen Ferieninseln in Frankreich.

Die schwimmenden Ferieninseln

30. Juli 2043
Weiß und gravitätisch wie ein Eisberg unter der strahlenden Sonne und größer als drei Flugzeugträger schiebt sich der schwimmende Koloss vor den Horizont, als wir uns mit dem kleinen Wassershuttle langsam nähern. Mein erster Besuch auf der künstlichen Ferieninsel namens *Rhodos,* die momentan vor der nordfranzösischen Küste südlich der Belle Isle im Ozean liegt. Die Schwesterninseln *Korsika* und *Mallorca* befinden sich nach meinen Recherchen im Augenblick vor der nordafrikanischen Atlantikküste beziehungsweise in der Nähe von Lissabon. Welcher Witzbold auch immer den Inseln die Namen von drei der bedeutendsten Ferienziele der Mittelmeerregion im 20. Jahrhundert gegeben hat, er hat es wahrscheinlich sogar ernst gemeint und aus Marketinggründen an den Klang der alten Lockrufe anknüpfen wollen. Angesichts der eher traurigen Situation der echten Inseln in den Sommermonaten eine recht geschmacklose Idee. Dennoch wirksam, denn die schwimmenden Inseln sind der Renner in der Tourismusbranche.
Die drei Inseln werden von einem europäischen Konsor-

tium betrieben, dem neben einigen großen Reiseanbietern auch zwei Werften und zwei Schifffahrtslinien angehören. Aufgrund des großen Kapitalbedarfs wären die Investitionen für einen Betreiber allein viel zu groß gewesen. Die Inseln bewegen sich der Wetterlage entsprechend immer an der afrikanischen und europäischen Atlantikküste auf und ab. Bei sehr sonniger und heißer Wetterlage über dem Nordatlantik findet man sie manchmal sogar vor der Küste Irlands, wo in solchen Phasen ein angenehmes, etwas kühleres und feuchteres Klima als vor den anderen Küsten herrscht.

Der ständige Ortswechsel wird an Bord begleitet von Themenstrategien, die den jeweiligen Küstenabschnitten entsprechen. Vor Irland gibt es irische Angebote – von der Menüfolge und dem Getränkeangebot der Restaurants über die Musik bis hin zu Landausflügen und Einblicke in die Geschichte des Keltentums –, vor Frankreich, Spanien und Portugal entsprechende Angebote aus der gallo-romanischen oder maurischen Kultur und vor Marokko eben marokkanische Wochen. Den Gästen der künstlichen Inseln gibt diese touristische Illusionsmaschinerie die Möglichkeit, während einer Reise verschiedene Kulturen kennenzulernen, ohne sich den Mühen und Gefahren einer echten Reise ins Land auszusetzen – nichts für mich, der ich gerne Land und Leute im Original kennenlerne, aber einer ganzen Menge Leute scheint es so gerade recht zu sein.

Nachdem das Shuttle in dem kleinen geschützten Binnenhafen der Insel angelegt hat, wird mir die tatsächliche Größe von *Rhodos* erst richtig bewusst. Der Hafen öffnet sich nach links zu einer künstlichen Bucht mit Sandstrand und nach rechts zum felsigen Imitat griechischer oder kroatischer Inselküsten. An den beiden Molen in der Mitte liegen Versorgungsboote,

Passagiershuttles und überraschend viele Jachten. Sie gehören
privaten Eignern, die hier entweder für viel Geld einen ganz-
jährigen Liegeplatz gemietet haben oder mit der Jacht ange-
reist und nur für die Dauer ihres Urlaubs vor Ort sind. Andere
Jachten kann man sich ausleihen, ebenso wie Kites und Surf-
bretter und viele andere Sportgeräte. Das Wasser um die Insel
ist deswegen immer bunt bewegt von einer Vielfalt von Aktivitäten. Es ist ein ständiges Ankommen, Abfahren und Umkreisen, ein Sehen und Gesehenwerden wie an jedem anderen
Küstenort der Welt auch. Über der künstlichen Bucht – sie ist
die größte von insgesamt drei – erheben sich zehn Stock-
werke in den Himmel, die Konstruktion verborgen hinter
einer üppigen Pflanzenwelt, künstlichen Felsen, Erden, stei-
nernen Treppen und kleinen Gewässern. So entsteht der täu-
schend echte Eindruck einer wirklichen Insel.

Der Aufwand, mit dem dieses Blendwerk am Blühen gehalten
und der Erosion Einhalt geboten wird, ist gewaltig. Eine bord-
eigene Wasserentsalzungsanlage liefert das nötige Süßwasser,
Heerscharen von Landschaftsgärtnern, Installateuren und Logistikern sorgen dafür, dass die Insellillusion keine Risse bekommt, und die Energietechniker überwachen das inseleigene
Stromnetz, das so viel Energie verbraucht wie eine echte
Stadt. Interessant ist dabei, dass die Energie auf der Insel, soweit es möglich ist, dezentral erzeugt und auch gleich vor Ort
verbraucht wird. Überall sind solarthermische Anlagen in den
Felswänden versteckt, photovoltaische Anstriche und kleine
Windräder liefern den Strom für die Pumpen und Sprenkler,
die Filter und Absauganlagen, mit denen die künstliche Vegetation am Blühen gehalten wird. Fällt die Sonne aus und hat
sich der Wind gelegt, so springt die zentrale Energieversorgung auf Wasserstoffbasis ein, die das gesamte Bordnetz und

auch die acht Antriebe versorgt, mit denen die Insel in alle Richtungen manövrierfähig ist. Muss zugeben, der erste Eindruck ist, unabhängig von allen Zweifeln, die einem an der Idee der schwimmenden Stadt kommen können, überwältigend.

Meine skeptische Faszination steigert sich noch, als ich gleich nach Begrüßung und Bezug meines Apartments mit Seeblick das erste Gespräch mit dem Informationsoffizier führen kann, der für die Pressekontakte zuständig ist. Beim Blick hinter die Kulissen der logistischen Abläufe und der technischen Daten wird klar, dass diese Insel nach den höchsten Standards der aktuellen Material- und Energietechnologien gebaut ist. Sie nutzt ausschließlich regenerativ erzeugte Energien, ist bezüglich der Wasserversorgung und Abwasseraufbereitung autark, speist ihre Abfälle mit Hilfe einer ständig pendelnden Ver- und Entsorgungsflotte in ein in der Nähe von Le Havre angesiedeltes Kreislaufwirtschaftssystem ein und ist selbst fast zu einhundert Prozent nach Cradle-to-Cradle-Standards konzipiert. Nach den großen Transformationskrisen der 2020er Jahre ist der Tourismus heute in Europa wieder eine der großen Leitökonomien. Hier regiert der Kapitalismus in Reinform, denn auch nicht das geringste Effizienz- und Vermarktungspotential bleibt unausgeschöpft.

Ich persönlich finde es bei aller Faszination auch abstoßend: Nachdem die natürliche Umwelt durch menschliche Unvernunft und angeheizt von fossiler Energie so viel Schaden genommen hat, dass sie in Teilen kaum mehr bewohnbar ist, werden hier mit einer hybriden und perfekt durchinszenierten Pseudorealität die alten Sehnsüchte nach Sonne, Meer und heiler Natur bedient und damit gigantische Mengen an Geld gemacht. Aber immerhin geschieht dies auf dem ökotechnologisch höchstmöglichen Niveau. Und die Nachfrage, die dieses Modell erzeugt, treibt die Nachhaltigkeitstransformation wiederum weiter voran.

Essayskizze: Cybertourismus – Reisen im virtuellen Raum

31. Juli 2043
Von Norden zieht schlechtes Wetter heran. Die Insel weicht nach Süden aus, vielleicht sogar ins Mittelmeer, wo die See ruhiger ist. Lasse mich überraschen. Nutze die Zeit, um mich über Cybertourismus schlauzumachen. Die synthetische Ersatzwelt der *Rhodos* ist vielleicht genau der richtige Ort, sich mit dem noch radikaleren Trend der digitalen, körperlosen Ersatzreisen zu beschäftigen. Sind es wirklich nur Ersatzreisen?

Das ganze Unglück des Menschen, so der französische Physiker und Philosoph Blaise Pascal, entspringe seiner Unfähigkeit, ruhig in seinem Zimmer zu sitzen. Hat er wirklich recht? Ich befinde mich jetzt seit drei Tagen allein in meinem Apartment an Bord der *Rhodos* und bin nicht so glücklich, wie ich es Pascals Meinung nach sein sollte. Ich kommuniziere im touristischen Cyberspace unausgesetzt mit Avataren, und es fehlen mir die Menschen.

Es sind zwei Formen von Cybertourismus zu unterscheiden: Eine, bei der man als eine Art Ersatzreise für eine unterlassene echte Reise, die man, aus welchen Gründen auch immer – Geldmangel, körperliche Einschränkungen oder Zeitnot – nicht machen kann, durch die Datenkanäle von Internet und Satellitenkommunikation zu wirklichen Orten reist.

Mit Datenbrille oder vor der Videoleinwand und mit Kopf-
hörern auf den Ohren kann man sich heute fast jeden prominenten Ort der Welt in Echtzeit anschauen und auch anhören.
Während ich also auf der *Rhodos* in Richtung Süden schip-
pere, kann ich mir zum Beispiel den Nordpol ansehen und dabei zuhören, wie die Eisschollen beim Schmelzen bersten. Ein
geostationärer Ballon macht es möglich. Wenn mir dann danach ist, kann ich gleich darauf auf den Gipfel des Himalaya
springen, mich in die Außenbordkamera eines Luftschiffes
über der Sahara einloggen oder aus der Perspektive der Helm-
kamera eines Kanuten durch den Grand Canyon paddeln. Solche Spezialangebote sind natürlich nicht immer online, werden aber rechtzeitig angekündigt, so dass man seine virtuelle
Reise planen kann. Oder man reist eben spontan. Der Kanute
bekommt im Gegenzug für seine eingeschränkte Privatheit
eine Entschädigung von der Cybertourist-Agentur, die die
Angebote organisiert und verkauft. Immer mehr Echtzeitrei-
sende sind aber auch bereit, spannende Erlebnisse unentgelt-
lich mit denen zu teilen, die nicht unterwegs sein können.

Seit der Erfindung der modernen Datenbrille, die eigentlich
vor allem eine Schnittstelle in den virtuellen Raum sein sollte,
ist heute jeder Nutzer zugleich eine potentielle Kamera. So
bewegen sich Millionen von Menschen als nebenberufliche
Cyberdestinatoren mit Brillenkameras an besonderen Orten
des Planeten oder einfach durch ihre Heimatstadt und bieten
den Cyberreisenden an, dabei zu sein. Tatsächlich versetzen
sich gleichzeitig Millionen von Menschen an andere Orte,
während sie mit der S-Bahn von der Arbeit nach Hause fahren
oder in einem Wartezimmer herumsitzen.

Eine zweite Form des Cybertourismus führt in imaginäre
synthetische Welten, in denen die Naturgesetze von Physik
und Biologie und die üblichen sozialen und kulturellen Stan-

dards vollständig außer Kraft gesetzt sein können. Hier gibt es ganze Baukästen virtueller Realitäten, aus denen mit neuen, erfundenen Varianten von Vegetation, unbekannten architektonischen Formen und phantastischen Kreaturen, die als Avatare realer Personen den Cyberspace bevölkern, ganz neue Welten kreiert werden. Meistens entstehen diese digitalen touristischen Erlebniswelten in Selbstorganisation auf der Basis von Open-Source-Softwares. Menschen überall auf der Welt arbeiten gemeinsam am Aufbau von Kunstwelten. Daneben existieren aber auch die High-End-Angebote kommerzieller Studios, die mit teils tagelangen Reisen durch perfekt inszenierte Surrogatwelten die totale Immersion anbieten. In eng am Körper anliegenden und ihn völlig umgebenden Multi-Sense-Anzügen wirken orchestrierte Lichteffekte, Temperaturschwankungen, Geräusche, Gerüche, Bewegungen und Berührungen unmittelbar auf alle zugänglichen Körpersinne ein. Bei längeren Reisen ist nur die Nahrungsaufnahme eine Herausforderung, der man mit Infusionen beizukommen versucht.

Tauche selbst gerade aus so einer Surrogatwelt auf und muss sagen – was für ein Trip! Hatte eine Reise auf den Mars gebucht und war ganze zwei Tage unterwegs. Da Raumfahrer sich sowieso von Pasten und Pastillen mit hochkonzentrierten Nährstoffen ernähren, gehörte das Problem der Nahrungsaufnahme sozusagen zur Inszenierung. Sogar die fehlende Schwerkraft haben sie irgendwie imitieren können. Ich bin noch ganz wackelig auf den Beinen. Aber die perfekte Inszenierung hat meine Neugierde geweckt. Werde sie im letzten Teil meiner Recherche zum Gegenwartstourismus in realiter angehen: die Reise ins All. Doch erst einmal führt mich die nächste Etappe ganz schlicht in den Harz.

Fischers Harzreise

Von Paris aus direkt mit dem Nachtzug nach Braunschweig. Das Wetter ist super. Deswegen habe ich mich entschieden, für die Weiterreise in den Harz ein One-Way-Pedelec mit Lastenanhänger zu mieten. Die Reichweite des Akkus reicht bequem bis an den Harzrand. Dort werde ich spontan entscheiden, wie es weitergeht. Das Pedelec leihe ich mir an der Mobilstation direkt am Bahnhof. Weil Braunschweig die zentrale Umsteigestation für die vielen Harztouristen aus ganz Europa ist, ist das Angebot groß und differenziert. Ich könnte mir auch ein geschlossenes und deswegen wettergeschützes Bike ausleihen, einen Elektroscooter oder ein kleines E-Dreirad. Natürlich sind auch die Bahnanbindungen in den Harz hervorragend. Aber mich reizt die Radreise durch das Harzvorland mit seiner reichen kulturellen Geschichte. Einige sehr gut ausgebaute Radstraßen führen über verschiedene historisch und landschaftlich interessante Routen in den Harz. Ich entscheide mich für die Industrieroute über die vor kurzem geschlossenen Salzgitter-Stahlwerke, über das für Kuranwendungen neu zum Leben erweckte Salzgitter-Bad zum Gut Grauhof und schließlich den Einstieg in den Harz über den alten Hüttenstandort Oker bei Goslar. Überall entlang der Strecke finden sich digitale Wegweiser und Informationspunkte, an denen ich über meine Datenbrille oder wahlweise – wenn ich gerade nicht lesen kann oder möchte – auch über meinen Akustikschlüssel im Ohr interessante Informationen zu den Orten entlang meiner Wegstrecke geliefert bekomme. So fahre ich durch die sonnige und warme, ja fast liebliche Vorharzlandschaft und erfahre so einiges zur langen Industriegeschichte der Region. Ich könnte aber auch auf Informationen zur Kirchen- und Religionsgeschichte oder zu den über tau-

send Jahre währenden politischen Machtspielen der Könige
und Kaiser in dieser Region umschalten.

Entlang der Radwege, neben denen parallel zugleich auch
Wanderwege angelegt sind, auf denen ich schon einige Familien mit den lustigen Logballs und rüstige Rentner mit elek-
tromechanischen Exoskeletts getroffen habe, sind in regelmäßigen Abständen kleine Schutzhütten mit Wasserversorgung,
Datenzugang und Akku-Aufladestationen zu finden. Und in
den Dörfern entlang der Strecke gibt es vielfältige Versorgungsmöglichkeiten, vor allem seitdem die kleinen Einzelhan-
delsgeschäfte wieder zurückgekehrt sind. Sie wurden anfangs
häufig von in dörflichen Selbstversorgervereinen organisierten Menschen getragen, die keine Lust mehr darauf hatten,
für jedes Brötchen zu einem der großen Einkaufzentren in
den regionalen Mittelzentren zu fahren. Später wurden diese
Läden mitunter wieder richtig profitabel, so dass das auch die
Rückkehr des Einzelhandels in die ländliche Region beförderte und nicht wenige Arbeitsplätze neu schuf. Natürlich ist
das nicht in allen Regionen Deutschlands gelungen, aber in
touristischen Boomgegenden wie der Harz-und-Heide-Re-
gion funktionierte es ganz gut.

Für die Strecke nach Bad Harzburg brauche ich mit einigen
Pausen zum Essen und Besichtigen bis zum Nachmittag. In
Harzburg gebe ich mein Rad ab, obwohl es mir auch weiterhin
gute Dienste leisten könnte. Denn wie sein Vorland ist auch
der gesamte Oberharz mit einem flächendeckenden Radstra-
ßensystem und der entsprechenden Reparatur- und Versorgungsinfrastruktur engmaschig überzogen. Durch die modernen E-Bikes ist das Radreisen in gebirgigen Gegenden auch
für Kinder und Senioren meist kein Problem mehr. Und ent-

lang besonders starker Steigungen, zum Beispiel an der kilo-
meterlangen Auffahrt zwischen Bad Harzburg und Torfhaus,
findet sich sogar ein ganz spezielles Seilzugsystem, mit dem
man sich ähnlich wie beim Schlepplift im Skisport auf dem
Fahrrad zügig nach oben ziehen lassen kann. Bergab kann
man sich dann wieder rollen lassen. Die Abfahrt von Torfhaus
nach Harzburg ist besonders lang und steil, so dass manche
ganze Tage damit verbringen, sich immer wieder nach oben
ziehen zu lassen und wieder bergab zu rasen. Zu diesem
Zweck kommen auch Skatebords, Seifenkisten und andere
Gefährte zum Einsatz, die man sich entweder in der Talstation
oder oben auf dem Torfhausgipfel ausleihen kann. So wurde
die ehemalige Auto- und Motorradraserstrecke in den Oberharz zu einer ganz natürlichen und kostenfreien Sommerrodelbahn.

Ich entscheide mich dafür, in den Oberharz zu wandern. Mein
Ziel ist Braunlage, ein hochgelegener ehemaliger Skiort mitten im Harz. Ich gebe mein Gepäck bei einem Transport-
service an der Talstation auf. Es wird in den kommenden Tagen entweder als Beigepäck einer Versorgungsfahrt für den
Einzelhandel, mit dem Zug oder von einem privaten Bewohner Braunlages mitgenommen werden. Die Gepäckagentur
garantiert die pünktliche und sichere Lieferung; wie sie das
anstellt, bleibt ihr überlassen. Sie nutzt dafür eine der in der
Logistikbranche etablierten Standarddispositionssoftwares. So
wird heute auch im Harz eigentlich kein geschäftlicher oder
privater Transport mehr getätigt, ohne dass die Nutzlast des
verwendeten Fahrzeugs nicht maximal ausgeschöpft wäre.
Da ich mich noch nicht entscheiden wollte, ob und wo ich in
Braunlage übernachten will, wird mein Gepäck dann direkt in
einem Schließfach der örtlichen Mobilstation hinterlegt, des-

sen Code mir auf meine Smartwatch geschickt wird. So kann ich auch länger als geplant unterwegs sein, und mein Gepäck ist sicher verwahrt. Sollte ich meinen Weg unterwegs ändern, so genügt eine Dispositionsänderung über meine Smartwatch, und das Gepäck wird gleich an einen anderen Ort weitergeliefert. Das Ganze ermöglicht mir maximale Bequemlichkeit und Flexibilität wie eine Windowsoberfläche, bei der ich auch nur die verschiedenen Dienste aufrufe und für meine Zwecke nutze, während ich mit dem komplexen und aufwendigen Hintergrundgeschehen der Software und Prozessoren aber nichts zu tun haben will.

Da ich in der letzten Zeit wegen der vielen Reiserei und Schreiberei wenig Sport gemacht habe, mich wenig fit fühle und mir zu allem Überfluss gestern bei der Anreise mit dem Rad das Knie überanstrengt habe, entscheide ich mich dafür, mich bei der Wanderung durch ein Exolec unterstützen zu lassen, was die heute übliche Kurzform für Exoskelett ist, ein stabilisierendes, die menschliche Bewegung elektro-mechanisch unterstützendes Außenskelett.

Solche künstlichen Exoskelette wurden zunächst vor allem im militärischen Bereich entwickelt, um die Leistungsfähigkeit und Panzerung von Infanteristen zu verbessern. Auch in der Medizin wurden früh Exoskelette getestet, um Querschnittsgelähmten wieder mehr Bewegungsfreiheit zu geben. Der Durchbruch in der breiten öffentlichen Wahrnehmung und ein Markterfolg gelang den Gehmaschinen aber erst mit dem Einsatz neuer Werkstoffe, mit deren Hilfe die vorher monströs anmutenden Aluminiumgerüste auf eine Art Taucheranzug reduziert und damit preislich wie ästhetisch massenmarktkompatibel wurden. Die Entwickler zielten bei ihrer

Erfindung auf den stetig wachsenden Outdoor-Markt. Als
Sportgerät konzipiert, sollte der sogenannte Exolec Wanderern wie Bergsteigern zu mehr Ausdauer durch weniger
Kraftaufwand verhelfen und damit neue Tourenerlebnisse ermöglichen. Letztlich wurde der Exolec also als Übertragung
des Pedelec-Prinzips, des elektrisch unterstützten Radfahrens,
aus dem Fahrrad- in das Fußgängersegment konzipiert.

In den atmungsaktiven neoprenartigen Grundstoff sind Sehnen aus einem neuartigen Material eingearbeitet, die sich
durch elektrische Impulse zusammenziehen und eine stahlgleiche Festigkeit erreichen können. Die Steuerungselektronik
sorgt im Zusammenspiel mit den gemessenen Muskelreizen
lautlos für eine synchrone Unterstützung der individuellen
Gehbewegung, allein durch das abgestimmte Weiten und
Straffen verschiedener Areale des eng anliegenden Anzugs.
Der Grad der Kraftverstärkung und Haltgebung kann selbst
gewählt werden. Die im Rückenbereich positionierten plattenförmigen Batterien sichern nicht nur einen achtstündigen
Dauereinsatz, sondern haben im Falle eines Sturzes auch die
Funktion von Protektoren. Optional kann der Anzug durch
einen im Kragen integrierten Kopfairbag ergänzt werden.

Vor allem die Generation der neuen Alten entdeckte das
leichte Exoskelett als neue Funktionsbekleidung und oft sogar
auch Rollatorenersatz. Quasi unsichtbar unter normaler Kleidung tragbar, gibt der unscheinbare Roboteranzug vielen Senioren mit ersten motorischen Einschränkungen das notwendige Gleichgewicht, die erforderliche Kraft und damit die alles
entscheidende Sicherheit für die eigenständige Fortbewegung
zu Fuß. Gleichzeitig wirkt Exolec wie ein Trainingsgerät, da es
die Freude an der eigenen Bewegung zurückbringt und Fuß-

wege wieder als relevante Alternative ins Spiel bringt. Die als Abstieg und ästhetische Zumutung empfundene Abhängigkeit von einem Rollator entfällt und reduziert das gefühlte Alter spürbar. Die durchschnittlichen Fußwegelängen der Altersgruppe 75+ stieg dadurch in den vergangenen Jahren in allen Mobilitätsstatistiken signifikant an. Staatliche Forschungsprogramme fördern die Weiterentwicklung des Systems, da dank der neuen Beweglichkeit älterer Menschen Infrastrukturanpassungen in Milliardenhöhe gestreckt oder vollständig vermieden werden können. Verkehrsrechtlich wurde für die Exolec-Nutzer die neue Kategorie »Minimalmotorisiert« eingeführt.

Eingekleidet in meinen Exolec, mache ich mich nach einem angenehmen Abend in Bad Harzburg am nächsten Morgen auf den Weg nach Braunlage. So macht Wandern Spaß! Das kiloschwere Handgepäck ist federleicht, und mein Körper fühlt sich so agil und beweglich an wie vor dreißig Jahren. Ich komme auch bei strammem Schritt bergauf nie außer Atem und fühle mich trotzdem gut durchbewegt. Schon nach einer Stunde bin ich auf dem Torfhaus angekommen und genieße den Ausblick auf den Brocken, der von Braunlage aus mein nächstes Ziel sein wird.

In Braunlage angekommen, bin ich sehr überrascht, weil ich die Stadt noch von einem Besuch in meiner Jugendzeit in den 2010ern in Erinnerung hatte. In Braunlage war damals tatsächlich alles braun, düster und unmodern. Von den braun gefließten Bädern aus den 70er Jahren des 20. Jahrhunderts, den eichenfurnierten Inneneinrichtungen, den braunverblichenen Teppichen und grünbraun gehaltenen Vorhängen bis zu den braungestrichenen Holzfassaden der Häuser, den Jägerzäu-

nen und den schweren braunen Soßen auf den überbordenden
Fleischtellern mit bräunlichen Kroketten – alles bräunlich, er-
dig, schwer verdaulich und wenig einladend. Wie sollte hier
eine leichte und heitere Ferienstimmung aufkommen? Kein
Wunder also, dass der Harz nicht gerade zu den Reisezielen
Nummer eins gehörte, obwohl man gerade im Ostharz nach
der Wiedervereinigung einiges in die Infrastrukturen investiert hatte.

Mit der Initiative der nationalen Tourismusplattform änderte
sich das Bild dann auf einmal nach und nach, genauso wie im
Schwarzwald, dem Bayerischen Wald, dem Thüringer Wald
und im Erzgebirge. Die Erschließung der Regionen für systematische Outdoor-Aktivitäten plus Familienorientierung,
Ökowellness-Chic der Gästeunterkünfte und einer hellen und
leichten Architektur brachte eine Wende im Image mit sich,
die sich auch im näheren Ausland immer mehr herumsprach.
Da das Wetter in der Ferienzeit in Deutschland immer stabiler
viel Sonne garantierte und höhere Durchschnittstemperatu-
ren mit sich brachte, wurden an den Seen, Talsperren und
Flüssen künstliche Sandstrände angelegt, an denen man seinen Sonnenhunger bald viel angenehmer ausleben konnte
als bei 40 Grad im Schatten auf Mallorca oder an der Riviera.
Auch das Nachtleben nahm mancherorts durchaus südländi-
sche Züge an, wobei durch das selbstbewusste Einbringen der
jeweiligen regionalen Tradition ganz eigenwillige und doch
letztlich sehr interessante und auch für junge Menschen attraktive kulturelle Hybride entstanden, wie beim Tanz auf
dem Brocken, der Stollendisko im Rammelsbergwerk oder
den Wernigeroder Minnefesten, die nichts anderes waren als
intelligent inszenierte Single-Partys. Es ist ja eigentlich immer die Inszenierung, die zählt.

Nach einer kurzen Nacht in Braunlage quäle ich mich am nächsten Morgen ohne Exolec wieder den Wurmberg hinauf, den ich in der vergangenen Nacht nach einer der angesagten Astropartys ziemlich angesäuselt auf der Sommerrodelbahn heruntergesaust bin. Die Astropartys leben davon, dass in klaren Nächten der Blick auf den Sternenhimmel vom Wurmberg aus so phänomenal klar ist, wie das die meisten Stadtbewohner kaum noch kennen. Es gibt dazu Sternzeichenkontaktgruppen, Spacemusik und Blind-Dating in einer Alienbar, vor allem aber einen wundervollen Ausblick über die Harzer Sommernacht.

Am Morgen danach ist der Blick von Wurmberg nicht minder eindrucksvoll. Aber ich bin hier oben, um dem Eventerlebnis noch eins draufzusetzen und reihe mich in die schon am Morgen recht lange Warteschlange für die spektakuläre Luftrutsche zum Brocken an. Die Luftrutsche ist eine der großen Attraktionen der Harzer Urlaubsregion. Von einem achtzig Meter hohen Turm auf dem Wurmberg jagt man an einer Seilkonstruktion sicher aufgehängt in waagerechter Position wie ein kleiner menschlicher Torpedo ins Tal in Richtung Brocken. Dabei erreicht man je nach Wetter- und Windlage Geschwindigkeiten von bis zu neunzig Kilometern pro Stunde. Nach einer Strecke in rasanter Abfahrt kommt eine wilde Bremsung, man wird an einem Turm wieder in die Höhe gezogen und die nächste Etappe der Abfahrt beginnt. Da der Wurmberg ein wenig niedriger ist als der Brocken, funktioniert die Luftrutsche nur so. Vom Brocken bis zum Wurmberg hingegen kann man in steter, aber viel langsamerer Abfahrt in den Westharz gleiten. So ist für jeden etwas dabei, auch für die, die es eben nicht ganz so abenteuerlich wünschen.

Die Harzer Luftbrücke verbindet den Westharz mit dem Ostharz. Vom Brocken aus wandere ich schließlich nach einem
guten Mittagessen mit Ausblick und angenehmer Goethe-
Lektüre, dessen Schilderung der Harzreise man hier überall
günstig erstehen kann, durch das Ilsetal nach Ilsenburg, wo
man – wenn man möchte – einem anderen berühmten deutschen Dichter begegnen kann, denn auch Heinrich Heine
war von der Schönheit dieser Gebirgslandschaft und der Kultur seiner Bewohner bewegt und beindruckt, was man beim
Durchstreifen des wunderschönen Ilsetals sehr gut verstehen
kann. Ich habe erneut meinen Akustikschlüssel eingestellt
und höre mir Heines Schilderungen an, während mir durch
meine iView-Datenbrille historische Personen, Bauern, Holz-
fäller oder Köhler begegnen und mir von ihrem Schicksal berichten oder längst ausgestorbene wilde Tiere aus der Gegend
mir an mancher Ecke virtuell auflauern. So wird mir der
ganze ehemalige kulturelle und biologische Reichtum dieser
Gegend so drastisch vor Augen geführt, dass ich manchmal
ganz sprachlos bin. Wer das alles nicht will, der stellt einfach
alle Geräte aus und wandert still vor sich hin.

In Ilsenburg endet meine Reise durch diesen riesigen Mobi-
litätserlebnispark des Harzes und damit auch meine Reise
durch die deutschen Ferienlandschaften überhaupt. Nicht zuletzt Goethe und Heine haben mich daran erinnert, dass die
freiheitssuchende Reise zu den ältesten Figuren des menschlichen Lebens überhaupt gehört. Jedoch erst der moderne
Tourismus verdankt seine Existenz der rasanten technischen
Entwicklung der Verkehrsmittel. Gerade diese Beschleunigung und auch Demokratisierung der touristischen Massenmobilität hat in eigenwilliger Dialektik dazu beigetragen, den
Tourismus schließlich immer schneller an seine eigenen Ver-

träglichkeitsgrenzen zu bringen. Auch der neue Tourismus, den ich vorgefunden habe, gewinnt seine Impulse aus den technischen Neuerungen in der Mobilität, zu allererst und vor allem aber nährt er sich aus einer neuen Beweglichkeit in den Köpfen der Menschen, der Touristiker wie der Touristen. Und sie beweisen, dass sich Freiheitsstreben, Erholung, Wohlbefinden und Nachhaltigkeit eben nicht ausschließen müssen. In einem Aphorismus von Otto Weininger heißt es, von einem Bahnhof aus könne man niemals in die Freiheit fahren. Der Tourismus, den ich auf meiner Rundreise vorgefunden habe, zeigt ein neues Bild: Nämlich dass wir uns nicht damit abgefunden haben, die nur vermeintliche Freiheit der Ferienreise als Massenbetrug einer weltverzehrenden Tourismusindustrie hinzunehmen. Im Gegenteil. Die Freiheit einer anderen, einer zukunftsfähigen Welt ist ein Ziel, vom dem wir eben nicht vergessen haben, dass wir es letztlich erreichen können.

»Major Tom to Ground Control ...« –
Der Weltraumtourist als planetarer Beobachter

25. Oktober 2043

»Fünf, vier, drei, zwei, eins, Take-off!« – das Shuttle hebt langsam ab. Eine Woche gemeinsam mit fünf Mitreisenden auf der ersten internationalen Mondstation verbracht. Das Shuttle bringt uns zurück zum pazifischen Weltraumfahrstuhl, von dort geht es zurück zur Erde. Vier meiner Begleiter sind vermögende Zeitgenossen, die ihre Reise zum Mond aus der Portokasse bezahlen. Zwei andere sind Wissenschaftler. Mich hat die MuskSpaceX-Cooperation als Journalist umsonst mitgenommen. Das Erlebnis ist kaum in Worte zu fassen. Andererseits bin ich froh, zurückzukommen, denn das

Leben auf der Station ist schlicht und die Bequemlichkeit eingeschränkt. Außerdem war die Zeit in der Station anstren-
gend, weil prinzipiell alle Gäste verpflichtet sind, sich an den
jeweils aktuellen wissenschaftlichen Forschungsprojekten zu
beteiligen und den gerade anwesenden Forschern umfassend
zur Hand zu gehen.

Die MuskSpaceX-Cooperation hat die Station erst vor einem
halben Jahr in Zusammenarbeit mit der Weltraumagentur der
Vereinten Nationen in Betrieb genommen. Der milliarden-
schwere Entrepreneur Elon Musk hatte sein Vermögen zu Beginn des Jahrhunderts mit verschiedenen Internetprojekten
und einer Elektroautofirma gemacht. Danach zog es ihn in
den Weltraum. Parabelflüge, Atmosphärenballons und Rake-
tenprojekte markierten den Beginn seiner Weltraumreise-
projekte, und weil aufgrund der knappen öffentlichen Kassen
die meisten staatlichen Weltraumprojekte sehr eingeschränkt
wurden, zog Musk an ihnen vorbei und war technologisch
bald weltweit führend. Musks späteres Erfolgskonzept beruhte auf einer Mischung von persönlicher Überzeugungs-
kraft gegenüber Kapitalgebern, geschickter Geschäftspolitik
im Bereich des Weltraumtourismus, den er bald sehr profitabel betrieb, und vor allem einer großen Offenheit gegenüber
den raumfahrttechnischen und astrophysischen Wissenschaf-
ten sowie den Materialwissenschaften.

Als die nationalen Programme zunehmend eingefroren wurden, wendeten sich die Wissenschaftler an die Musk-Coope-
ration. Diese finanzierte wissenschaftliche Projekte aus den
Gewinnen des Weltraumtourismus und gewann im Gegenzug
umfassenden Einfluss auf die Ausrichtung der Forschung,
was wiederum Musks eigene Geschäfte und Projekte beför-

derte. Diese Form der öffentlich-privaten Zusammenarbeit wurde dann zum Modell für die weitreichende Kooperation mit den Vereinten Nationen, unter deren Dach die Weltgemeinschaft ihre bislang national betriebenen Projekte zusammenfasste, als deutlich wurde, dass kein Land die immer größeren Kosten würde allein tragen können. Andererseits war auch klar, dass die Fortschritte der Weltraumwissenschaft zukünftig ohnehin immer der gesamten Welt zugutekommen würden, etwa bei der Abwehr von Asteroiden, der Vorhersage von kosmischen Großereignissen und deren Strahlungsfolgen oder schlicht der Beseitigung von Weltraumschrott, der das immer enger gefasste Netz von Kommunikations- und Messsatelliten in der Erdumlaufbahn bedrohte. Die Bündelung der nationalen Programme und der Zusammenschluss mit Musk brachte einen Entwicklungsschub, der sich zunächst vor allem auf ein Projekt konzentrierte: den Aufbau des Weltraumfahrstuhls. Mehr Raketen brachten nur mehr Weltraumschrott mit sich und damit eine immer größere Gefahr für den Weltraumtourismus und alle weiteren Raumfahrtprojekte. Nur der Fahrstuhl konnte dieses Problem lösen. Als ständige Einrichtung kann er alle in der Umlaufbahn benötigten Infrastrukturen befördern, ohne ständig den Müll weiterer ausgebrannter Raketenstufen zu produzieren. Im Gegenteil kann er sogar dabei behilflich sein, den vorhandenen Müll zu entsorgen.

Die Idee eines Fahrstuhls in den Weltraum ist alt. Sie wurde bereits Mitte des 20. Jahrhunderts formuliert. Doch erst die Bündelung einer großen Menge von Forschungsmitteln in die Materialwissenschaften brachte den entscheidenden Entwicklungsschritt für das wichtigste Bauteil des Fahrstuhls: ein superfestes, superdünnes Seil, das sein eigenes Gewicht tragen

und zugleich den Zugkräften standhalten kann, die aus der
Zentrifugalbewegung der Endstation in der Umlaufbahn entstehen. Als dieses Material vor zehn Jahren gefunden wurde,
war der Rest aufgrund der schon umfangreichen Vorarbeiten
ein Kinderspiel. Die Bodenstation des Fahrstuhls befindet sich
auf einem Inselarchipel im Pazifik, über dem aufgrund der
dort eher dünn gesäten geostationären Satelliten noch eine
Menge Platz ist. Mit Hilfe starker Elektromotoren bewegt
sich die Raumkapsel am Seil selbsttätig auf und ab. Die Endstation befindet sich in der Erdumlaufbahn. In der direkten
Nachbarschaft wurden mit Hilfe des Fahrstuhls im Laufe der
Jahre zunächst eine Raumstation und ein Raumbahnhof aufgebaut. Dort wurden die Raumgleiter für den Weg zum Mond
zusammengesetzt. Zwei davon waren danach ständig in Betrieb für den Aufbau und weiteren Ausbau der Mondstation,
die wir gerade verlassen haben.

Ich habe mich in der letzten Woche immer wieder gefragt, ob
es gerechtfertigt ist, einen solchen Aufwand zu treiben nur
für Touristen und für die Wissenschaftler, die auf dem Mond
die nächste Generation von Technologien für das SETI-Pro-
gramm zur Suche nach außerirdischem Leben entwickeln
wollen und in diesem Zusammenhang auch schon den Sprung
vom Mond auf den Mars planen. Gibt es nicht auf der Erde
noch genügend Herausforderungen, die größer und wichtiger
sind?
  Meine Recherchen haben mich dieses Jahr über den ganzen
Globus geführt, der mir jetzt so blau und grün und friedlich
rund durch das Shuttlefenster entgegenleuchtet. Überall sah
ich Schwierigkeiten, aber überall sah ich auch immer klügere
Lösungen umgesetzt, die das Leben auf der Erde wieder Stück
für Stück besser machen. Glaube heute, dass wir Menschen es

schaffen werden, auf dieser freundlichen Kugel zu überleben. Nicht in erster Linie, weil wir die Technologien entwickeln, die wir dazu benötigen, sondern weil wir dabei sind, unsere Haltung grundlegend zu ändern und es immer besser verstehen, als planetarische Zivilisation miteinander und mit den uns umgebenden biologischen Systemen in einem stabilen Gleichgewicht zu leben. – Raumfahrerpathos! Alle, die die Erde schon einmal mit eigenen Augen in weiter Ferne vor sich gesehen haben, sind ihm erlegen – mich hat's nun auch erwischt. Aber vielleicht ist dies sogar der beste Grund, immer mehr Touristen, Wirtschaftslenker und politische Entscheider auf den Mond zu bringen. Der Perspektivenwechsel macht den Gesinnungswandel. Als Betrachter aus der Ferne werden wir demütiger und im besten Falle erfüllt von einem Gefühl für das planetarische Ganze und für die Dauer von Zeitläufen jenseits unserer menschlichen Rhythmen. Der Weltraumreisende wird zum rückschauenden Beobachter seines Heimatplaneten, während sich hinter ihm der Fokus seiner Teleskope in den Kosmos öffnet.

Kapitel VI
Futurpedia – Die Enzyklopädie
für Zukunftsfragen*

>»Futurpedia ist gegenwärtig das meistbenutzte Online-Nachschlagewerk für Zukunftsfragen und liegt zum Erhebungszeitpunkt 15. April 2045 auf Platz zehn der weltweit meistbesuchten Websites.«
>
> *(Wikipedia 20.5.2045)*

* Unter Mitarbeiter von Thomas Sauter-Servaes

Passepartu – Kuratierte Mobilität

Persönliches IT-basiertes Informations- und Beratungswerkzeug, das eine sprachbasierte Schnittstelle zur virtuellen Welt und zum alltäglich eingesetzten Maschinenpark bildet. Es ist die wesentliche Grundlage für das Angebot kuratierter Mobilitätsdienstleistungen.

Hintergrund

Der Verkehr bedient sich, anders als die Energiewirtschaft, noch heute überwiegend bewährter Strukturen, die schon seit langem in ähnlicher Gestalt im Einsatz sind. Doch hat sich die Art ihrer Nutzung revolutioniert. Die globale Energiewende ist geprägt durch immense Raumveränderungen und einen gigantischen Ressourcenaufwand für die photovoltaische Urbarmachung der Wüsten und stahlintensive Offshore-Windparks. Sie gleicht einer Marskolonialisierung auf Erden. Bei der ebenso dem Klimawandel geschuldeten Mobilitätswende setzen die hochindustrialisierten Leitstaaten dagegen auf ein neues Betriebssystem. Es ist eine Strategie der intelligenten Neuinterpretation des Gebrauchs der alten Hardware, des effizienteren Einsatzes des enormen Bestands an Infrastrukturen und Fahrzeugen. Vor allem in urbanen Räumen hat dieser Kulturwandel das Leben radikal verändert.

Passepartu-System

Der wesentliche Katalysator für diese neue Form der Mobilität war ein Produkt namens Passepartu. Es hat nicht nur, ganz wie Apples iPhone zu Beginn des Jahrhunderts, in kürzester Zeit den Smartphonemarkt erobert und funktionell erweitert. Es ist zudem wie Tesafilm oder Ohropax zum Synonym für eine ganze Produktsparte geworden. Dabei wird das kaum sichtbare In-Ohr-Gerät seinem vielseitig auslegbaren Produktnamen in allen Belangen gerecht. Wie ein Generalschlüssel sichert es seinem Träger in Kombination mit der eigenen Stimme den Zugang zu diversen Artefakten des Alltags. Ob Wohnungstür, Carsharing-Auto oder Bankkonto – das Passepartu verwandelt das gesprochene »Auf!« über digitale Pfade in eine universelle »Sesam öffne dich«-Losung. Wie ein Rahmen bettet es zahlreiche Dienstleistungen in eine einheitliche, wohlvertraute (Stimm-)Umgebung, liest E-Mails vor, empfiehlt Zeitungsartikel und Musikstreams oder wird in Verbindung mit einem Tablet-Bildschirm zum individualisierten Schaufenster in die Welt.

Die bedeutendste Neuerung lässt sich jedoch anhand des namensgebenden Helden aus Jules Vernes *In 80 Tagen um die Welt* beschreiben. Der junge Diener Jean Passepartout nimmt darin die Rolle des gewieften Organisators für den Weltreisenden Phileas Fogg ein. Während dieser in Bahnabteilen und Schiffskabinen Pläne schmiedet und Entscheidungen trifft, um seine Wette der 80-tägigen Weltumrundung zum Erfolg zu führen, ist Jean Passepartout für die Exekutive verantwortlich. Er bildet Foggs lebende Schnittstelle zur fremdartigen Außenwelt. In gleicher Weise wird das Passepartu für seinen Anwender zum Dolmetscher und Torwächter in der hochtechnisierten Gegenwart, die von unzähligen zu steuernden

Kleinst- und Großgeräten bestimmt wird. Von endlosen
PIN-, TAN- und Passwortlisten über die berufliche E-Mail-
Flut und implantierte medizinische Diagnosesensoren bis hin
zur Fernabfrage des Kühlschrankinhalts – alles verlangt unabhängig von der augenblicklichen Relevanz fortwährend Aufmerksamkeit, Entscheidungen und letztlich Zeit. Durch seine
ständige Erreichbarkeit wird das Passepartu zu einem zweiten,
künstlichen Unterbewusstsein, das das menschliche Bewusstsein vom andauernden Entscheidungsterror entlastet. Es fil-
tert, sortiert und strukturiert im Hintergrund. Zuverlässig
arbeitet es Routinehandlungen ab und kommuniziert hierfür
eigenständig mit dem allgegenwärtigen Maschinenpark. Bei
Bedarf kann sich der Anwender durch die einfachste und
schnellste menschliche Kommunikationsform einbringen: die
Stimme. Was Anfang der 2010er mit relativ simplen Sprach-
befehlen für das iPhone begann, ist inzwischen Grundlage für
eine gewaltige Komplexitätsreduktion im Alltag.

Das Passepartu macht sich den Hang des Menschen zu
habitualisierten Verhaltensweisen zunutze und lernt schnell,
die Präferenzen seines Anwenders einzuschätzen. Je länger
die Beziehung andauert, desto geringer wird der Kommu-
nikationsaufwand zwischen Mensch und Maschine. Schon
Jahrzehnte zuvor waren große Internetversandhändler und
Musikportale in der Lage, auf der Grundlage vorheriger
Wahlentscheidungen erstaunlich treffend weitere personali-
sierte Angebote zu unterbreiten. Das Passepartu erkennt mit
großer Genauigkeit, wann der geeignete Moment ist, um den
Eingang einer neuen E-Mail des Chefs zu melden, ob heute
die Nutzung des Fahrrads geraten ist und welche Sonderange-
bote im Baumarkt relevant sein könnten. Wer trotzdem spontan die letzten E-Mail-Eingänge wissen möchte, fragt einfach
kurz nach. Viele verzichten aus Angst vor systematischer

Fremdsteuerung auf maßgeschneiderte Freizeitempfehlungen. Die Wahl der abendlichen Bar machen sie weiterhin lieber vom Zufall abhängig als von elektronisch zugeflüsterten Rabattaktionen. Doch in einigen Bereichen hat sich das Passepartu als extrem vorteilhafter Ratgeber etabliert. Seine Stärke liegt in der Fähigkeit, einmal getroffene grundsätzliche Lebensentscheidungen, beispielsweise für gesündere und klimaschonendere Ernährung und Fortbewegung, tatsächlich wirksam im Alltag zu installieren. So ist die Anzahl der Werktag-Vegetarier geradezu explodiert, seitdem das Passepartu interessierte Nutzer mit saisonalen Einkaufs- und Kochtipps, neuen standortabhängigen Kantinenempfehlungen und überraschenden Veggie-Events kontinuierlich zu einer besseren Ernährung verführt. Entgegen kam dieser Entwicklung natürlich, dass die vegetarische Küche auch in der westlichen Gastronomie im Vergleich zum Beginn des Jahrhunderts einen Quantensprung nach vorn gemacht hat, was Raffinesse, Geschmack und vor allem die Breite des Angebots betrifft.

So war das Überdenken des eigenen zeit- und kostenintensiven Mobilitätsverhaltens eine logische Konsequenz aus der Verwendung des Passpartus in den genannten Lebensbereichen. Auf dem Feld der Mobilität konnte das Passepartu als universelle Mobilitäts-Über-App seine Vernetzungs- und Optimierungskapazitäten zum ersten Mal voll ausspielen. Die bisherige Marktnische der Carsharer, Fahrgemeinschaften, Busnutzer und anderer kollektiv-kollaborativer Ansätze wurde durch das neue passepartu-gestützte Betriebssystem auf einen Schlag alltagstauglich und massenkompatibel. Als hätte jemand einen Kippschalter umgelegt. Ziel der Anwendung ist es, möglichst viel Verkehr energieeffizient zu bündeln, also simultan Hunderttausende Fahrtwünsche mit unterschiedlichsten Anforderungen zu kombinieren, sei es in Privatautos oder im öffentlichen Nahverkehr, und, so weit wie vom Nutzer toleriert, dessen eigene Muskelkraft einzubinden. Auch hier wirkte die Verführungsstrategie des konkreten Angebots der Ad-hoc-Alternative, die Portemonnaie und Umwelt in gleicher Weise schont, verblüffend überzeugend. Vor die Wahl gestellt, voraussichtlich in 20 Minuten mit dem eigenen Auto oder in 30 Minuten als Mitfahrer das Ziel zu erreichen, entschieden sich viele für das neue Gemeinschaftsangebot. Und noch mehr Verkehrsteilnehmer stellten fest, dass ein Großteil ihrer Wege komfortabel zu Fuß und mit dem Fahrrad zu bewältigen waren. Besonders, wenn man die schönsten Abkürzungen en passant angezeigt bekam.

So verwickelt das Passepartu seinen Nutzer in einen wechselseitigen Lernprozess. Während die Elektronik mit jedem Weg mehr über seinen Nutzer erfährt, wird dieser stetig mit attraktiven und umweltfreundlichen Mobilitätsalternativen konfrontiert. Anders als der Schachcomputer nutzt das Passepartu jedoch die Schwächen seines Anwenders in dessen eigenem Interesse und spielt auf positiv motivierende Weise gegen dessen inneren Schweinehund, also gegen die eingefahrenen, nicht mehr hinterfragten Routinehandlungen. Es veranschaulicht, dass nachhaltiges Leben ungeahnt einfach und angenehm ist.

Mit dem Passepartu verfügt jeder Nutzer auf Wunsch über einen tiefen Einblick in sein reales Mobilitätsverhalten. Ein alter Manager-Grundsatz besagt, dass nur das, was man messen kann, wirklich steuerbar ist. In diesem Sinne wurde plötzlich nicht wenigen bekennenden Ökoaktivisten deutlich vor Augen geführt, wie weit sich auch ihr Lebensstil inzwischen von den eigenen Ansprüchen entfernt hatte. Das Passepartu liefert eben nicht nur die Diagnosefunktion, sondern auch einfache, schnell umsetzbare Lösungen für ein aktives Gegensteuern. Es bildet die Brücke über die vielzitierte *attitude-action-gap*. Das ist der im Allgemeinen breite Spalt zwischen dem Wissen um die Notwendigkeit eines umweltfreundlicheren Mobilitätsverhaltens (meist öffentlich laut proklamiert) und den tagtäglich getroffenen Verkehrsmittelwahlentscheidungen (meist verschwiegen oder mit guten Ausreden versehen). Mit dem Passepartu stellt man sich faktisch einen persönlichen Kurator für das eigene Mobilitätsverhalten ein. Will man das bestmögliche Ergebnis erzielen, ist man in seiner neuen Direktorenfunktion gut beraten, seinem Passepartu ein paar Grundsätze wie das gewünschte jährliche Treibhausgas- und Kostenbudget vorzugeben und von da an diesem Autopiloten auf Flughöhe null zu vertrauen. Das Passepartu kann bei der Planung mehr Faktoren einbeziehen – es sind ihm einfach mehr Informationen bekannt – und kann diese dann schneller verarbeiten als jeder Mensch. Dass beim Einsetzen von Geburtswehen und bei medizinischen Notfällen auch einmal ineffizientere Transportlösungen angesagt sind, haben die Programmierer in den Optimierungsalgorithmen natürlich berücksichtigt.

Auswirkungen auf das Mobilitätsverhalten

Diese neue Philosophie der kuratierten Mobilität hatte in der Gesamtsicht drei elementare Auswirkungen auf den Verkehr.

Der motorisierte Verkehr wurde rationaler. Sicherlich, zielloses Cruisen mit dem Auto, nachdenken und schalten, all das gibt es natürlich immer noch. Aber prinzipiell hat sich der Personenverkehr die alte Logistikvision des *Internets der Dinge* abgeschaut. Im *Internet der Reisenden* stellt jeder Passepartu-gestützte Teilnehmer quasi ein Päckchen dar. Unter Ausnutzung der verschiedenen Transportmöglichkeiten wie

Bahn, Bus, Automitfahrten, Carsharing, Fahrrad, E-Scooter
und vielem mehr sucht es sich situationsbezogen einen geeigneten Weg durch das Stadtlabyrinth. Das Passepartu-Kollek-
tiv organisiert im Verbund die Gesamtheit aller Fahrten und
jongliert als unsichtbare Hand die einzelnen Fahrtwünsche
auf einem Energieminimum. Das Fahrtziel ist jeweils fest
definiert, die Ankunftszeit meist auch, der Weg jedes Einzelnen kann sich spontan ändern. Mit der neuen Attraktivität kollektiven und unmotorisierten Verkehrs konnten sich
viele Staaten und Ballungsräume auch eine Transparenzof-
fensive hinsichtlich der tatsächlichen Kosten motorisierten
Verkehrs leisten. Mit dem Rückenwind der Passepartu-indu-
zierten Umsteigerzahlen führte die Politik Treibstoffsteuern,
Straßenmaut und Parkgebühren näher an die echten Ver-
kehrskosten für Umwelt und Gesellschaft heran, ohne popu-
listische Sprengkräfte fürchten zu müssen. Die Zusatzeinnah-
men fließen nicht nur in die Kompensation der entstandenen
Umweltschäden, sondern zudem in den beschleunigten Umbau des Verkehrssystems.

Der physische Verkehr wurde reduziert. Menschen lieben
Spiele und Wettbewerbe. Mit dem Passepartu und der persönlichen Mobilitätsdatensammlung erwuchs die Gamifizierung
der Fortbewegung, das heißt der Einsatz spieltypischer Elemente wie Ranglisten, Statusauszeichnungen und Gewinnen
im Verkehr. Statistische Akribie, wie sie zuvor vor allem vom
Baseball und American Football bekannt war, hat sich den
Weg in die Mobilitätsauswertung gebahnt. Man kann den
eigenen Zeit-, Energie- und Kostenaufwand mit den Durch-
schnittswerten aller Verkehrsteilnehmer, mit seiner Alters-
oder Einkommensgruppe vergleichen oder sich als Einzel-
person, Kiez oder Unternehmen an Effizienzwettbewerben
beteiligen. Sichtbares Engagement wird belohnt, insbeson-

dere mit weiteren Anreizen zur Reduzierung des physischen Verkehrs. Denn neben der Bündelung von Verkehr und dem Umstieg auf nichtmotorisierte Alternativen hat sich die Einsicht durchgesetzt, dass viele Wege bei ehrlichem Hinterfragen eigentlich nicht gewollt sind. Bei anderer Organisation sind sie schlicht unnötig und vermeidbar.

Die Mobilität wurde bunter. Inzwischen ist sie nicht zuletzt durch das Passepartu selbst noch stärker technisiert als in der Vergangenheit. Trotzdem hat die Technikfixierung im Alltag neuerdings den Rückzug aus den Köpfen der Nutzer angetreten. Höher, schneller, weiter sind nicht mehr die entscheidenden Kategorien zu Lande, zu Wasser und in der Luft. Cleverer ist das neue Ideal. Dabei macht die neue Technikabhängigkeit von der »Stimme im Ohr« die Nutzer nicht automatisch zu dumpfen Robotern, die wie die Lemminge ihrem Navigationswerkzeug blind auf nicht existente Brücken folgen oder ihre Umgebung nicht mehr selbständig erkunden wollen. Stattdessen hat sich gezeigt, dass der neue Assistent im Gegenteil zum Experimentieren einlädt und häufiger neue Pfade getestet werden. Auf den dominierenden Kurzstrecken ist die Mobilität in doppeltem Sinne offener geworden: Die Menschen verlassen zunehmend die geschlossenen Transportgefäße und nutzen ihre eigene Motorik, um sich zu Fuß oder mit dem Fahrrad fortzubewegen. Sie nehmen zudem ihr direktes Umfeld, das ehedem bloß ein Transitraum auf dem Weg zu ferneren Zielen war, nun anders wahr. Der Nahraum wird wiederentdeckt. Die meisten stellen bei dieser Exploration fest, wie ungeahnt groß der Möglichkeitsraum in ihrem Kiez ist. Das Passepartu wirkt also eher wie ein solides Sicherheitsnetz, das zu räumlichen und zwischenmenschlichen Entdeckungstouren einlädt. Es ist keine gigantische marionettenspielende Fernsteuerung, die eine verzerrte Wahrnehmung der Wirklichkeit mit sich bringt. Sondern die neue Technologie wird selbst zum Schlüssel der allgemeinen Verabschiedung vom bisherigen *technology fix*. Diese Heilssuche im technischen Fortschritt wurde insbesondere bei der Autofixierung und dem langen Festhalten an der privaten Massenmotorisierung sichtbar. Im Zuge des Passepartus als großem Multimodalizer, als kinderleichtem Ermöglicher – oder neudeutsch *Enabler* – der bequemen fallspezifischen Mischung aller Verkehrsträger, verändern sich die gesellschaftlichen Spielregeln. Die Vormachtstellung der Automobilität wird zurückgedrängt von der neuen Dominanz der Nachfrage nach Auto-Mobilität, der im ursprünglichen Wortsinn bewusst selbstbestimmten, ganz eigenen Beweglichkeit in einem breit gefächerten Markt unterschiedlichster physischer und virtueller Mobilitätsoptionen.

[Thomas Sauter-Servaes]

Cap-a-City-Politik

Regulierungsansatz, bei dem die Jahresautofahrleistung jedes Bürgers im Stadtgebiet limitiert ist und die persönlichen Autokilometer-Zertifikate an einer speziellen Börse gehandelt werden können.

Hintergrund

Nichts ging mehr: Mitte der 2020er Jahre erstickte selbst das relativ autoarme Berlin im Verkehr. In Moskau, London oder Singapur war schon Jahre zuvor der Verkehrskollaps zu besichtigen gewesen. Immer noch gab es genug billiges Öl auf der Welt, machte keine Regierung Anstalten, im Kampf gegen den schleichenden Klimawandel das Brot der Moderne höher zu besteuern. Erst im Angesicht des dauerhaften Übergangs von der motorisierten Mobilität zur motorisierten Immobilität auf deutschen Straßen eröffnete sich für die Stadtverwaltungen die Möglichkeit, den Verkehrsirrsinn auf einem von der breiten Bevölkerung akzeptierten Pfad zu begrenzen, anstatt wie bisher immer nur weiter umzuverteilen und neue Schneisen durch die (Stadt-)Landschaft zu schlagen.

Handlungsansatz

Anders als bei den alten Ansätzen wie der City-Maut (London, Stockholm) und tagesabhängigen Fahrverboten für gerade oder ungerade Nummernschild-Zahlen (Peking) sollte eine soziale Schieflage des Systems vermieden werden. Ein Grundkontingent kostenfreier Mobilität sollte jedem Bürger zur Verfügung stehen, die Summe der Grundkontingente verkehrsseitig ein lebensfreundliches Stadtklima und Raumgefühl weiterhin ermöglichen. Im Gegensatz zu City-Maut & Co. konnte man sich nun selbst für viel Geld nicht mehr individualmotorisierte Mobilität (MIV) einfach und unbegrenzt zu einem Fixpreis hinzukaufen. In dem neuen System mit einer limitierten Anzahl an Gesamtfahrzeugkilometern pro Jahr musste der Vielfahrer stattdessen jemanden finden, der bereit war, ihm einen Anteil seines Autokilometerkontingents zu verkaufen – zum Beispiel, um sich von dem Erlös ein gutes Fahrrad zu besorgen. Die vieldiskutierte Postwachstumsgesellschaft hatte eine erste ernstzunehmende Spielwiese gefunden, auf dem der *steady state*, die Ökonomie des langfristigen Gleichgewichts, tatsächlich gelebt wurde.

Marktreaktion

Nach leichten Korrekturen des Regulierungsmechanismus zeigt sich in den Verkehrsstatistiken und auf den Straßen inzwischen die bezweckte Wirkung: die Verkehrsleistung sinkt. Dass die Mobilität der Stadtbewohner trotzdem weiterhin gesichert ist und daher der Widerstand gegen die Fahrbegrenzung schnell abebbte, ist auf mehrere erfolgreiche Anpassungsstrategien der urbanen Bevölkerung zurückzuführen. Zunächst erlebten die Cap-a-City-Städte einen enormen Boom motorisierter Zweiräder. Der Lastencruiserscooter ersetzte das alte Leitbild der Rennreiselimousine als städtisches Universalfahrzeug. Als auch dieser in das neue System einbezogen und analog zu den vierrädrigen Mobilen mit einer fingerhutgroßen, mit den Mautbarken kommunizierenden Onboard Unit am Tacho versehen wurde, begann die neue Ära der Stadt der kurzen Wege. Das Planungsleitbild, das bereits seit den 1980ern proklamiert wurde und stets an der so billigbequemen automobilen Fortbewegung gescheitert war, erlebte eine Renaissance: Plötzlich hatten die innerstädtischen Einzelhändler wieder einen substantiellen Konkurrenz- und Preisvorteil gegenüber den Einkaufszentren auf der »Grünen Wiese« – zumindest wenn es ihnen gelang, den eigenen Versorgungsverkehr effizient abzuwickeln. Das sich aus diesem Effizienzstreben ableitende neue Verkehrs-Kooperationsparadigma war aber nicht nur im Lieferverkehr zu beobachten, sondern auch im privaten Personenverkehr. Mitfahrsysteme für Kurzstrecken etablierten sich schnell als gängige Verkehrsoption, wobei nun auch eine Kostenbeteiligung über die Weitergabe von Kilometerkontingenten erfolgte. War im vorherigen Jahrzehnt der CAC für alle Wirtschaftsfachleute noch der Inbegriff des Pariser Börsenindex gewesen, stand das Kürzel jetzt für den größten Online-Handelsplatz von MIV-Kilometerkontingenten, dessen Aufbau und Betrieb sich rechtzeitig ein Konglomerat verschiedener traditioneller Automobilhersteller gesichert hatte. Es war die logische Fortsetzung ihres Wandels vom Fahrzeugbauer zum Mobilitätsanbieter.

[Thomas Sauter-Servaes]

Riding Republic

Radfahrbewegung, die über die Verabredung gemeinsam gefahrener Etappen zeitgleich Hunderte größere Radverbände im Verkehr organisiert, diese aufeinander abstimmt und so ein dauerhaftes Fahren jedes einzelnen Radlers in großen Schwärmen ermöglicht. Basiert auf dem Konzept der *critical mass*-Fahrraddemos, die erstmals Anfang der 1990er in San Francisco stattfanden.

Hintergrund

Kein Mobilitätstrend war Anfang der 2010er Jahre in Europa so sichtbar wie die Renaissance des Radverkehrs in den Großstädten. Nicht zuletzt unterstützt durch die städtischen Behörden, die ihre Chance witterten, mit schmalen Anteilen des stetig schrumpfenden Infrastrukturbudgets die ihnen politisch vorgesetzten Modal-Split-Ziele und Feinstaubgrenzwerte doch noch zu erreichen. Radfahren wurde wieder möglich und chic, doch mit der an Bedeutung gewinnenden Velokultur wuchsen auch die Konflikte im Straßenraum. Immer mehr Radfahrer hatten letzlich das Gefühl, dass sie trotz allem politisch akzeptierten Nutzen für Stadtklima, Volksgesundheit und Ressourcenschonung auf Dauer immer nur der

Juniorpartner im Stadtverkehr bleiben sollten, der auf die Restgelder und den Goodwill der Auto- und ÖPNV-Fraktionen angewiesen war.

Zweirad-Schwarmkonzept

Auf diesem Nährboden entwickelte sich ein neuer Ableger der Street-Reclaiming-Bewegung, der unter Ausnutzung der immer größeren Spielräume der Kommunikationstechnologie und der Ausreizung des Straßenverkehrsrechts deutlich sichtbare Fakten schuf. Der privaten Massenmotorisierung setzen die Initiatoren neue spielerische Möglichkeiten der Massenpedalisierung entgegen. So ist in Deutschland nach § 27 der StVO seit langer Zeit das Nebeneinanderfahren und damit eine geschickte Vollausnutzung der Fahrbahn erlaubt, wenn mindestens 16 Radler erkennbar gemeinsam unterwegs sind und so einen geschlossenen Verband bilden. Dann sind diese Radler sogar wie ein Fahrzeug zu behandeln, das heißt, wenn die beiden ersten bei grüner Ampel in die Kreuzung fahren, dürfen die übrigen auch bei gelbem und rotem Signal die Kreuzung passieren, der Querverkehr ist wartepflichtig trotz grüner Ampel.

Die Riding Republic verknüpfte nun per Smartphone-App die unterschiedlichen Fahrtwünsche vieler Radfahrer und generierte auf diese Weise virtuell Verbände, die sich anschließend physisch auf der Straße realisierten. Neben dauerhaft organisierten morgendlichen Fahrgemeinschaften zur Arbeit, die sich teilweise mehrerer sich kreuzender Verbände bedienten, wurden Zigtausende Verbände spontan auf der Grundlage von Ad-hoc-Fahrtanmeldungen erzeugt. Die Teilnahme an den flashmobähnlichen Kollektivfahrten wurde schnell Kult. Wie bei der Laufbus-Bewegung, bei der Kinder in größeren Gruppen gemeinsam zur Schule gingen, sahen viele ihren Nachwuchs, aber auch sich selbst, in den Radler-Konvois sicherer aufgehoben. Und auf dem Fahrtweg ein Gespräch unter Gleichgesinnten zu führen, verlockte ebenfalls nicht wenige. Auch wenn nicht jeder geplante Anschluss klappte. Die Software ermittelte in diesem Fall in Windeseile Alternativen für die Anbindung an andere Radzüge.

Von der Revolution zur Institution –
Professionalisierung und Spezialisierung

Insbesondere viele sportlich aktive Senioren mit großer Liebe zum Velo meldeten sich freiwillig als sogenannte Auffüller. Fehlten irgendwo ein, zwei Radler, um die kritische Größe eines Verbunds zu erreichen, wurden die nächstpositionierten Füller informiert, die dann den Zug komplettierten. Viele dieser erfahrenen *urban riders* übernahmen dann die Spitze eines Zuges und sorgten für ein angenehmes, gleichmäßiges Tempo und eine sichere Konvoiführung. Mit der Zeit und einer wachsenden Teilnehmerzahl differenzierte sich das Angebot immer weiter aus, ohne dass die Bildung ausreichend großer Verbünde gefährdet worden wäre. Es gab spezielle Schnellfahrkonvois, den Cruiser-Club, Touristentouren und vieles mehr.

Raum-/Stadtwirkung

Die Situation für den Autoverkehr wurde immer komplizierter, da die langsameren Radkonvois auf strategischen Straßenachsen beinahe dauerhaft ganze Fahrspuren blockierten und den Verkehr insgesamt entschleunigten. Die Verwaltungen hatten verpasst, rechtzeitig einzuschreiten und die Auflagen für die Radverbände zu erhöhen. Nun konnte die Regulierung nicht mehr im Stillen geändert werden, ohne ein gefährliches Echo aus der Bevölkerung zu provozieren. Derart überrumpelt, blieb den politischen Führungen nur übrig, weitreichende Konzessionen an den Radverkehr zu machen, um auf einigen Achsen Radkonvois vollständig unterbinden zu können. Doch angesichts der guten Verhandlungssituation konnte die Riding Republic ein weites Fahrradstraßennetz durchsetzen, auf dem sich nun das Kräfteverhältnis verschoben hatte: Nun war das Auto der Juniorpartner.

[Thomas Sauter-Servaes]

Quartiere innovativen Lebens (QIL) – Sustainable Communities

Innerstädtische Stadtgebiete, die sich durch ein hohes Maß an ökologischer Selbstregulierung und die Erstanwendung innovativer Technologien auszeichnen.

Hintergrund

In den 2020er Jahren etablierte sich eine neue Spielart der Gated Communities. Anders als der Ursprung dieser Privatstadtteile, die ihre Bewohner vor der restlichen Stadt und ihrer Armut abschotten und private Eigentumsverhältnisse schützen wollen, verpflichten sich die Bewohner der Sustainable Communities, als ökologisches Vorbild und experimentelle Vorreiter zu leben. Ihre Stadtgebiete sind Labore klimaneutralen Lebens, in denen Beta-Produkte in einem frühen Entwicklungsstadium unter Alltagsbedingungen getestet werden. Natürlich – regelmäßig geht dabei etwas schief, bricht die Stromversorgung für Stunden zusammen oder werden ganze Häuser nach kurzer Zeit wieder umgebaut. Dies passiert allerdings mit dem vollkommenen Einverständnis der Bewohner, denn alles ist darauf ausgerichtet, möglichst schnell Erfahrungen mit der Zukunft zu sammeln und flexibel auf die gesammelten Erkenntnisse zu reagieren. Insbesondere Deutschland hat für diese Pionierstadtkieze gezielte steuerliche Rahmenbedingungen geschaffen. Die Politik sieht hierin die Chance, in einer sich immer stärker nach den großen Absatzmärkten in China und Afrika richtenden Konsumgüterkultur Deutschland als technologischen Test- und Leitmarkt zu positionieren. Den Anstoß für die Errichtung von Quartieren innovativen Lebens gab 2015 ausgerechnet eine Doku-Soap des damals vollkommen zu Recht vielgescholtenen öffentlich-rechtlichen Fernsehens. Nachdem zuvor zahlreiche Doku-Soap-Formate eine Anzahl Freiwilliger für mehrere Wochen in verschiedene Epochen (zum Beispiel ins Mittelalter) zurückversetzt hatten, wagte der aus dem Zusammenschluss von ARD und ZDF hervorgegangene Sender DIF das Experiment einer Reisegruppe in die Zukunft. Die Erlebnisse der Zukunftstester begeisterten so viele, dass diesem Tele-Quartier »Neue Heimat« schnell weitere Reallabore folgten.

Community-Modell

Die Idee der örtlichen Bündelung ist es, durch stärkere gegenseitige Motivation eine höhere Sichtbarkeit der Innovationen zu erzielen. Die gegenseitige Stärkung und Unterstützung der Gleichgesinnten ist das entscheidende Momentum für eine spürbar positive Veränderung der Lebensqualität. Die *green early adopter* sollen nicht mehr das Gefühl haben, nur die dumme Allianz der Willigen zu sein, die aus ihrem durchaus aufwendigeren nachhaltigen Lebensstil keine entsprechende Rendite ziehen kann, weil die ignorante Masse in der direkten

Nachbarschaft fröhlich weiter Verkehrslärm produziert, Abgase emittiert und Parkplatzflächen verbraucht. Stattdessen wird die Gestaltungskraft der eigenen Veränderung in dieser räumlich abgegrenzten Keimzelle tatsächlich sichtbar. Was für Europäer zunächst befremdlich wirkte, erschien indischen Akteuren als vollkommen normal. So existieren in Mumbai seit langem ganze Stadtquartiere, in denen – insbesondere geprägt durch die Jains-Minderheit – Wohnungen nur an Vegetarier vermietet werden.

Mobilitätskonzept

Ein wesentlicher Baustein der Sustainable Communities ist eine klimaschonende und wertegebundene Mobilitätsversorgung. Die von einer privaten Initiative mit privatem Kapital errichteten Communities gehen dabei weit über die schon seit Jahrzehnten autofreien Wohnanlagen hinaus. Sie sind nicht nur als Wohngebiete angelegt, sondern inkludieren auch Gewerbe- und Versorgungseinrichtungen. Den Wissensarbeitern werden wohnungsnahe Satellitenbüros geboten, lokale Handwerks- und Dienstleistungsbetriebe, die sich auf communityintern genutzte Lastenräder und E-LKW-Anlieferung einlassen, werden Gewerbe- und Wohnräume offeriert. Alles ist auf die nutzernahe Produktion und Selbstversorgung des neuen Laborkiezes ausgerichtet. Was die Community von außen bezieht, wie beispielsweise Lebensmittel, Großgeräte etc., unterliegt strengen Anforderungen. Grundsätzlich zählt »Weniger ist mehr« und die kollaborative Nutzung möglichst vieler Artefakte zum gewünschten Lifestyle, ohne dass die Gemeinschaft in diktatorische Sektiererei verfällt. Die interne Verwaltung ist eine Gratwanderung, doch unter dem Motto des Experimentierens sollen möglichst viele kreative Frei-

räume erhalten werden. Der Spieltrieb wurde geweckt und die
Bewohner nehmen die Möglichkeiten, den eigenen Footprint
genau zu messen und mit Nachbarn, anderen Communitys
und weltweiten Benchmarks vergleichen zu können, intensiv
wahr.

[Thomas Sauter-Servaes]

+30 (Flight-Level-1-Mobilität)

Massenverkehrsmittel auf hochfrequentierten Intra- und In-
tercity-Achsen, das den Luftraum in geringer Höhe als zusätzlichen bzw. substituierenden Verkehrsraum nutzt.

Hintergrund

Der Trend des Zuzugs in Ballungsräume war in den vergangenen Jahrzehnten ungebrochen. Stadt-, Raumplaner und Architekten überlegten fieberhaft, wie sie die Bebauung bei mindestens gleichbleibender Lebensqualität weiter verdichten
konnten, um das flächenseitige Ausufern der Städte zu verhindern. Schließlich sollten die Millionenmetropolen mit ihrem steten Wachstum ihren für den Stopp des Klimawandels
so wichtigen Effizienzvorsprung nicht ad absurdum führen.
Das Ergebnis war eine konsequente Verlegung (Industriestaaten) bzw. Neuanlegung (Emerging Countries) der flächenin-
tensiven Infrastruktur für den motorisierten Verkehr auf ein
neues Höhenniveau, nach Luftverkehrsmaßstäben das Flight
Level 1 (FL1), das ungefähr einer Höhe von 100ft/30 m über
dem Boden entspricht.

Innerstädtische Seilbahnsysteme und Intercity-Luftschiffe

Da der Traum von fliegenden Autos und Bussen ein Traum geblieben ist, hat sich ein anderes Verkehrsmittel als neues Arbeitstier im höhergelegten Verkehrssektor durchgesetzt: die Seilbahn. Zunächst in den planlos wuchernden Millionenmetropolen aufstrebender südamerikanischer und asiatischer Staaten als letzter Versuch der Einführung eines leistungsfähigen öffentlichen Verkehrssystems installiert, durchziehen moderne Kabinen nun als neue Flaggschiff-Verkehrsinfrastruktur in engem Takt *(heavy rotation)* auch die großen Verkehrsachsen vieler traditioneller Großstädte. Wo bereits U-Bahn-Systeme vorhanden waren, werden diese weiter genutzt, aufgrund der weitaus höheren Instandhaltungskosten aber sukzessive durch den Verkehr auf FL1 ersetzt. Während tagsüber der Personenverkehr nahezu lautlos durch die Stadt gleitet, wird das kreuzungsfreie System in den Nachtzeiten überwiegend für die Warenanlieferung genutzt.

Ein ähnliches Bild bietet sich im Überlandverkehr, denn auch die Hauptverbindungen zwischen den Städten haben an Höhe gewonnen. Doch anstatt hier kilometerlange Stahlseile zu verlegen, besorgen auf diesen Routen Luftschiffe den Transport, da ihr Infrastrukturaufwand weit niedriger liegt als bei den möglichen Varianten am Boden. Die systemische Verknüpfung zwischen alter Schienen-, neuer Seilinfrastruktur sowie dem Luftschiffsystem bildet die ergänzende Nutzung der großen innerstädtischen Gleisvorfelder von Hauptbahnhöfen. Diese städtebaulich zuvor nicht genutzten Bahnbetriebsflächen wurden sukzessive überbaut. Das Ergebnis sind intermodale Superknoten, die den Zugang zum FL1-Verkehrssystem sicherstellen. Die als CORE (City On Rails Experiment) bezeichneten Bauprojekte führten zudem zu einer deutlichen Aufwertung der Umfelder von Metropolenbahnhöfen und einer starken Absenkung der bahninduzierten Lärmemissionen im Stadtzentrum.

Renaturierung & Resilienz

Neben dieser Aktivierung von Bahnbestandsflächen konnte durch Rückbau und Umwidmung der jahrzehntelange Trend des starken Zuwachses versiegelter Verkehrsflächen gebrochen werden. Die durch die Verkehrsverlegung neu gewonnenen Flächen am Boden wurden abhängig von der Lage entweder für die Rekultivierung von Naturgebieten, die Gewinnung regenerativer Energien bzw. die diesbezüglichen Stromtrassen oder die Landwirtschaft genutzt. Innerstädtisch wurden Naturstraßen als vernetzte Grünschneisen etabliert, die das Umnutzungsmodell des »High Line«-Projekts für den Straßenraum adaptierten. Bei »The High Line« handelt es sich um eine nicht mehr als solche genutzte Metro-Hochbahntrasse im Westen Manhattans, die bereits seit 2006 zu einer Parkanlage umgebaut wurde. Diese und andere Projekte der Renaturierungswelle konnten sich auf Forschungserkenntnisse stützen, die ab den frühen 2010er Jahren die bislang vernachlässigte hohe Bedeutung von Grünflächen für die psychische Gesundheit der Stadtbevölkerung eindrücklich nachgewiesen hatten.

Ergänzend kann das neue Verkehrssystem gerade in Küstenstädten einen entscheidenden Vorteil ausspielen: seine Robustheit gegenüber klimabedingten Veränderungen. So sind besonders in Küstennähe saisonal aufgrund des Klimawandels immer häufiger Überschwemmungen zu verzeichnen. Bedeutete dies früher den Verlust vieler privater und öffentlicher Fahrzeuge, die tagelange Unpassierbarkeit der Straßen und damit den teuren Zusammenbruch des öffentlichen Lebens, halten die flutsicher gegründeten Seilbahnmasten die Mobilität nun weit über dem Erdboden sicher am Laufen. Mit diesem Alleinstellungsmerkmal schaffte das +30-Konzept in den betroffenen Metropolen als erstes die Statusveränderung von »interessant« zu »systemrelevant«.

[Thomas Sauter-Servaes]

Mobilitätsfukushima

Umgangssprachliche Bezeichnung für den 12. Februar 2028, an dem der Computerwurm CARITUS um 11:55 AM (MESZ) weltweit gleichzeitig die Kontrolle über rund ein Zehntel aller Straßenfahrzeuge übernahm. Die direkte Folge waren Tausende Massenkarambolagen, der Zusammenbruch sämtlicher städtischer Verkehrssysteme und somit chaotische Zustände in den urbanen Agglomerationen.

Hintergrund

Durch den als Terrorakt eingestuften Vorfall wurde der Straßenverkehr insbesondere in Europa und den angrenzenden Zeitzonen für rund zwei Wochen beinahe vollständig lahmgelegt. Die genaue Zahl der Opfer konnte nie ermittelt werden, der globale Sachschaden wurde auf über 200 Mrd. US-Dollar geschätzt. Die Drahtzieher der Aktion wurden bis heute nicht identifiziert. Die persönlichen Erlebnisse und die Berichterstattung führten in vielen Ländern zu einer kritischen Auseinandersetzung mit dem Einsatz von einheitlichen elektronischen Bauteilen in sicherheitsrelevanten Anwendungen. Der Straßenverkehr hat nach dem 12. Februar 2028 aus Angst vor weiteren Systemangriffen auf die Automobilität nie mehr die zuvor gültigen Verkehrleistungswerte erreicht. Gemeinsam mit dem im Sommer 2010 entdeckten Stuxnet-Virus, der vermutlich die iranischen Atomanlagen in Natanz und Buschehr zum Ziel hatte, gilt CARITUS als komplexester bislang bekannter IT-Sabotageakt.

Wahrscheinlich seit Ende 2025 wurde das Schadprogramm über eine infizierte Diagnosesoftware, die standardgemäß in beinahe allen Werkstätten zum Einsatz kommt, in die Bordsysteme der Fahrzeuge eingeschleust. Analog zu klassischem Epidemien hatte sich die digitale Fahrzeuggrippe mit extrem langer Inkubationszeit über Diagnosegeräte und infizierte Fahrzeuge wechselseitig ausgebreitet. Die kollektive selbständige Aktivierung am 12. Februar 2028 bewirkte bei den betroffenen Fahrern einen vollständigen Kontrollverlust über ihr Fahrzeug. CARITUS blockierte die Bremsen einzelner Räder, würgte den Motor selbst in voller Fahrt ab und aktivierte die Scheibenwaschanlage sowie den Gurtanlege-Warnton.

[Thomas Sauter-Servaes]

Smart Parking

In internationalen städtebaupolitischen und verkehrswissenschaftlichen Zusammenhängen seit 2015 verwendeter Sammelbegriff für innovative Infrastruktur- und Dienstleistungskonzepte zum stadt- und verkehrsgerechten Management zunehmend begrenzten urbanen Parkraums. Im Zuge der globalen urbanen Verdichtungsprozesse einerseits und weiter anhaltender Motorisierungstendenzen andererseits hat sich Smart Parking zu Beginn des 21. Jahrhunderts zu einem der effizientesten kommunalen Steuerungsinstrumente für die Gestaltung einer zukunftsfähigen urbanen Mobilität entwickelt.

Geschichtlicher Hintergrund

Anfang dieses Jahrhunderts bewirkte die Mobilitätsentwicklung eine weitere Verknappung des innerstädtischen Parkraumes und führte damit zu einer günstigen Ausgangssituation für die Entstehung eines neuen Parkraumparadigmas. Wichtigster Treiber war die zunehmende Flächenknappheit, vor allem bedingt durch das Bevölkerungswachstum und die weitere Motorisierung in den BRIC-Nationen. Gleichzeitig bewirkte der Attraktivitätsgewinn der Innenstädte eine weitere Verdichtung durch Zuzug auch in den Metropolen der westlichen Industrieländer. Hinzu kam hier die wachsende Flächenkonkurrenz durch den Fahrradboom. Im Resultat attestierten diverse Studien zu Beginn des Jahrtausends, dass über 30 Prozent des innerstädtischen Straßenverkehrs durch Parksuchverkehr verursacht werden. Insofern bestand Handlungsbedarf. Dank der zunehmenden Digitalisierung der Mobilität sowohl aufseiten der Nutzer als auch seitens der Infrastruktur bot sich den politischen Entscheidungsträgern die Chance, eine Regulierung einerseits verhältnismäßig kostengünstig zu installieren. Andererseits wurde das Parkraummanagement zum ersten Mal als zentrale Stellschraube urbaner Verkehrspolitik verstanden: Im Durchschnitt steht ein Fahrzeug 95 Prozent der Zeit, in Stunden ausgedrückt steht ein Pkw 23 Stunden am Tag im öffentlichen Raum oder auf privaten Grundstücken, jede Fahrt beginnt und endet mit dem Parken des Fahrzeugs. Wer eine flächendeckende Parkraumbewirtschaftung intelligent einsetzt, hat einen starken Hebel, um den Straßenverkehr insgesamt besser zu steuern. Dies wurde umso dringender, als durch die Umstellung auf elektromobile Fahrzeuge die Kraftstoffbesteuerung als Ansatzpunkt wegfiel und die Parkgebühren neben City-Mautabgaben nun den bedeutendsten Anteil an den Out-of-pocket-Kosten des Autonutzers ausmachten.

Smart-Parking-Komponenten

Der Smart-Parking-Ansatz umfasst in den meisten Städten zwei Komponenten. Zum einen führen stellplatzscharfe Leitsysteme dazu, dass unnötige Fahrten vermieden werden. Auf der anderen Seite wurde die einheitliche Parkraumbewirtschaftung durch eine zeit- und fahrzeugspezifische Gebührenerhebung ersetzt.

Parkleitsystem

Die alten Sensoren zur Detektierung von freien Parkplätzen, wie sie noch Anfang der 2010er Jahre zu Tausenden in die Stellplatzinfrastruktur eingebaut wurden, stellen ein auslaufendes Erfassungsinstrument dar. Inzwischen erfolgen drei Viertel der Parkplatz-Freimeldung kostengünstiger, wartungsärmer und präziser über optische Systeme, bei denen eine einzige Kamera teilweise den Status Hunderter Stellflächen überwachen kann. Je nach örtlicher Gegebenheit sind die optischen Sensoren an Hochhäusern, Drohnen oder wetterballonähnlichen Flugobjekten montiert. Gemeinsam bieten sie ein vollständiges Bild der aktuellen Parkraumverfügbarkeit. Gegen Gebühr können private Dienstleister auf das Datengerüst zugreifen und auch über kostenpflichtige Reservierungen den Status eines Platzes beeinflussen.

FairParking – Parkraumbewirtschaftung
mit erweiterter Steuerungsfunktion

Während bei Schadstoff- und Lärmemissionen umweltfreundlichere Verkehrsteilnehmer bereits seit vielen Jahrzehnten für ihren gesellschaftlichen Beitrag belohnt werden, waren Bonus-/Malusregelungen beim Flächenverbrauch bis vor wenigen Jahren kaum zu finden. Dabei ist ein effizientes Flächenmanagement von zentraler Bedeutung für die Sicherstellung der urbanen Lebensqualität. Was zunächst nur in einigen Städten wie London oder Amsterdam für die Bepreisung von Anwohnerparkkarten in Ansätzen realisiert worden war, entwickelte sich zum Standardtarifbaustein moderner Parkraumbewirtschaftungssysteme. Mit der Umstellung von der Einheitsparkierungsgebühr auf eine flächenverbrauchsspezifische Bepreisung von Parkierungsflächen wurden

- die Infrastrukturkosten über die Entgelte gerechter verteilt,
- die Nutzung kleinerer Fahrzeuge inzentiviert und
- eine Datenbasis für die langfristige Neudimensionierung der Parkierungsflächen geschaffen.

Dabei erfolgt eine Splittung des Einheitsparkierungspreises in drei fahrzeuggrößenabhängige Tarife (mini/midi/maxi), die mit tageszeitabhängigen Faktoren multipliziert werden. Die gerechtere Bepreisung des ruhenden Verkehrs führte zu einer deutlichen Akzeptanzsteigerung des Bewirtschaftungssystems. Wo die preisliche Besserstellung des Kleinwagens noch kein schlagendes Argument bei der Kaufentscheidung war, konnte sie doch zumindest beim Besitz mehrerer Fahrzeuge die bevorzugte Verwendung des kleineren, stadtverträglicheren Wagens anstoßen. Für Stadtverwaltungen beinhaltete die Umstellung die Chance, mit geringem Infrastrukturaufwand einen Anreiz für den Einsatz flächensparsamer Fahrzeuge im Stadtverkehr zu geben. Dabei wurde der für die Instandhaltung der Parkierungsanlagen notwendige Deckungsbeitrag aus den Parkraumeinnahmen mindestens auf dem bestehenden Niveau gehalten.

[Thomas Sauter-Servaes]

Avatar Mobility

Virtuelle Kommunikations- und Arbeitsplattform zur Reduzierung von Pendlerverkehr.

Hintergrund

Anfang des Jahrtausends schwollen die werktäglichen Pendlerströme in den Industriestaaten zum größten Verkehrsproblem an. Befeuert durch die überwiegende Berufstätigkeit beider Elternteile der zahlenmäßig wieder stark zunehmenden Kleinfamilien, wurden längere Arbeitswege als geringeres Übel in Kauf genommen. Die Alternative des ständigen Umziehens, wenn einer der zeitlich befristeten Arbeitsverträge der Lebenspartner endete und die nächste Anstellung an einem anderen Ort begann, stellte nicht nur aufgrund des Kostenaufwands keine belastbare Option dar. Das mehrfache Verlassen der gewohnten Lebensumgebung wurde vor allem für die Kinder als unzumutbare Belastung empfunden. Die Folge waren überlastete Verkehrsinfrastrukturen, staubedingt ausufernde Pendlerzeiten und überfüllte öffentliche Verkehrsmittel – verbunden mit einer massiven Beeinträchtigung der Gesundheit und der Arbeitsmotivation. Die gesellschaftlichen Wohlfahrtsverluste wurden Ende der 2010er Jahre alleine für

Europa auf einen zweistelligen Milliardenbetrag pro Jahr taxiert. Erst die Mitte der 2020er Jahre etablierten Avatar-Mobility-Systeme führten zu einer deutlichen qualitativen Aufwertung der Home-Office-Alternative und waren damit der entscheidende Impuls zur Einführung neuer Arbeitsplatz- und Präsenzzeitmodelle.

Avatar-Mobility-Systeme

In Anlehnung an den ersten großangelegten Versuch, virtuelle Welten als *Dritte Orte* geschäftlicher Treffen und interaktiver Arbeit zu nutzen, wird die Avatar Mobility auch als *Third Life* bezeichnet. Die Zugangsbedingungen sind dabei ähnlich dem Vorgänger *Second Life* extrem niedrig, qualitativ hochwertigere Hardware kann die räumliche Illusion allerdings beliebig weit erhöhen. Anders als bei den bis vor wenigen Jahren üblichen Videokonferenzsystemen sehen sich die Besprechungsteilnehmer nicht mehr persönlich gegenseitig auf dem eigenen Monitor, sondern befinden sich gemeinsam in einem virtuellen Raum, in dem sie jeweils durch ihren persönlichen Avatar vertreten werden. Per Videobrille, Maus und Internetverbindung steuert man sein Double durch Raumwelten, die nicht selten anlassspezifisch gestaltet sind und deren Atmosphäre die Produktivität und Kreativität des Treffens positiv beeinflussen sollen. Für einen Bruchteil der Investitions- und Betriebskosten betonierter Unternehmenskomplexe entstehen auf gemieteten Serverfarmen allzeit saubere und nicht selten räumlich beeindruckende Arbeits- und Präsentationsumgebungen im Cyberspace. Diese sind leicht in der Größe skalier- und modernisierbar, müssen nicht beheizt werden und sind von überall auf der Welt mit der entsprechenden Zugangsberechtigung innerhalb von Sekunden aus jedem Winkel der Welt klimaschonend erreichbar. Insofern heißt das Motto nicht mehr nur infrastrukturbezogen »from bricks to clicks«, sondern vor allem auch verkehrssparsam »from vehicle to virtual«.

Aufbauend auf Fortschritten der Computerspielindustrie taucht der Nutzer innerhalb kürzester Zeit vollständig in die künstliche Welt ein. Er bewegt sich mit seinem Avatar durch Avatar-Gruppen und kommuniziert über ihn mit einzelnen oder zwanzig Mitarbeitern wie im traditionellen Büroalltag. Neben den schnell einzurichtenden Heimarbeitsplätzen sind riesige sogenannte Avatar Mobility Center gegründet worden. In diesen verkehrstechnisch sehr gut angebundenen Gemeinschaftsbüros können Einzelplätze oder ganze Etagen für die Avatararbeit gemietet werden.

Vorreiter bei der Erstellung und Implementierung der Avatar-Mobility-Systeme waren renommierte Universitäten, die in ihren Heimatmärkten mit geburtenschwachen Jahrgängen konfrontiert wurden und zugleich bei ihren ersten Online-Experimenten eine gewaltige Nachfrage aus den wirtschaftlich aufholenden Weltregionen verzeichneten. Die Avatararbeit bewährte sich als hervorragendes Instrument zur Ergänzung der individuell abrufbaren Vortragsvideos um Tutorien, Lerngruppen und interkulturell zusammengesetzte Seminare. Mussten sich große amerikanische Universitäten zuvor um die Bereitstellung und den Unterhalt Zehntausender Parkplätze kümmern, fließen die freigewordenen Mittel nun in zusätzliche Gastprofessuren. Während weite Parkplatzflächen wieder ergrünen, wird der Campus überwiegend alternierend für Blockwochen einzelner Fakultäten genutzt, um den weiterhin gewünschten physisch-persönlichen Kontakt zeitlich komprimiert zu ermöglichen.

Wirkung auf den Verkehr

90 Prozent der europäischen Unternehmen haben Avatararbeit inzwischen fest in den Arbeitsalltag integriert. Überwiegend können die Mitarbeiter selbst bestimmen, zu welchem Anteil sie zu Hause, in einem Avatar Mobility Center oder am ursprünglichen Firmenstandort arbeiten möchten. Aufgrund der positiven Erfahrungen mit den Arbeitsergebnissen haben sich Avatarmeetings aber zum Standard in vielen Wissensarbeitsbranchen entwickelt. Vereinzelt existieren noch Mischsysteme, bei denen die Mitarbeiter beispielsweise über Telepräsenzroboter an physisch durchgeführten Sitzungen teilnehmen. Verkehrsseitig hat dies zu einer erheblichen Reduzierung des Verkehrsaufkommens in den ehemaligen Spitzenstunden des Berufsverkehrs geführt. Viele geplante Ausbaumaßnahmen, die auf den zusätzlich prognostizierten Kapazitätsbedarf in den werktäglichen Morgenstunden ausgelegt waren, konnten zum Vorteil der öffentlichen Haushalte gestrichen werden. Die Befürchtungen, die Avatararbeiter würden die gewonnene Zeit verstärkt in verkehrsintensive Freizeitaktivitäten investieren, bewahrheiteten sich nicht.

[Thomas Sauter-Servaes]

Mateboard

Extrem leichtes elektrisches Skateboard, das in urbanen Räumen den bedeutendsten Zubringer zum Schnellbus-, S-Bahn- und Metro-System bildet und dessen Modal-Split-Anteil sich innerhalb kurzer Zeit verdoppelt hat.

Hintergrund

Die erste und letzte Meile stellten bis vor kurzem das größte Hindernis für die Nutzung von öffentlichen Verkehrsmitteln dar. Insbesondere attraktive Schnellbus- und Bahnlinien zeichnen sich durch zu große Haltestellenabstände aus, was für viele potentielle Nutzer lange An- und Abwege zur Haltestelle bedeutet. Die resultierenden Zugangszeiten zu Fuß und die unbequeme bis unmögliche Fahrradmitnahme machten den Umstieg auf den öffentlichen Verkehr unattraktiv und zementierten die bequeme Fahrt von Tür zu Tür mit dem privaten Automobil. Leihradsysteme stellten den ersten Schritt zur Verbesserung der Anschlussmobilität dar, konzentrierten sich jedoch meist auf vielbesuchte Innenstadträume. Trotz des im Vergleich zum Automobil geringen Parkflächenbedarfs wurde die Anzahl der Stationen und Leihräder durch die jeweilige Flächenverfügbarkeit deutlich limitiert, ganz abgesehen von den Herstellungs- und Wartungskosten für die Mietvelos. Hatte man zunächst versucht, mit den in Anschaffung und Instandhaltung noch teureren Pedelecs die Anbindung von ÖV-Stationen attraktiver zu gestalten, führte erst die Markteinführung leistungsstarker Mateboards zu einer zielführenden Umgestaltung der Infrastruktur an den Umsteigeknoten und einer neuen intermodalen Mobilitätskultur.

Produktklasse Mateboard

Mateboards (*mate* – engl. Partner/Gefährte, verbinden) wurden Ende der 2010er Jahre populär und entwickelten sich zur treibenden Kraft bei der Elektrifizierung des Verkehrs. Verschiedene Startups nutzten die Fortschritte in der Batterie- und E-Motorentechnik, um elektrisch angetriebene Skateboards mit geringem Gewicht, kinderleichter Steuerung und ausreichender Reichweite herzustellen. Auch ohne Fußeinsatz erreichen sie Geschwindigkeiten von rund 25 km/h und erklimmen sogar kurze Steigungen, ohne dass der Akku vor Erreichen der mittleren Reichweite von zehn Kilometern erschöpft ist. Die preisgünstige Herstellung und die Einfachheit des Produkts generierten schnell hohe Absatzzahlen bei den Pionieren, was wiederum kurzfristig viele Nachahmer und Produktdifferenzierungen induzierte. Die Mateboards fluteten den Markt. Das erste tatsächliche Massenprodukt der Elektromobilität war geboren und veränderte die Mobilitätskultur so schnell wie das Mobiltelefon den Kommunikationsmarkt revolutioniert hatte. Entscheidend war neben der leichten Bedienung und dem geringen Preis vor allem die sich schnell um das Produkt formierende Dienstleistungswelt. Anders als beim Elektroauto oder E-Fahrrad war die Ladeinfrastruktur von Beginn an kein Hemmnis. Neben dem Laden an der eigenen Steckdose bildete sich innerhalb weniger Wochen in vielen Städten ein dichtes Netzwerk von Akkutauschstationen, das von vielen Einzelhändlern als einträgliches Nebengeschäft angeboten wurde. Ein Carsharing-Unternehmen erkannte früh das Potential des Mateboards als weiteres Sharing-Angebot und sicherte sich für zahlreiche Städte das Vorrecht, an ÖV-Stationen sogenannte MateTower aufstellen zu dürfen. Die hohen schmalen Säulen waren letztlich nichts anderes als Paketstationen, nur dass es ausschließlich auf die Ausgabe und Annahme von Mateboards spezialisiert war, die im Inneren des Towers in dichter Packung und großer Anzahl lagerten. Neben der Ausleihe von Mietmates konnten hier auch private Mateboards geparkt werden. Doch viele verzichteten darauf und waren stattdessen fortan künftig »always on (wheels)« – bei knapp vier Kilo in der Standardausführung ein handhabbares Zusatzgepäck.

Nachdem der Mateboard-Trend zunächst die Jugend infiziert hatte, stiegen schnell auch Pendler älteren Jahrgangs auf das neue Angebot um. Das Mateboard mauserte sich zum entscheidenden »multimodalizer«, dem bis dahin verzweifelt gesuchten heiligen Gral zur Attraktivitätssteigerung intermodaler Wegeketten als Autosubstitut. Neben anzugaffiner Rollbrettern waren bald auch neue Features zu beobachten, die den Komfort weiter erhöhten. So sind in vielen Städten inzwischen spezielle Fahrspuren auf Straßen und Fußwegen markiert, die eine besonders erschütterungsarme Fahrt garantieren und denen das Mateboard dank eines nachrüstbaren optischen Leitsystems automatisch folgen kann.

[Thomas Sauter-Servaes]

New H (Rurale Kolonien bzw. Dorf 2.0)

Stadtflucht-Bewegung kreativer Digital Natives, die eine moderne Form des Landlebens propagiert.

Hintergrund

Das Wunschbild vom idyllischen Landleben – in Hochglanzmagazinen, TV-Sendungen und der Werbung für Landprodukte aufwendig medial inszeniert – war lange kaum zu vereinen mit der tatsächlichen Entwicklung. Jahrzehntelang waren der Verfall ländlicher Gemeinden und eine massive Landflucht zu beobachten. Erst mit Beginn der 2020er Jahre wandelte sich das Bild. Baugemeinschaften und Avantgardisten eroberten brachliegende Dörfer zurück, aber auch professionelle Projektentwickler spekulierten auf das gerade in vielen akademischen Schichten prinzipiell positive Bild vom Landleben und konzipierten auf der Grundlage der Anforde-

rungen dieser Klientel unter dem Schlagwort *Dorf 2.0* ein
neues Modell ländlicher Siedlungen. Zum großen Teil nutzen
die Stadtauswanderer ressourcenschonend alte Bausubstanz.
Teilweise werden jedoch auch günstige neue Standorte mit
zeitgenössischen Architekturentwürfen entwickelt, weshalb
die ruralen Projekte in Anlehnung an das Berliner Hansa-
viertel in Planerkreisen auch Hansadörfer genannt werden.
Die neuen Ansiedlungen liegen überwiegend in 60-bis-90-
Minuten-Schnellzugdistanz in der erweiterten Peripherie
großer Städte.

Vorreiter

Vorreiter und Namensgeber der *New H*-Bewegung waren
New Yorker Hipster, die Anfang der 2010er Jahre von Man-
hattan in die Kleinstadt Hastings am Hudson River zogen. Die
kreativen Pioniere suchten zunächst vor allem eine Alternative zu den überhitzten innerstädtischen Immobilienpreisen.
Was als temporäre Stadtflucht für den Feierabend und zugunsten größerer Wohnflächen begann, mündete schließlich
in funktionierenden suburbanen Lebensräumen, die sich immer stärker vom nächstgelegenen Metropolraum abnabelten,
ohne dass dieser als Möglichkeitsraum für Einkauf, Freizeit
oder allgemeines Kontrastprogramm an Bedeutung für das
Gesamtkonzept verlor.

Ausgestaltung

Anders als die zuvor bekannten Schlafstädte und Retorten-
dörfer setzt sich die Bevölkerung nicht aus einem Heer von
Arbeitsnomaden zusammen, das faktisch nur am Wochen-
ende und nachts in voller Besetzung anzutreffen ist. Stattdessen zielt das Modell auf die Digital Natives, die sich aus ihrem

Arbeitszimmer oder der Büro-WG nebenan in den weltweit stattfindenden Arbeitsalltag einklinken, aber einer exzessiven physischen Mobilität eine Absage erteilen; die für einige Jahre oder für immer eine Auszeit vom Großstadtleben suchen, ohne komplett aussteigen zu müssen. Es ist die Neuentdeckung von intensiv genutzten Versorgungs-, Begegnungs- und Erholungsstrukturen im unmittelbaren, unmotorisiert erlebbaren Umfeld. Der Lebensentwurf basiert auf einer großen Naturnähe, einem hohen Grad an Selbstversorgung mit Nahrungsmitteln und Energie und einer starken virtuellen Nabelschnur, die den Anschluss an die Welt sichert. Die physische Anbindung an die weite Welt allerdings wird bewusst erschwert, um das rastlose Hopping zwischen Landleben, Großstadt und Flughafen bereits im Ansatz zu unterbinden.

[Thomas Sauter-Servaes]

Carsharing

Sammelbegriff für alle Formen des gemeinschaftlichen Automobilteilens, für das sich auch im deutschsprachigen Raum der englische Terminus weithin eingebürgert hat. Während der Privatbesitz eines Fahrzeuges das gesamte 20. Jahrhundert hindurch im Kern der Automobilkultur stand, hat sich diese Praxis seit Beginn des 21. Jahrhunderts radikal zugunsten einer Kultur des Nutzens-statt-Besitzens gewandelt. Der allgemeine Trend der Konsumkultur des frühen 21. Jahrhunderts in Richtung der *Shareeconomy*, in der der Besitz von Konsum- und Investitionsgütern durch den marktvermittelten Zugang zu Produkten für den Zeitraum der Nutzung abgelöst wurde, fand damit in der Mobilität seine früheste und konsequenteste Ausprägung.

Hintergrund

Die Idee eines gemeinschaftlich genutzten »Clubautos« wird zum ersten Mal 1951 in der Revue d'Urbanisme und später im sogenannten Buchanan-Report von 1964 erwähnt. Bereits in den 1960er Jahren gab es vor allem im angloamerikanischen Raum Konzepte für sechs größere Teilautoprojekte, von denen jedoch keines in einem dauerhaften Pilotprojekt tatsächlich umgesetzt wurde. Das änderte sich erst mit den Projekten *Procotip* von 1971 bis 1973 in Montpellier, *Witcar* von 1973 bis 1981 in Amsterdam, *Mobility Enterprise* von 1982 bis 1985 in West Indiana und *STAR* von 1983 bis 1985 in San Francisco. Während diese Versuche von Beginn bis Projektende stark von einem wissenschaftlichen Experimentalcharakter geprägt waren, entwickelte sich das weltweit erste auch dauerhaft erfolgreiche Unternehmen »Stattauto« des forschenden Unternehmers Markus Petersen in Berlin seit 1988 sehr schnell von einem wissenschaftlichen Feldversuch zu einem kommerziellen Betrieb. Schnell folgten dieser Geschäftsidee Einzelpersonen, Vereine und Genossenschaften mit Unternehmensgründungen für das Autoteilen in vielen Städten, vor allem im deutschsprachigen Raum. Die weitere Entwicklung des Carsharing in der Phase von Beginn der 1990er Jahre bis 2015 ist geprägt von einer großen Dynamik, Vielfalt, technologischer Innovation und unternehmerischer Kreativität. Der nächste Schritt zur Professionalisierung und dauerhaften Etablierung erfolgte in den 2010er Jahren mit dem Einstieg der europäischen Mobilitäts- und Autoindustrie in den Carsharing-Markt mit eigenen Produkten (z. B. DB AG mit Flinkster, Daimler AG mit car2go, BMW mit DriveNow und VW mit Quicar). Dieser Schritt kann aus heutiger Sicht als kluge unternehmerische Zukunftsvorsorge betrachtet werden angesichts globaler gesellschaftlicher Rahmenbedingungen, die zu einem steten Attraktivitätsverlust der klassischen Automobilnutzung beitrugen. Da Anfang des Jahrhunderts bereits über sechzig Prozent der Weltbevölkerung in urbanisierten Weltregionen lebten und diese Entwicklung sich bis zur Mitte dieses Jahrhunderts durch den demographischen Wandel noch deutlich verstärkte, waren diese urbanen Märkte für den zukünftigen unternehmerischen Erfolg der Branche entscheidend. Gleichzeitig schoben die veränderten Rahmenbedingungen die Entwicklungen an, einerseits durch den wachsenden Automobilbestand, steigendes Verkehrsaufkommen und entsprechende massive Kapazitätsprobleme für den fließenden und ruhenden Verkehr, andererseits durch die enormen

Digitalisierungsschübe, die immer schnellere, flexiblere und passgenauere informationstechnologische Dienstleistungen und Geschäftsfelder ermöglichten. Hinzu kamen Wertverschiebungen gegenüber der Automobilität bei jüngeren Käuferschichten in den weitgehend gesättigten Märkten der westlichen Industriegesellschaften und ein rationalerer, sprich vor allem kostenbewussterer Umgang mit dem betriebs- wie volkswirtschaftlich im Grunde unwirtschaftlichen Besitzgut Automobil zugunsten flexibler und nicht an den Privatbesitz gekoppelter Nutzungsweisen. Der Blechbesitz eines langjährig haltbaren Nutzungsgutes hatte seit Beginn der digitalen Ära ein zentrales Handicap – ihm fehlten die Update-Möglichkeiten. In der permanente Aktualisierung und immer neue Zusatznutzungen gewohnten Smartphone- und Internetepoche büßte das Auto an Attraktivität ein, da der Käufer sich mit der Anschaffung technologisch für viele Jahre festlegen musste. Die Verschiebung vom Besitzen zum Nutzen war gegenüber den bislang vorherrschenden produkttechnologischen Innovationsstrategien der Automobilindustrie eine vorwiegend nutzerseitige, also soziale Innovationsstrategie, die den Autobauern eher aufgezwungen wurde, als dass sie sich an die Spitze der Bewegung gesetzt hätten. Befeuert wurde die Entwicklung durch eine nicht unerhebliche Dynamik im Bereich des privaten, meist nachbarschaftlichen Autoteilens. Grundidee deutscher Online-Plattformen wie Nachbarschaftsauto, Tamyca, Rent-n-Roll, Autonetzer und carzapp oder internationaler Äquivalente wie buzzcar (Frankreich), RelayRides/Getaround (USA) oder WhipCar (England) war es, den Verleih bzw. die Ausleihe von privaten Autos in der Nachbarschaft transaktionskostenarm, sicher und einfach zu gestalten. Ohne eigene Produktionsmittel konzentrierten sie sich vollständig auf eine provisionsfinanzierte Vermittlerrolle mit

intuitiv nutzbarer Bedieneroberfläche. Vor allem durch den
Einzug digitaler Medien in den Alltag wurde es einfacher als
je zuvor, Gesuchtes mit dem Aufwand weniger Mausklicks in
akzeptabler Reichweite zu finden. Kombiniert mit den Veränderungen der sozialen und ökonomischen Rahmenbedingungen wie der Finanzkrise, stagnierenden oder zurückgehenden
Einkommen und der hohen Bedeutung sozialer Netzwerke
für den Alltags bildeten Internet, Smartphones und mobile Or-
tungsdienste etwa seit 2010 den idealen Nährboden für virtuelle Plattformen, auf denen von privat an privat alles Erdenk-
liche verliehen wird: alltägliche Gebrauchsgegenstände (z. B.
frents, niriu, neighborGoods), Übernachtungsmöglichkeiten
(z. B. airbnb, 9flats, wimdu) – und eben Verkehrsmittel. Der
Impuls kam dabei nicht moralbeladen aus der Ökobewe-
gung, sondern von jungen Digital Natives, die das Peer-to-
Peer-Prinzip auf die Automobilität übertragen wollten, nachdem sie die ineffiziente Verwendung der kostenintensiven
»Stehzeuge« identifiziert hatten. Mit der anschlussfähigen
Story der ressourcenschonenden Shareeconomy und neuen
Akteuren wie risikoaffinen E-commerce-Investoren und Ver-
sicherungen als Partner setzten sie, wendige Freibeuter im
Markt der Autokonzerne und Mietwagenmultis, auf das bis
dahin unentdeckte Geschäftsfeld des privaten Autoleihens
und -verleihens.

Aktuelle Situation

Seit 2015 bis heute veränderten sich angesichts der vor allem
durch die neuen Medien entfachten Dynamik die globalen
Mobilitätsmärkte vollständig. Mobilität wird heute fast gänzlich ohne den einstmals vorausgesetzten Besitz von Verkehrsmitteln organisiert. Verkehrsmittel bleiben heute im Besitz

der Anbieter von Mobilitätsdienstleistungen. Oft teilen sich
verschiedene Anbieter ein und dieselbe Fahrzeugflotte, der
eigentliche Wettbewerb um die Kunden findet im Bereich der
Servicequalität, der Zusatzangebote und der Kosten statt. In
der ehemaligen Automobilindustrie fand im Zuge dieses Pro-
zesses eine radikale Marktbereinigung statt, in der nur wenige
reine Produzenten von Fahrzeugen überlebten. Sie stellen
heute den Grundbedarf technologisch wie konzeptionell sehr
hochwertiger und langlebiger Fahrzeuge bereit, die von den
Mobilitätsdienstleistungsunternehmen neben Informationstechnologien und besonders qualifizierten Infrastrukturspe-
zialisten als Produktionsgrundlage ihrer komplexen Mobilitätsangebote dienen.

Automobilclub Nobility

Automobilclub der nächsten Generation, der auf die Nutzer und Anbieter von Carsharing-Fahrzeugen zugeschnitten
ist, sich als nachhaltiger Automobilclub positioniert und ver-
kehrssparsame Lebensweisen inzentiviert. Seit 2029 Marktführer in Deutschland.

Hintergrund

Ende der 2010er erkannte ein junges Startup als erstes die
kontinuierlich größer werdende Lücke zwischen der immer
grüner werdenden Grundeinstellung der urbanen Trendsetter und der Beton&Asphalt-orientierten Lobbyarbeit des dominierenden Automobilclubs. Die jungen Leute traten auf
Empfehlung und nicht selten auf Kosten ihrer Eltern dem
etablierten Club der gelben Engel mit dem allgegenwärtigen
Vier-Buchstaben-Logo bei. Neben diesem war ihnen meist

überhaupt keine Alternative bekannt, und wenn, dann flößte
ihnen der wenig professionelle Auftritt der ökologisch ausgerichteten Wettbewerber kaum Vertrauen ein. Was wie ein
Himmelfahrtskommando schien, wurde ein Riesenerfolg: Mit
seinen unkonventionellen Ideen machte sich das Startup Nobility auf den Weg, innerhalb von nur zehn Jahren mit dem
Marktführer gleichzuziehen.

Entwicklung

Ausgangspunkt der Angebotsgestaltung und Marketingakti-
vitäten war die gleiche Klientel, die bereits dem Energiever-
sorger-Oligopol abgeschworen hatte und sich inzwischen mit
Ökostrom versorgte. Genauso leicht und überzeugend wie der
Stromwechsel sollte den Bequemlichkeitskunden des Markt-
führers der Wechsel in die rational-ökologischere Alternative
gemacht werden. Im Sinne der deutschen Übersetzung des
Markennamens nutzte man die Öffentlichkeitswirkung von
Prominenten, die Nobility als kleinen, feinen Club der (anders)denkenden Mobilen positionierten. Geschickt strickte
man ein Netzwerk aus chinesischen Versicherern, die einen
Zugang zum deutschen Markt suchten, vielen kleinen Werk-
stattbetreibern, Abschleppdiensten und Verkehrsunterneh-
mern. Das so geknüpfte Dienstleistungsnetz aus schnellen
Hilfeleistungen, Ausfallversicherungen und alternativen Mobilitätsangeboten war den Paketleistungen des Hauptkonkur-
renten funktional mindestens ebenbürtig. Preislich setzte eine
pfiffige Kombination aus Sozialtarifen und drei Statusklassen
neue Akzente. In Kombination mit einem innovativen Kom-
munikationstool schaffte man es, den übermächtigen Konkurrenten in der Zielgruppe der jungen Urbanen in rasantem
Tempo rechts zu überholen.

Doch wollte man nicht nur größer werden als der frühere Standardclub, sondern vor allem nachhaltigere Politik betreiben. Wie der Wettbewerber mit seiner Hauspostille als einem der auflagenstärksten Magazine Deutschlands versuchte, seine Mitglieder auf eine autogerechte Welt einzunorden, so nutzte Nobility sein digitales Angebot, um seine Mitglieder beim Ausbrechen aus gewohnten Denkpfaden zu unterstützen.

Wichtigstes Instrument ist dabei die direkte Belohnung klimafreundlichen Mobilitätsverhaltens. Ähnlich dem japanischen Toprunner-Prinzip wird der zukünftige Basispreis durch die mittlere Emissionsbilanz der 3000 fortschrittlichsten Clubmitglieder definiert. Wer diese in den kommenden drei Jahren nicht erreicht, hat mit deutlichen Preisaufschlägen zu rechnen, wer sie unterbietet, gehört zu den Trendsettern für die Folgejahre. Wie die Mitglieder dieses Ziel erreichen, bleibt ihnen überlassen: sei es die Wahl eines neuen, kleineren eigenen oder Carsharing-Fahrzeugs, die Reduktion der physischen Wege oder der Umstieg auf Fahrrad und öffentlichen Verkehr. Besonders Investitionen in die muskelbetriebene Mobilität werden unterstützt. Unter dem Slogan »Low-Fi Mobility« erfolgt der Austausch von Ideen zum robusten, einfachen Mobilitätshandeln. Der Club nutzt zudem seine größenbedingte Einkaufsmacht, um bei der Fahrradindustrie extrem günstige Konditionen auszuhandeln. Auf diese Weise ist eine Transformation von Nobility zu einem Club der automobilen Ergänzung erkennbar. Kein Clubmitglied wollte den Mobilitätsbaustein Auto in seinem Alltag vollständig missen, doch dank Nobility wurde das Auto zusehends zur schönsten Nebenfortbewegung der Welt.

[Thomas Sauter-Servaes]

Swosh

Ausgehend von der These, dass sich der kollaborative Konsum zukünftig in vielen Lebensbereichen als wichtiges Marktsegment etablieren wird, stellte sich ein großer deutscher Automobilkonzern die Frage, wie er signifikant an diesem Sharing-Trend partizipieren könnte. Als ein erfolgversprechender Ansatz wurde die Etablierung des Online-Marktplatzes Swosh (*swop shop* für Mobilitätsprodukte und -dienstleistungen, basierend auf *swop* – engl. für tauschen) angesehen, der eine systemeigene Tauschwährung mit traditionellen EUR-Abrechnungen kombiniert und hierüber vielfältige Nutzungsanreize für die Kunden sowie Provisionszahlungen, Einspar- und Crossmarketingeffekte für die Anbieter generiert.

Konzept

Grundbaustein bildet ein privates oder professionelles Carsharing, dessen Abrechnung über eine systemeigene Währung, den Swoshy, erfolgt. Darüber hinaus können Swoshys genutzt werden, um Dienstleistungen des Automobilherstellers sowie Produkte und Dienstleistungen angeschlossener Drittanbieter bargeldlos zu erwerben. Swoshys können zu einem festen EUR-Wechselkurs erworben und zurückgewechselt werden. Intelligente Anreizmechanismen inzentivieren jedoch die plattforminterne Reinvestition der Swoshys.

Swosh stellt damit ein Mischsystem aus altbekannten Zeit-Tauschringen bzw. Regionalwährungen, etablierten Bonussystemen (wie *Miles & More*) und mobilitätsspezifischen Abrechnungsformen (wie das Punktemodell von *Mu by Peugeot*) dar. Es bietet dem Kunden den Vorteil, Einnahmen aus dem Verleih des eigenen Fahrzeugs zum Beispiel direkt in eine Fahrzeuginspektion, den Erwerb von Autozubehör oder aber auch die Ausleihe einer Kreissäge für das Verlegen eines Laminatfußbodens zu reinvestieren. Durch die tauschbörsen-interne Abwicklung wird zumindest im P2P-Segment die Mehrwertsteuer umgangen und das Angebot dadurch potentiell günstiger. Private wie professionelle Anbieter sind, sich angebotsseitig ergänzend, auf einem gemeinsamen Marktplatz verfügbar.

Anbieternutzen

Der Plattformbetreiber profitiert von Kundenguthaben, die auf den Swoshy-Konten unverzinst verwaltet werden. Bei jeder Transaktion wird zudem eine geringe Transaktionsgebühr für den Leistungsersteller fällig. Beide Elemente sind aufgrund der geringen Höhe für den Nutzer kaum spürbar, summieren sich jedoch im Mengeneffekt für den Anbieter. Der Betreiber kann die Plattform sowohl zur zielgruppenspezifischen Vermarktung eigener Dienstleitungen/Produkte nutzen als auch stufenweise für mobilitätsnahe und -fernere Angebote öffnen.

Die Bereitschaft, die fiktive Währung zeitnah zur eigenen Belohnung mit einem anderen Produkt einzusetzen, ist bedeutend höher als beim Einsatz traditionellen Geldes, insbesondere wenn das Swoshy-Guthaben zuvor durch eine eigene Sharing-Dienstleistung erworben wurde, also *add-on* zum normalen Haushaltseinkommen verfügbar ist (vgl. Umgang mit Bonusmeilen, Paybackpunkten). Dem System kommt dabei umsatzsteigernd die in Studien belegte Tatsache zugute, dass Sharer zwar anders, tendenziell aber sogar mehr konsumieren. Swosh hat das Ziel, durch attraktive Angebote die Konsumentenrente quasi am Entstehungspunkt wieder abzuschöpfen.

Durch den einfachen Zukauf von Swoshys kann fiktives Geld um tatsächliche EUR-Beträge ergänzt zur Finanzierung einer Leistung eingesetzt werden, womit der Zugang zu allen Leistungen niedrigschwellig bleibt, weil es nicht wie bei reinen Tauschringen eines äquivalenten Leistungsbeitrags in der Größenordnung des Konsums bedarf.

[Thomas Sauter-Servaes]

MOB

MOB ist eine 2019 in Berlin aus der 2018er-Bürgerpflichtbewegung entstandene Genossenschaft, die das flächendeckende Angebot von privat ausleihbaren Kraftfahrzeugen und Fahrrädern zum Selbstkostenpreis betreibt.

Hintergrund

Anfang der 2010er Jahre rückten im Kielwasser des Teilen-Trends (alternativ als Shareconomy oder *collaborative consumption* bezeichnet) auch im Mobilitätsmarkt erstmals kollaborative Ansätze in das Sichtfeld einer breiten Bevölkerungsgruppe. Zwar war die Ineffizienz des Besitzes von Fahrzeugen nicht annähernd so schlecht wie die der vielzitierten Bohrmaschinen. Deren durchschnittliche Einsatzzeiten wurden damals auf rund 13 Minuten pro Jahr geschätzt. Angesichts einer mittleren Nutzzeit privater Automobile von nur fünf Prozent ihrer Lebenszeit waren diese jedoch ebenfalls eher als Steh- denn als Fahrzeuge zu bezeichnen. Und wenn sie dann einmal benutzt wurden, war ganz überwiegend nur einer der Sitzplätze besetzt, was in der deutschlandweiten Betrachtung zu einem statistischen Besetzungsgrad von 1,3 Personen je bewegtem Fahrzeug führte. Beschleunigt durch fehlende

Stellplatzflächen und leicht bedienbare Smartphone-Applikationen, eroberten Kurzmiet- und Mitfahrsysteme die Welt des motorisierten Straßenverkehrs. War es zunächst vor allem schick, sich der Umweltfreundlichkeit und Innovationsgeist ausstrahlenden Mobilitätsdienstleistungen zu bedienen, kamen gegen Ende der 2010er Jahre handfeste ökonomische Argumente hinzu, sich der »Nutzen statt Besitzen«-Szene anzuschließen. Der Ölpreis stieg aufgrund der auflodernden Nahostkrise extrem an. Auch die wirtschaftliche Rezession in Europa, die aus dem Süden kommend nun die Bastionen des Wirtschaftswachstums im Norden einnahm und hohe Arbeitslosenzahlen vor allem unter der jungen Bevölkerung verursachte, wirkte aufgrund der gewaltigen Nachfrage in Asien und Afrika kaum dämpfend auf die Energiepreise. Motorisierter Individualverkehr wurde plötzlich für viele zum Luxusgut, ohne dass die Betroffenen ihre verkehrsinduzierenden Randbedingungen wie Wohn- und Arbeitstandort, Sportverein der Tochter und Freundeskreis im Nachbarort kurzfristig hätten anpassen können. Auf diesem Nährboden mutierte die Lifestyle-Dienstleistung schlagartig zu einem bequemen Ausweg, den bisherigen Mobilitätsstandard budgetgerecht sichern zu können.

Mobilitätsnetzwerk MOB

Die Wirtschaftskrise führte zu einem massiven Einbruch der Nachfrage nach Neu- und Gebrauchtwagen. Den eigenen Pkw ohne große finanzielle Verluste abzustoßen oder zumindest durch ein kleineres sparsameres Fahrzeug zu ersetzen war kaum noch möglich. Um die Leasinggebühren und Unterhaltskosten trotzdem finanzieren zu können, suchten viele Autobesitzer nach zahlenden Mitnutzern. Gleichzeitig mussten nicht wenige Hochmobile angesichts von Jobmangel und sinkender Nettoeinkünfte auf den Kauf eines neuen eigenen Autos verzichten. Die Genossenschaft MOB brachte beide Akteursgruppen zusammen.

Wie bei anderen Anbietern privaten Carsharings auch, finden Anbieter und Suchende auf einer Onlineplattform zueinander. Aber die dem Motto »Kollaborieren statt kollabieren« folgende genossenschaftliche Organisation unterschied sich von alternativen Vermittlungsbörsen. Die sogenannten Mobileros hatten sich von Beginn an einen strengen Verhaltenskodex bezüglich Sauberkeit, Pünktlichkeit und Kostenermittlung auferlegt, der an die sozial-ökologisch angelegte Startphase des Carsharings Ende der 1980er Jahre erinnerte. Gewinnerzielung war verpönt und Provisionsgebühren für die Online-Vermittlung entfielen dank des ehrenamtlichen Zusatzengagements einiger IT-begabter Mobileros. Dabei entwickelte sich das System schnell über den ein Auto teilenden kleinen nachbarschaftlichen Kreis einander bekannter Privatpersonen hinaus. Grundlage hierfür war die frühe Möglichkeit, gegen einen geringen Preis in Partnerwerkstätten den Privatwagen mit einem elektronischen Zugangssystem nachzurüsten. Fortan gehörten Schlüsselübergaben der Vergangenheit an. Der Besitzer reservierte im Buchungssystem seine Nutzungszeiten, in der übrigen Zeit stand das Fahrzeug allen Mobileros zur Verfügung, die per Smartphone-App passende Fahrzeuge finden, buchen und bezahlen konnten.

Eine weitere Besonderheit der MOB-Genossenschaft ist die Selbstverpflichtung, wann immer möglich Mitfahrergesuche anzunehmen, die auf der gleichen Online-Plattform eingestellt werden können. Von dieser Möglichkeit der Bildung von Ad-hoc-Fahrgemeinschaften wird rege Gebrauch gemacht, lassen sich doch dank der Größe des MOB-Netzwerkes unterschiedliche Mitfahrgelegenheiten kombinieren und somit auch exotische Fahrtenwünsche zeitlich attraktiver realisieren als mit den öffentlichen Verkehrsmitteln.

Entwicklungspfad

Das MOB-Verkehrssystem hat sich so zu einem kostengünstigen Parallelsystem des öffentlichen Verkehrs entwickelt. Der ursprüngliche Peer-to-Peer-Ansatz weitet sich inzwischen zu einem leistungsfähigen Peer-to-Public-Konzept aus. Weiterhin sind es Privatpersonen, die Fahrzeuge ver- und ausleihen und damit private Fahrten durchführen. Das Mitnahmekonzept ist allerdings besonders erfolgreich, weil es elementar zur Senkung der Nutzungskosten beiträgt. Dank der hohen Nutzungszahlen ist diese *crowd-driven mobility* (CROMOB) zum Aushängeschild der MOB-Dienstleistung geworden: Da die vielen Mitfahranfragen immer stärker das Bewegungsmuster der Einzelfahrzeuge beeinflussen, ist es quasi die Masse, die das Verkehrsgeschehen steuert – nicht mehr physisch am Lenkrad, sondern per Tastendruck auf dem Smartphone. Wie bei einer modernen Variante des legendären Pony-Express wechselt der Reisende teilweise mehrfach das Fahrzeug, um an sein Ziel zu gelangen. Das veränderte Nutzungsprofil hat zur Folge, dass sich bei Ersatzbeschaffungen viele MOB-Fahrzeugbesitzer inzwischen für einen Kleinbus entscheiden, der die Bündelung vieler Fahrtenwünsche ermöglicht. Die geteilten Fahrzeuge haben sich zum Bürgerbus 2.0 gemausert.

[Thomas Sauter-Servaes]

progressIV – Mikromobil & multimodal unterwegs

Mobilitätspaket für Führungskräfte, das ein mikromobiles Dienstfahrzeug mit einer multimodalen Mobilitätsdienstleistung kombiniert.

Hintergrund

Mit Beginn der 2010er Jahre bemühten sich die europäischen Automobilkonzerne verstärkt, ihr Image des reinen Fahrzeugherstellers in das eines umfassenden Mobilitätsdienstleisters zu verwandeln. Nicht zuletzt das wachsende Umweltbewusstsein der Konsumenten motivierte die Fahrzeugbauer, ihre Carsharing-Experimente, multimodalen Plattformen und Elektromobilitätsaktivitäten medial in den Vordergrund zu stellen und ihre verkehrsträgerübergreifende Dienstleistungskompetenz zu betonen. Die bedeutendsten Umsatzanteile wurden aber weiterhin mit den großen, spritschluckenden Modellen gemacht – jetzt allerdings vorwiegend auf den jungen Märkten Asiens. Dass auch in Deutschland weiterhin Neufahrzeuge der Ober- und Mittelklasse in relevanter Größenordnung verkauft wurden, war vor allem auf die Zulassung von Dienstfahrzeugen zurückzuführen, deren Anteil in diesem Marktsegment zwischen 80 und 90 Prozent betrug. Aber gerade diese Klientel vollzog 2015 mit Blick auf schwache Konjunkturprognosen und erforderliche Kostensenkungsziele zur Sicherung der globalen Wettbewerbsfähigkeit einen harten Richtungswechsel in ihrer Einkaufspolitik. Vordergründig sich in gleicher Weise wie die Automobilgiganten auf die Umwelt und ihre Corporate Social Responsibility (CSR)-Ziele berufend, schrieben 18 von 30 DAX-Konzernen in einer konzertierten Aktion gleichzeitig ein Mobilitätspaket für ihre Führungskräfte aus. Wenig später schlossen sich viele

Mittelständler mit ähnlichen Ausschreibungen der Initiative an.

progressIV-Mobilitätspaket

Das mit dem Titel progressIV (progressiver Individualverkehr) versehene Mobilitätspaket musste ein hochwertiges Kleinfahrzeug als Basis der persönlichen Mobilität des Mitarbeiters enthalten. Darüber hinaus sollte der Vertragspartner über ergänzende Bausteine wie einen einfachen ÖPNV-Zugang, Mieträder oder Bahnpreisrabatte eine kostengünstige und gesundheitsfördernde Fortbewegungsmöglichkeit der Mitarbeiter inzentivieren. Für weitere Strecken, repräsentative Anlässe oder als anerkennender Leistungsbonus sollte der Zugang zu einem ergänzenden Fahrzeugpool inkludiert sein. Offensichtlich war den Konzernen angesichts der aktuellen Motorisierung ihrer SUV-sozialisierten Manager der Sprung auf ein reines Nutzen-statt-Besitzen-Produkt zu groß gewesen. Daher sollte es nun eher ein Viel-Nutzen-wenig-Besitzen-Konzept mit einem attraktiven Ergänzungsangebot zum persönlichen Mikrofahrzeug sein. Die Initiative der Wirtschaft hatte die Automobilindustrie damit beim Wort genommen, statt eines Fahrzeugs eine komplette Dienstleistungswelt bieten zu können, und aus deren viel kommunizierten Zukunftsvisionen eine konkrete Produktbeschreibung abgeleitet.

Reaktion der Fahrzeughersteller

Die progressIV-Anforderungen waren die Geburtsstunde einer vollkommen neuen Fahrzeugklasse. Um trotz des kundengewünschten Downsizings ein image- wie margenstarkes Fahrzeug anbieten zu können, konzipierten die Hersteller überwiegend technisch hochwertige Mikrofahrzeuge. Corsa,

Polo & Co waren keine Optionen für die Managerklasse, und E-Scooter wie Pedelecs deckten nicht den Anspruch der wetterunabhängigen Nutzung ab. Die auf Konzeptfahrzeugen oder Kleinserien wie Volkswagens XL1 aufbauenden Modelle zeichneten sich dagegen zum einen durch sehr geringe Verbrauchswerte aus, um in den Lebenszykluskosten-Berechnungen der Firmeneinkäufer möglichst gut abzuschneiden. Die Attraktivität für den tatsächlichen Nutzer wurde zudem durch spezielle Features wie automatische Einparksysteme, High-End-Entertainmentsysteme und edle Ausstattungsvarianten gesichert, die gleichzeitig zu einer hohen Wertstabilität des Fahrzeugs beitrugen. Aufgrund ihres bezogen auf Gewicht und Flächenverbrauch hohen Preisniveaus erhielt die Fahrzeugklasse bald die Bezeichnung »Diamond Cars«.

Auswirkungen auf den Mobilitätsmarkt

progressIV veränderte nicht nur direkt über den veränderten Modal Split der mittleren Managementebene den Mobilitätsmarkt. Wichtiger war die Einflussnahme über den Imageeffekt und den Gebrauchtwagenmarkt. Als Vorbild für den Nachwuchs kreierten sie einen neuen Mobilitätsstil, der sich deutlich vom alten autozentrierten Mobilitätsbild unterschied. Waren zuvor auch grüne Manager von den alten Rollenbildern in große Karossen gedrängt worden, konnten sie nun ohne internen Statusverlust eine klimaschonende Lebensweise demonstrieren. Aufgrund der kurzen Umschlagzeiten und der großen Volumina an Firmenfahrzeugen erreichte der neue Trend der neuen Fahrzeugklasse aber auch schnell und in relevanter Größenordnung den privaten Gebrauchtwagenmarkt.

[Thomas Sauter-Servaes]

Caring Mobility (Beyond Sharing)

Seit 2025 dominierendes Leitbild kommerzieller Mobilitätsdienstleistungen.

Hintergrund

Anfang der 2010er Jahre wurde in den Industrieländern und
speziell in Europa ein wachsender Trend hin zu anbieter-
und verkehrsträgerübergreifenden Mobilitätsdienstleistungen sichtbar. Besondere Dynamik erhielt die Entwicklung mit
der Abkehr der großen Automobilhersteller von der reinen
Fahrzeugproduktion und deren immer stärkeren Positionie-
rung als komplette Mobilitätsdienstleister. In Deutschland
war es insbesondere der Automobilkonzern Daimler, der auf
seiner Smartphone-Plattform *moovel* die Information und
Buchung unterschiedlichster Angebote wie Carsharing, Taxi,
Mietrad oder öffentlichem Nahverkehr bequem über eine
Oberfläche zugänglich machte. Viele Wettbewerber, aber auch
Kommunikationskonzerne und Software-Startups, folgten
dem Beispiel. Die Leistungsexplosion bei den Informationstechnologien löste ein neues Kooperationsparadigma in der
Verkehrsbranche aus. Zuvor weitgehend solitär betriebene
Angebote wie Pkw-Mitfahrt, Bahnreise und Mietrad ließen
sich über die neuen Datenbrücken und -autobahnen zu kin-
derleichten such-, buch- und abrechenbaren Mobilitätsan-
geboten von Tür zu Tür verknüpfen. Es war der Beginn der
Sharing-Ära, die nur auf den ersten Blick durch den Aufstieg
des »Nutzen statt Besitzen«-Kundenmottos geprägt wurde.
Mindestens von ebenso großer Bedeutung wie das Teilen von
Autos, Fahrten, Rädern & Co durch die »Gebraucher« war das
Teilen der Daten aufseiten der Mobilitätsdienstleister. Die
Vorhersage, Daten würden sich zum Öl des 21. Jahrhunderts

entwickeln, hatte sich bewahrheitet. Während auf den Straßen und Schienen inzwischen die Elektromotoren surrten, waren die Daten im Hintergrund zur eigentlich treibenden Kraft geworden. Ergebnis der umfassenden Vernetzung war die Bildung der drei großen Mobilitätsallianzen, die noch heute den Markt für nahtlose Beförderungsangebote von A nach B beherrschen. Nachdem sich die Differenzierungsmöglichkeiten durch das (Daten-)Sharing erschöpft haben, wird nun über innovative Caring-Produkte um Marktanteile gerungen.

Caring-Mobility-Philosophie

Das Sharing-Konzept ermöglichte es dem Nutzer, sich IT-unterstützt ein persönliches Fahrtenangebot durch Zusammenstellung unterschiedlichster Transportmittel fallspezifisch zu generieren. Der Caring-Ansatz geht noch einen Schritt weiter: Nicht nur vollumfängliche Information und automatische Abrechnung werden gewährleistet, sondern vor dem Hintergrund des Nutzerprofils vorausschauend die beste Mobilitätslösung antizipiert und dem Kunden Entscheidungsprozesse abgenommen. Ziel ist das Outsourcing belastender Mobilitätsplanungsprozesse aus dem Bewusstsein oder vereinfacht: Der Kunde soll den Käse nur noch essen müssen – und nicht mehr an füttern, melken, käsen, transportieren etc. denken. Das alte Leitbild des Nutzens ohne Nachdenken in Vollendung. Raumüberwindung bei höchstmöglichem Komfort ist der Anspruch, der sich sowohl bei den eingesetzten Artefakten als auch dem Management der Mobilitätsbedürfnisse zeigt. Beispiele sind Motorisierungsoptionen wie Exoskelett und Autobahn NG, die jeden Millimeter Fortbewegung für den Anwender vorausdenken, ihn im Gleichgewicht halten oder in der Spur. Kuratorsysteme wie das Passepartu lernen persönliche Präferenzen aus der Vergangenheit, wählen passende Mobilitätsoptionen eigenständig aus und routen den Nutzer flexibel um, wenn sich kurzfristig passgenauere Alternativen anbieten. In dieser Philosophie ist Mobilität kein Selbstzweck, und der Dienstleister wird zum sorgenden Diener mit der Kernaufgabe, dass nicht mehr nur alles im Fluss bleibt, sondern der Kunde gleichsam durchs Leben gleitet. Der Nutzer gibt seine Rolle als Dirigent des Orchesters der Optionen ab. Stattdessen wechselt er von der Bühne in den Zuschauerraum und genießt nur noch das Zusammenspiel.

Marktresonanz

Angesichts der zunehmenden Komplexität der Lebensentwürfe und der Alltagsgestaltung wurden Caring Mobility Services als bedeutende Entlastung wahrgenommen und verzeichneten starke Wachstumsraten. Sie waren der Gegentrend zu der noch Anfang des Jahrtausends zu beobachtenden »Ikearisierung«. Diese hatte den Verbraucher immer enger in die Produktion einbezogen, um personalintensive Prozesse kostensenkend zu verringern. Dieses sogenannte Prosuming war anscheinend an die Grenzen der Kundenakzeptanz gestoßen, der mit seinem Zeitbudget lieber anderes anfangen wollte, als optimale Wegeketten zu ermitteln und Fahrzeuge selber zu lenken. Durch das Mobilitätsfukushima wurde das Bewusstsein für die eigene Verletzlichkeit durch fehlgeleitete Fremdsteuerung mittels intelligenter Systeme zwar zwischenzeitlich sensibilisiert, das Rad jedoch nicht zurückgedreht.

[Thomas Sauter-Servaes]

MeinCS *oder* **IndiMobil-Erlebniswelt**

Unterhaltungs- und Themenpark, in dessen Mittelpunkt die Mobilitätsdienstleistung Carsharing steht.

Hintergrund

Religionen wie weltliche Herrscher nutzten seit frühester Zeit die Errichtung monumentaler Pilgerstätten, um ihre Anhänger durch die architektonische Wirkkraft und das mit dem Besuch verbundene Gemeinschaftserlebnis in ihrer Gefolgschaft zu bestärken. Stätten solcher Art waren immer ein wichtiger Baustein der Brot-und-Spiele-Strategie zur Beherrschung der Massen. Die Unterhaltungs- und Konsumgüterindustrie griff dieses Instrument später auf und gründete Themenparks zur Kundenbindung und Ankurbelung des Absatzes, also zur Beherrschung des Massenmarktes. Von *Disney World* über *Legoland* bis *Dr. Oetker Welt* ist das Instrument des *brandland* als touristischer Attraktion inzwischen branchenübergreifend zur Markenpflege im Einsatz. Als Benchmark im Mobilitätsbereich galt lange die Autostadt Wolfsburg, die mit einem breiten Kultur- und Unterhaltungsangebot rund um die Mobilität die Automarken eines der weltgrößten Fahrzeugproduzenten erfolgreich mit breitenwirksam anschlussfähigen Geschichten aufladen konnte.

MeinCS

Die Vertreter der sich in den 2010er Jahren explosionsartig ausbreitenden neuen Mobilitätsdienstleistungen – mit Carsharing als bedeutendstem Angebot – erkannten früh, dass zur vollständigen Akzeptanz ihres Produkts, also der Ankunft in der Mitte der Gesellschaft, die Produktstory kontinuierlich weiterentwickelt und -verbreitet werden musste. Nichts lag näher, als das jahrhundertelang erprobte Rezept anzuwenden und eine Pilgerstätte für die kollaborative Mobilität zu erschaffen. Begünstigt wurde das gemeinsame Projekt der Carsharing-Anbieter durch die Einstellung des maroden Zweiten Deutschen Fernsehen (ZDF) im Jahr 2019. Bei der Bewerbung um die Nachnutzung des riesigen Areals rund um den Mainzer Lerchenberg konnte sich das Carsharer-Konsortium mit seinem MeinCS-Konzept durchsetzen. Aus dem alten »Medienberg« wurde der »Mobilitätsberg«, Mainz fortan von vielen genauso selbstverständlich mit MeinCS assoziiert wie zuvor mit dem ZDF. Neben dem öffentlichen Freizeitpark haben sich zahlreiche Forschungsinstitute, Betreiberzentralen und Lobbyverbände der Branche in den alten Räumen des Fernsehsenders angesiedelt.

Mobilitäts-Erlebniswelt

Im Mittelpunkt des Themenparks steht die spielerische Präsentation der neuesten technischen und organisatorischen Entwicklungen rund um das Gemeinschaftsauto und ergänzende individuelle Mobilitätsprodukte wie Bikesharing, Ridesharing oder Mateboards. Unerfahrene Carsharing-Nutzer oder potentielle Neueinsteiger können die Leichtigkeit der Nutzung im doppelten Wortsinne erfahren, neue Anwendungen testen und sich über die Carsharing-Alternative an ihrem Heimatort informieren. Plakativ werden Emissions- und Flächenvorteile des Autoteilens dargestellt, der Nutzer mit Argumenten in seiner Rolle als Multiplikator in seinem Freundeskreis munitioniert. Gleichzeitig dient der Park als riesiger Resonanzboden der Nutzerbedürfnisse, können die Mobilitätsanbieter in einfachen Experimenten die Alltagserfahrungen, Wünsche und Widerstände ihrer Zielgruppen sammeln.

Neben diesen von allen beteiligten Mobilitätsdienstleistern gemeinsam organisierten Lern- und Informationsbereichen des Themenparks unterhält jeder der Partner auch ein eigenes Ausstellungszentrum auf dem weitläufigen Parkgelände. Es sind Schaufenster der jeweiligen Leistungsfähigkeit, und die räumliche Nähe fördert den Wettbewerb und Innovationsdruck auf die Mobilitätsanbieter.

[Thomas Sauter-Servaes]

M-Kampagne

Genossenschaftliche Organisation, die in großen Mengen Beförderungskapazitäten direkt bei den Verkehrsbetreibern vergünstigt einkauft und in maßgeschneiderten Paketen an seine Mitglieder weiterreicht.

Hintergrund

Seit dem Beginn des Jahrhunderts kann eine massive Erosion der bis dato existierenden Organisation und Trennung von öffentlichem und privatem Personenverkehr festgestellt werden. Nicht zuletzt mit der Liberalisierung des Fernbusmarktes im Leitmarkt Deutschland ist der europäische Fernverkehr geprägt durch den Markteintritt zahlreicher neuer Anbieter. Auch der zunächst in Osteuropa durch Unternehmen wie Leo Express oder Regiojet entfachte Wettbewerb auf der Schiene strahlte durch grenzüberschreitende Zugverbindungen immer stärker in die lange Zeit stabilen Bahnmärkte Westeuropas aus. Gleichzeitig boten bereits zu diesem Zeitpunkt professionelle wie von Privatpersonen betriebene Sharing-Angebote eine hinsichtlich Kapazität, Preis und Verfügbarkeit mindestens ebenbürtige Alternative zu dem etablierten öffentlichen Verkehr mit Bus und Bahn in den Städten. Diese zunehmende Fragmentierung der Angebotsseite führte zur Etablierung betreiberunabhängiger Dienstleister, die in großem Stil Beförderungsleistungen bei den unterschiedlichen Verkehrsanbietern einkauften, um diese in nutzerfreundlichen Mischungen an die Endkunden weiterzuverkaufen. Die M-Kampagne als bekanntester Dienstleister ist heute deutschlandweiter Marktführer und gestaltet durch seine Einkaufsmacht ähnlich einem Verbraucherverband die Ausgestaltung des Angebots entscheidend mit.

Angebotskonzept M-Kampagne

Die M-Kampagne basiert in der Grundidee auf der Teekampagne, die seit Ende der 1980er Jahre zu einem der bedeutendsten Teeimporteure in Deutschland aufstieg. Grundlage für den rasanten Aufstieg war das Prinzip, sich auf eine Teesorte zu spezialisieren und diese in großen Mengen zu einem entsprechend günstigen Preis direkt beim Erzeuger in Indien einzukaufen und nur in Großpackungen zu vertreiben. Initiativen wie die Gewürzkampagne übertrugen diese Philosophie auf andere Konsumgüter. Die Genossenschaft M-Kampagne erkannte als erste das Potential in der Mobilitätsbranche. Sie hatte ihren Ursprung in Berlin, wo sie zunächst für einen stetig wachsenden Personenkreis übertragbare Jahreskarten der Berliner Verkehrsbetriebe erwarb und das möglichst effiziente Teilen dieser ÖV-Flatrate-Karten unter den Genossen organisierte. Zentrale Übergabe-Postkästen, spontane Nutzungszeitkorrekturen per App und attraktive Konditionen für Fahrten außerhalb der Hauptverkehrszeiten führten dazu, dass sich schließlich im Mittel mehr als sechs Genossen ein Jahresticket teilten und die Mobilitätskosten des Einzelnen drastisch sanken. Die Nische zwischen eigener Jahreskarte und Einzelfahrschein erwies sich schnell als relevantes Marktsegment, und die neuen Mobilitätsangebote ermöglichten immer attraktivere Mobilitätsmischungen. Diese hatten zudem zur Folge, dass die Abhängigkeiten von den alteingesessenen öffentlichen Verkehrsbetreibern reduziert werden konnte. So fiel unter anderem die Drohkulisse der Berliner Verkehrsbetriebe, die Preise für die übertragbare Jahreskarte deutlich anzuheben, schließlich wirkungslos in sich zusammen. Dank des Erfolgs im Nahverkehr konnte die M-Kampagne ihre Aktivitäten schnell auch auf überregionale Städteverbindungen und damit auf Fernbus- und Schienenfernverkehrsrouten ausdehnen.

[Thomas Sauter-Servaes]

BER – International

Ursprünglich vorgesehener IATA-Flugcode für den Flughafen Berlin Brandenburg Willy Brandt. Nach politischen Auseinandersetzungen um massive Unregelmäßigkeiten und Falschinformationen bei der Flugroutenplanung und Mängeln bei der Planung und Organisation der Bauausführung, die zu nicht mehr zu behebenden Baufehlern führten, ist dieser Flughafen weltweit das einzige Infrastrukturprojekt der Luftfahrt, das trotz enormer Kosten niemals in Betrieb genommen wurde. Das Projekt BBI wurde zu einem politischen Lehrstück und zum Wendepunkt in der Bereitschaft der Bevölkerung, in der dicht besiedelten Bundesrepublik Deutschland die Zumutungen durch den Bau und Betrieb weiterer Infrastrukturausweitungen zu akzeptieren.

Historischer Hintergrund

Im Januar 1992 begannen die Planungen für den neuen Flughafen unter dem auch öffentlich proklamierten Arbeitstitel »Berlin Brandenburg International (BBI)«. Ausgehend von einer Tauglichkeitsanalyse für sieben Standorte (Jüterbog-Ost, Schönefeld-Süd, Sperenberg, Borgheide, Tietzow, Jüterbog-West und Michelsdorf) wurde bis 1994 das Raumordnungsverfahren für drei engere Kandidaten durchgeführt. Gegen die sehr eindeutigen Empfehlungen aus dem 25 Mio. Euro teuren, aber rechtlich nicht bindenden Raumordnungsverfahren, das Sperenberg und Jüterbog-Ost als weitgehend gleichrangig und grundsätzlich geeignet einstufte, während

Schönefeld in mehreren Hauptkriterien die schlechteste Be-
wertung erhielt, einigten sich die Gesellschafter der Berlin
Brandenburg Flughafen Holding GmbH (BBF) im Sommer
1996 schließlich auf Schönefeld. Laut des sogenannten Kon-
sensbeschlusses wurden die Standortvarianten »anhand der
vorliegenden Daten im Hinblick auf die Unternehmensziele
der BBF (Rentabilität, hohes Betriebsergebnis, Attraktivität
des Unternehmens für Privatbeteiligung), die Ziele bezogen
auf Volkswirtschaft und Verkehrspolitik und die Ziele bezogen auf die Landesplanung und den Umweltschutz verglichen
und bewertet«.* Im Wettstreit mit dem härtesten Konkurrenten Sperenberg sprachen für Schönefeld aus Sicht der »Gemeinsamen Empfehlung des Bundesministers für Verkehr,
des Ministerpräsidenten des Landes Brandenburg und des Re-
gierenden Bürgermeisters von Berlin« insbesondere deutlich
geringere finanzielle Belastungen der öffentlichen Hand sowie kostengünstigere Anbindungsmöglichkeiten auf Schiene
und Straße nach Berlin und in die Region.

Dass es sich bei dieser Entscheidung tatsächlich um die ver-
kehrspolitisch günstigste Lösung handelte, wurde früh von
vielen Seiten bezweifelt. Zu deutlich zeichneten sich politische Abhängigkeiten der Entscheider und Hunderte Millionen schwere Immobilieninteressen im Standortpoker ab. So
waren im Vorfeld der Entscheidung wesentliche Änderungen
des Anforderungskatalogs vorgenommen worden – man hatte
die prognostizierten Verkehrsmengen von ursprünglich bis zu
60 Millionen Passagieren pro Jahr nach unten revidiert –, wodurch Sperenberg seinen wesentlichen Vorteil, das Flächen-
angebot, einbüßte. Die politischen Akteure einigten sich in

* Abgeordnetenhaus von Berlin 1996

der gemeinsamen Empfehlung zudem darauf, mit dem bestandskräftigen Abschluss des Planfeststellungsverfahrens für Schönefeld den ohnehin nur noch gering frequentierten Flughafen Tempelhof zu schließen. Tegel und die alte Schönefelder Anlage sollten mit der Inbetriebnahme der neuen Start- und Landebahnen ebenfalls den Betrieb einstellen. Neben den juristischen Gefechten rund um die Flughafen-Privatisierung und die Baufinanzierung des BBI entwickelte sich das Planfeststellungsverfahren zu einem weiteren zentralen juristischen Schauplatz. Im April 2001 begannen die öffentlichen Anhörungen mit Gemeinden, Ämtern und Bürgerinitiativen. Insgesamt wurden knapp 134 000 Einwendungen gezählt. Nachdem im August 2004 der Bau des Flughafens unter Auflagen genehmigt worden war, reichten die Anwälte der Ausbaugegner fast 4.000 Klagen beim Bundesverwaltungsgericht in Leipzig ein. Am 16. März 2006 jedoch genehmigte das Bundesverwaltungsgericht in letzter Instanz den Bau des BBI mit einem weitgehenden Nachtflugverbot (null bis fünf Uhr) und verschärften Lärmschutzauflagen. Als Zielmarke für das Abheben des ersten Linienfluges wurde der 30. Oktober 2011 festgelegt. Wegen der Pleite einer Planungsfirma und verschärften Sicherheitsbestimmungen musste die Eröffnung allerdings um sieben Monate auf den 3. Juni 2012 verschoben werden, und nach verschiedenen weiteren Planungspleiten und erheblichen, nur nach und nach der Öffentlichkeit bekanntgegebenen baulichen Mängeln auf das Jahr 2014. Neben dem allgemeinen Unmut über die immer größere Ausmaße annehmenden Bau- und Planungsmängel setzte eine massive politische Debatte um gebrochene Versprechen bei den Flugrouten, beim Lärmschutz und beim Nachtflugverbot ein. Als schließlich auch noch bekanntwurde, dass weite Teile des neuen Flughafengebäudes abgerissen und neu errichtet werden müssten, war die Eröffnung des Flughafens politisch nicht mehr durchsetzbar. Damit war das Projekt BBI gestorben.

Die Auseinandersetzung um die BER-Flugrouten

An- und abfliegende Flugzeuge erzeugen Lärm. Insofern stellen die Flugrouten eine der bedeutendsten Planungsgrößen für Flughafen-Anrainer dar. In Berlin entstand vor allem eine heftige Debatte um den Flughafenneubau, weil bis kurz vor der ursprünglich geplanten Inbetriebnahme entweder durch aktive Täuschung oder dilettantische Informationspolitik die tatsächlich vorgesehenen Routen nicht kommuniziert wurden. Grund für das die Massenproteste auslösende Informationsdebakel waren unterschiedliche Annahmen bei der Kapazitätsplanung und der Flugroutengestaltung. So sollte der Flughafen Berlin Brandenburg über zwei Start- und Landebahnen verfügen, die aufgrund des nötigen Abstandes von 1.900 Metern unabhängig voneinander hätten betrieben werden können. Damit Flugzeuge jedoch sicher parallel starten können, müssen sich gemäß den Vorgaben der Internationalen Zivilluftfahrt-Organisation ICAO unmittelbar nach dem Start die Abflugkurse der startenden Maschinen aufspreizen. Während in der Kapazitätsplanung für die avisierten 360 000 jährlichen Flugbewegungen mit 27 Millionen Passagieren ein unabhängiger Flugbahnbetrieb mit abknickenden Flugrouten angenommen wurde, gingen die Unterlagen, die dem öffentlichen Genehmigungsverfahren und den Klagen gegen die Genehmigung zugrunde lagen, von einem abhängigen Flugbahnbetrieb mit geraden Abflugstrecken aus. Erst im September 2006 wurden die unterschiedlichen Planungsgrundlagen für die Öffentlichkeit sichtbar. In den Planfeststellungspapieren waren Geradeausstarts geplant und von der Deutschen

Flugsicherung (DFS) auch als plausibel eingestuft worden, da
der abhängige Betrieb der Bahnen nur in Spitzenzeiten zu
relevanten Kapazitätseinschränkungen führe und dies mit
den prognostizierten Flugbewegungszahlen der ersten Jahre
nach Inbetriebnahme vereinbar sei. Bereits im Oktober 1998
hatte die DFS neue Routenplanungen vorgenommen, die den
ICAO-Anforderungen folgend jeweils um 15 Grad von der
geraden Führung abknickten. Diese Planungsänderungen
wurden aber nicht in den Planfeststellungsbeschluss des Jahres 2004 übernommen, der weiter Geradeausflüge vorsah. Auf
dieser Basis erfolgten das Urteil des Bundesverwaltungsge-
richts vom 16. 3. 2006, das die Lärmbelastungen als rechtlich
hinnehmbar bewertete, und der Planergänzungsbeschluss
»Lärmschutzkonzept BBI« vom 20. 10. 2009. Erst nach der Sit-
zung der Fluglärmkommission am 6. 9. 2010 fanden die DFS-
Routen den Weg in die Presse. Sie sahen aus Sicherheits-
gründen nach dem Start von der Südbahn ein unmittelbares
Abdrehen um 15 Grad und von der Nordbahn um ebenfalls
15 Grad und kurz darauf weitere 20 Grad vor. Die Kritiker
warfen den Flughafenbetreibern daraufhin vor, die seit März
1998 beschlossene Planung mit den abknickenden Routen bewusst so lange der Öffentlichkeit vorenthalten zu haben, bis
der Flughafenbau juristisch nicht mehr anfechtbar gewesen
sei. Als ein Resultat des Planungswirrwarrs diagnostizierte
das Umweltbundesamt (UBA) in einem Gutachten einen
»massiven Vertrauensverlust« in die staatlichen Planungsver-
fahren, da die betroffenen Bürger langfristige Lebensentscheidungen auf der Grundlage eines offensichtlich irreführen-
den Planfeststellungsbeschlusses getroffen hatten. Inhaltlich
stellte das UBA fest, dass das DFS-Konzept der abknickenden
Routen der »komplexen Besiedelungsstruktur in der Umgebung des Flughafens BER nur unzureichend gerecht« wird.

Ins Bild des intransparenten Verfahrens passte es außerdem, dass die UBA-Studie auf Geheiß des Bundesverkehrsministeriums durch das Bundesumweltministerium zunächst unter Verschluss gehalten wurde. Nach den in den Jahren bis 2015 massiv eskalierenden öffentlichen Protesten musste die DFS die Routenplanung schließlich zunächst überarbeiten, wobei die Fluglärmkommission unter Beteiligung der Bürgerinitiativen, der Flughafenbetreibergesellschaft und der Politik Einfluss auf die Anpassungen nahm. Später kam es zur Einstellung des Gesamtprojektes und die Verlagerung des Projektes zum anfangs favorisierten Sperenberg. Für eine Übergangszeit musste der Flugverkehr Berlins über Tegel, den alten Flughafen Schönefeld und Leipzig abgewickelt werden. Nachdem deutlich wurde, dass insbesondere der Flughafen Leipzig von Ferienreisenden aufgrund einer ausgebauten Bahnanbindung und ergänzenden Busangeboten sehr viel besser angenommen wurde als ursprünglich gedacht, wurde auch das Projektvolumen des Neubaus in Sperenberg massiv verkleinert.

Aktuelle Situation

Der ehemalige Standort des Neubaus in Schönefeld erlebte in den Jahren nach 2016 eine äußerst erfolgreiche Nachnutzung als Kongress- und Messezentrum mit Schwerpunkt auf Fragen der Aviation und als Flughafen für internationale Luftschifftransporte. Insbesondere der Luftgüterverkehr mit Luftschiffen konnte sich aufgrund der hervorragenden logistischen Anbindung des Standortes sehr gut entwickeln, während der Luftschiff-Personentransport heute weitgehend innerstädtisch über die Standorte Tegel und Tempelhof abgewickelt werden. Auch wurden Teile des BER zum Forschungs-, Test-

und Produktionsstandort für die aufsteigende Luftschiffindustrie umgewidmet. Durch diese Kombination von Konferenzzentrum mit guter Anbindung aus der Luft, Luftlogistikzentrum, Produktionsstandort und Forschungszentrum haben sich der BER und sein regionales Umfeld heute aus der regionalen Krise eines unangemessenen Infrastrukturprojektes einerseits und der globalen Krise der gesamten fossilen Luftfahrt andererseits zum leuchtenden Beispiel eines internationalen Innovations- und Kompetenzzentrums und zum Leitbild eines gelingenden Transformationsprozesses entwickelt, das international mit großer Aufmerksamkeit beobachtet wird.

Greenwings

Erste Low-Carbon-Fluggesellschaft mit Sitz in London, Tochterunternehmen der Lufthansa AG.

Hintergrund

Angesichts des beinharten Preiswettbewerbs im heiß umkämpften Langstreckenmarkt suchte der traditionelle *flag carrier* Lufthansa Ende der 2010er Jahre nach einer Möglichkeit, sich stärker von den annähernd identischen und damit austauschbaren Angeboten der Langstrecken-Airlines abzusetzen. Da insbesondere die Konkurrenten aus Vorderasien und Arabien aufgrund niedrigerer Löhne und massiver staatlicher Unterstützung zu anderen Kostensätzen fliegen konnten, wurde die Luft im margenstärksten Marktsegment für Lufthansa zunehmend dünner. Angesichts beunruhigender Trendszenarien entschloss sich der Vorstand zu einem mutigen Schritt. Statt weiterhin nur im selben Teich mit den Wettbewerbern nach Kunden zu fischen, legte man einen neuen an. Was Ende des letzten Jahrhunderts Southwest, Ryanair und easyJet mit dem neuen Geschäftsmodell Billigflieger vorgemacht hatten, versuchte man nun in gleicher Weise umzusetzen, wenn auch mit einer vollkommen anderen Zielrichtung. Erneut wurden dabei alte Mauern im Denken der Branche eingerissen. Nach der *Low Cost Carrier*-Revolution sollte nun dem *Low Carbon Carrier*-Markt die Zukunft gehören. War Lufthansa bei den LoCos mit der Tochter Germanwings zwangsläufig dem Trend gefolgt, wollte man nun mit dem ersten LoCa Greenwings selber den Trend setzen.

Geschäftsmodell

Das Geschäftsmodell basierte auf der Abkehr vom Prinzip des Wegschauens, Kleinredens und Abwiegelns, das die Luftfahrtindustrie seit Jahrzehnten im Hinblick auf die Klimafolgen des Fliegens geschlossen vertreten hatte. In Hochglanzbroschüren hatte man sich bis dato stets als Teil der Lösung präsentiert und nicht als Teil des Problems. Nun scherte die Lufthansa mit ihrer Tochter Greenwings aus der Phalanx der RFI*-Leugner aus, setzte in der Kommunikation auf die »Saulus wird Paulus«-Imagekarte und schlug völlig neue Töne an: Ja, Fliegen stellt eine relevante Gefahr für das Klima und die Gesundheit von Flughafenanwohnern dar. Weil aber ein vollkommener Verzicht auf Fernreisen keine ernsthafte Handlungsoption sein kann, besteht die Herausforderung in der Minimierung der Schädigungen und Kompensation der

---

* Radiative Forcing Index (RFI): Faktor, der die höhere Klimawirksamkeit von Treibhausgasemissionen in großen Höhen beziffert. Atmosfair rechnet mit einem mittleren Faktor von 3.

verbleibenden negativen Einflüsse. Und diese sind nach dem Vorsorgeprinzip mit *worst case*-Annahmen, orientiert am aktuellen Stand der Wissenschaft, zu berechnen.

Das Greenwings-Modell kann dabei einen wesentlichen Beitrag leisten, wenn seine Kunden im Gegenzug ebenfalls einen Eigenanteil verbindlich zusagen. Konkret verzichtet der Interkontinentalstrecken-Spezialist Greenwings auf jede Form von Zubringer- und Anschlussflügen im kontinentalen Verkehr und vermittelt stattdessen in Kooperation mit lokalen Bahn- und Busunternehmen die bodengebundene Anschlussmobilität zu Sonderkonditionen. Führt eine Panne bei einem der Partner zum Scheitern der geplanten Reisekette, springt eine inkludierte Versicherung für alle Umbuchungs- und Zusatzkosten ein. Angeflogen werden nur Flughäfen, deren jeweilige zentrale Lage eine gute Bahnerreichbarkeit für bedeutende Reiseziel- und -startpunkte garantiert, die aber zugleich nicht in lärmsensiblen Ballungsräumen angesiedelt sind. Durch spezielle An- und Abflugverfahren wird die Fläche des Lärmteppichs in Flughafennähe zusätzlich verkleinert, um auch die überflogene Fauna zu schonen. Ohnehin kommt nur modernes Großraum-Fluggerät zum Einsatz, das die geringsten Verbrauchs- und Lärmwerte aufweist. Durch Tankstopps kann die Menge des mitgeführten Treibstoffs im Idealfall halbiert werden. Dadurch reduziert sich das Startgewicht so stark, dass trotz des doppelten Startvorgangs der Kerosinverbrauch um bis zu 20 Prozent gesenkt wird.

Diese Maßnahmen sind alle kein Hexenwerk und waren als solitäre schon vor Jahren Bestandteil der vollmundigen CSR-Programme von Fluggesellschaften und Lobbyverbänden des Luftverkehrs gewesen, weshalb der Vorstandsbeschluss auch innerhalb weniger Monate umgesetzt werden konnte. In der konsequenten Kombination der einzelnen Bausteine war das

Konzept allerdings ein Novum, ebenso wie die mit dem Ticketkauf verbundenen Klimaschutzauflagen für den Reisenden. Denn auch dieser sollte sich nicht mehr hinter vagen Kompensationsaussagen verstecken können, die tatsächlich in nur weniger als einem Prozent aller Fälle tatsächlich umgesetzt wurden.

Kundenseitige Kompensationsinnovation

Der Green-New-Flight-Deal zwischen Airline und Kunden beinhaltet auf der Kundenseite ein verbindliches CO_2-Kompensationsgeschäft zusätzlich zum Flugpreis. Dabei ist es möglich, analog zu den etablierten Angeboten von atmosfair, myclimate oder goclimate die Flugemissionen durch eine Spende für ein zertifiziertes Klimaschutzprojekt auszugleichen. Aufgrund der geringen Akzeptanz der Klimaspenden hat Greenwings jedoch zusätzlich ein innovatives Instrument entwickelt, um die kompensierende Einsparung der Flugemissionen an anderer Stelle sicherzustellen. Alternativ zur Spende kann ein Anlagebetrag kalkuliert werden, den der Reisende für eine festgelegte Mindestlaufzeit in ein Klimaschutzprojekt investiert. Um den gleichen Effekt zu erzielen, muss aufgrund der verkürzten Laufzeit (Spende = Investition mit Laufzeit unendlich) ein deutlich höherer Betrag berechnet werden. Da es sich aber um eine Geldanlage handelt und damit das Kapital im Eigentum des Kompensierenden verbleibt, ist die Akzeptanz auch für einen höheren Betrag um ein Vielfaches größer als bei der häufig nur als Kosten wahrgenommenen Spende. Wie bei anderen Investmentpapieren auch, wird abhängig vom Markterfolg eine Rendite gezahlt, dafür ist der Anleger auch am Risiko beteiligt.

Die Investition wirkt mehrfach CO_2-mindernd. Analog zur

Spende kann die Investitionssumme für den Aufbau CO_2-sparender Anlagen genutzt werden. Die höheren Summen erweitern die Handlungsmöglichkeiten. Gleichzeitig ist zu berücksichtigen, dass für diese Art der Kompensation Gelder in signifikanter Größenordnung aus anderen, potentiell klimafeindlichen Investments oder Konsumaktivitäten abgezogen werden. Bereits eine BMU-Studie aus dem Jahr 2010 ging davon aus, dass pro 10 000 investierten Euro Treibhausgasemissionen in Höhe von fünf Tonnen mitfinanziert werden.

[Thomas Sauter-Servaes]

Eisstraßen

Eisstraßen, auch Winterstraßen oder Schneestraßen genannt, waren temporäre Verkehrswege für den Landverkehr, die über zugefrorene Permafrostböden oder Gewässer führten und nur wenige Wochen im Jahr existierten. Eisstraßen spielten fast ausschließlich in den nordischen und arktischen Regionen Skandinaviens, Alaskas, Kanadas und im sibirischen Russland eine zentrale Rolle für die Versorgung abgeschiedener Siedlungen und die Erschließung entlegener Regionen für den Rohstoffabbau. Eisstraßen wurden im Frühjahr für die meiste Zeit des Jahres unpassierbar, da die aufgetauten und weichen Oberflächen der nordischen Permafrostböden keine schweren Transporte zuließen. Viele Orte waren deswegen, ausgenommen der Wintermonate, von der Umwelt abgeschnitten. Während in den anderen Weltregionen die warmen Monate die Zeiten mit der stärksten wirtschaftlichen Aktivität waren, blühte die Wirtschaft der nordischen Gegenden erst in den Wintermonaten mit den Transportmöglichkeiten auf. Eisstraßen spielten neben der sehr kostenintensiven Versorgung aus der Luft im Norden auch deswegen eine große Rolle, da dauerhafte Eisenbahnlinien im Permafrostboden nicht gebaut werden können und ein Zugang über das arktische Nordmeer wegen der fast dauerhaft geschlossenen Eisdecke nicht möglich war.

Aktuelle Situation

Von dem durch den Treibhauseffekt verursachten Temperaturanstieg waren die arktischen Regionen überdurchschnittlich schnell und stark betroffen. In der Folge kam es dort bis zum Jahr 2050 zu einer durchschnittlichen Erwärmung von drei bis vier Grad Celsius. Daraus resultierten die massive Schrumpfung der sommerlichen Eisdecke, erhöhte Niederschläge und ein Aufweichen des Permafrostbodens. Weniger Meereis und die geringere Tragkraft des Bodens hatten in weiten Teilen der arktischen Region die Anlage und Nutzung von Winterstraßen massiv erschwert. In der Folge kam es zu einer massiven Einschränkung ökonomischer Aktivitäten und des Rohstoffabbaus. Allein Siedlungen und Rohstoffabbaugebiete in küstennahen Gegenden konnten von der erwärmungsbedingten verbesserten Zugänglichkeit mit dem Schiff profitieren. Allerdings bestehen hier aufgrund der verringerten Festigkeit des Permafrostbodens große Einschränkungen für einen sicheren Siedlungs- und Infrastrukturaufbau.

Pipeline

(Rohrleitung, von engl. *pipe* = Rohr und *line* = Leitung) Das Prinzip der Rohrleitung wird eingesetzt zum Transport von Flüssigkeiten, Schlämmen oder Gasen über Land und unter Wasser. Während Pipelines früher vor allem dem kostengünstigen Transport großer Mengen Gas und Öl über lange Distanzen diente, werden sie heute vor allem für den Transport von Wasser und Wasserstoff eingesetzt. Sondereinsatzform der Pipeline ist das Prinzip der pneumatischen Rohrpost und des Fernwärmetransports.

Hintergrund

Das Prinzip der Pipeline ist spätestens seit Beginn des 17. Jahrhunderts bekannt, wo es zum Abtransport bei der Solegewinnung im Alpenraum eingesetzt wurde. Im 20. Jahrhundert wurden Pipelines zum unverzichtbaren Bestandteil des globalen fossilen Energiesystems. Pipelines dienten dabei insbesondere dem Abtransport von Erdöl und Gas aus geographisch für die herkömmlichen Transportsysteme meist unzugänglichen und/oder teuer zu erschließenden Fördergebieten in der kanadischen und russischen Arktis, zur Überbrückung langer Wüstendistanzen und zur Substitution bzw. Ergänzung langer und meist teurer Tankertransportlinien aus den Ölfeldern des Nahen und Mittleren Ostens.

Aktuelle Situation

Heute dienen Pipelines vor allem dem Transport von Wasser und Wasserstoff. Beispiele für die enorme Bedeutung von Wasserpipelines sind die kalifornische Küste, der Nahe Osten oder die Staaten der Arabischen Halbinsel. Die akute Wasserknappheit ist dabei auf unterschiedliche Ursachen zurückzuführen, wie zum Beispiel steigende Bevölkerungszahlen, intensive Landwirtschaft und die Verschiebung von Trockengebieten durch den Klimawandel. Während der Westen der USA durch groß ausgelegte Röhrensysteme aus dem nördlich gelegenen Kanada versorgt wird, speisen in den trockenen Regionen des Nahen Ostens, Nordafrikas und der Arabischen Halbinsel Wasserentsalzungsanlagen die Wasserpipelines. Die Anlagen werden mit solarthermisch gewonnener Energie betrieben (z. B. aus dem Desertec-Projekt in Nordafrika oder den Arabtec-Projekten in Saudi-Arabien, Dubai und im Jemen). Nach einer Phase der Wasserstoffverteilung mit Tankern,

Tankwaggons und Tanklastwagen spielen mittlerweile Wasserstoff-Pipelines in ganz Europa eine bedeutende Rolle für die Energieversorgung, da im Rahmen einer voll ausgebauten Infrastruktur die Verteilung mit Pipelines energieeffizienter und kostengünstiger ist. Zubringer-Routen aus den Windparks der nordeuropäischen Küstenregionen (Irland, Schottland, England, Skandinavien, Niederlande, Frankreich, Norddeutschland) wurden dabei mit den schon vorhandenen regionalen und urbanen Gasnetzen verbunden. Da die deutschen Gasnetze vor der Umstellung auf Erdgas in der zweiten Hälfte des 20. Jahrhunderts mit aus Kohlevergasung gewonnenem, sogenanntem Stadtgas betrieben wurden, welches überwiegend aus Wasserstoff bestand, konnte man hier an vorhandene Erfahrungen anknüpfen.

Autobahn NG

Offizielle Bezeichnung für Autobahnen und Bundesstraßen, deren Betrieb für eine automatisierte Fahrzeugführung zugelassen und optimiert wurde.

Hintergrund

Bereits Anfang der 2010er Jahre waren sämtliche technischen Voraussetzungen realisierbar, damit ein straßengebundenes Fahrzeug ohne menschliche Unterstützung ein Ziel selbständig ansteuern konnte. Im Verkehrsfluss orientierten sich die autonom navigierenden Automobile mittels einer Kombination unterschiedlicher Sensoren (u. a. Radar, Laserscanner, Stereo-Kamera). Aufgrund der lange Zeit unangetasteten »Wiener Straßenverkehrskonvention« von 1968, nach der ein Fahrzeugführer jederzeit sein Fahrzeug beherrschen musste,

erfolgten die ersten großen Feldversuche in den USA, die
dem internationalen Abkommen nie beigetreten waren. Auf
Druck der Automobillobby wurde 2019 in Deutschland die
Konvention für den neuen, speziell ausgerüsteten Straßentyp
»Autobahn Nächster Generation (NG)« aufgehoben. Wiederum sollte die deutsche Autobahn internationale Standards
setzen und die Schaufensterfunktion für technische Innovationen hier beheimateter Automobilhersteller übernehmen.
Als erfolgreicher politischer Schachzug erwies sich dabei das
Zugeständnis, die limitierte Zulassung des autonomen Fah-
rens an die erstmalige Einführung eines Tempolimits auf
deutschen Autobahnen zu koppeln. Dies führte zur Spaltung
der Opposition und damit zur Sicherung der notwendigen
Zustimmungsmehrheit. Im Rückblick erwies sich das Junk-
tim aus autonomem Fahren und Tempolimit als wichtiger
Wegbereiter für ein nachhaltiges Umdenken im Straßenverkehr.

Betrieb

Die neue Straßenkategorie Autobahn NG definiert den Begriff Autobahn in neuer Weise. Dabei steht »Auto« nicht
mehr primär für das die Infrastruktur nutzende Artefakt, sondern für die Autonomie des selbstnavigierenden Fahrzeugs
von einem operativ agierenden Fahrer. Der Fahrzeuglenker
wird nicht mehr benötigt und stellt sicherheitstechnisch betrachtet eher einen Risikofaktor dar. Das hohe Sicherheits-
niveau wird dabei wie im spurgeführten Eisenbahnsystem
durch die externe Steuerung gewährleistet. Das einzelne
Fahrzeug kann wie ein Schnellzug nur noch bedingt eigene
Fahrentscheidungen treffen und wird stattdessen durch externe Einflüsse geleitet. Während im Schienenverkehr diese

Steuerung zentral erfolgt, wird sie auf der Autobahn NG durch eine Kombination von Informationsaustausch zwischen den Fahrzeugen *(car2car communication)* und zwischen den Fahrzeugen und der Infrastruktur *(car2infrastructure communication)* sichergestellt.

Auswirkungen auf das Verkehrssystem

Die größte Wirkung auf das Verkehrssystem hatte der durch Außensteuerung und limitierte Höchstgeschwindigkeit induzierte Kassiopeia-Effekt, benannt nach der gleichnamigen Schildkröte in Michael Endes Roman *Momo*. Diese gelangt dank ihres Vermögens, in die nahe Zukunft zu blicken, trotz hartnäckiger Verfolger mit kleinen, aber kontinuierlichen Schritten sicher an ihr Ziel. Wie die der Schildkröte folgende Bucheldin Momo, entdeckten auch die Nutzer der Autobahn NG die Vorzüge einer stetigen mittleren Durchschnittsgeschwindigkeit mit systemisch vorausschauenden Tempoanpassungen gegenüber der bislang gelebten Stop&rush-Kultur auf deutschen Autobahnen. In der Folge setzte ein unerwarteter Bewusstseinswandel ein. Die bisherige Hubraumfixierung wich einer verstärkt rationalen Betrachtung der Motorisierung. Stattdessen gewannen In-Car-Entertainment-Angebote bei der Fahrzeugwahl signifikant an Stellenwert. Ebenso wie die verhältnismäßig wenigen klassischen Autobahnkilometer pro Jahr zuvor überproportional die Motorisierung beeinflusst hatten, bewirkte nun schon der Möglichkeitsraum der Nutzung der Autobahn NG eine Neuorientierung bei den Merkmalen des Traumautos. In Fachkreisen wurde angesichts der plötzlichen Wertschätzung des Liegekomforts des Fahrzeugsitzes vom Wandel des Pkw-Leitbildes von der »Rennreiselimousine« aus der Prä-Auto-

bahn-NG-Epoche zur nun dominierenden »Pennreiselimou-
sine« gesprochen.

[Thomas Sauter-Servaes]

BettaBus

Neue Generation von Ultraschnellbussen, die auf vielen Städteverbindungen die Kapazitäten des öffentlichen Verkehrs ver-
vielfacht hat.

Hintergrund

In den meisten westlichen Industrienationen wurde in der
zweiten Hälfte des 20. Jahrhunderts ein äußerst leistungsfä-
higes Schnellstraßennetz aufgebaut. Auf diesen sogenannten
Autobahnen wurde in ihrer Hochzeit ein wesentlicher Anteil
der gesamten Verkehrsleistung des Personenverkehrs erzeugt
(in Deutschland z. B. rund ein Drittel des gesamten Kfz-Ver-
kehrs). Dabei erfolgte die Nutzung der Flächenkapazitäten
überwiegend sehr ineffizient, da die Autobahnen vor allem
von kleinen Fahrzeugen mit einem schlechten Verhältnis von
Sitzplatzanzahl zu Flächenbedarf befahren wurden. Die Bi-
lanz weiter verschlechternd, waren die Besetzungsgrade der
Autos meist miserabel, d. h., im Mittel waren deutlich weniger
als die Hälfte der verfügbaren Sitze belegt. Mit der politischen
Entscheidung für eine konsequente Internalisierung der externen Kosten des Verkehrs, also der Erhebung von Entgelten
für die Infrastrukturnutzung und die ehrliche Bepreisung
verkehrsbedingter Schadstoff- und Treibhausgasemissionen,
sank das Verkehrsaufkommen auf den Autobahnen drastisch.
Zugleich wurde der Ruf in der Bevölkerung nach bezahlbaren
Mobilitätsangeboten lauter. Da der Schienenverkehr die er-

forderlichen Kapazitäten weder ausreichend bereitstellen noch schnell und nachhaltig genug erhöhen konnte, lag eine innovative Nutzung der bestehenden Straßenkapazitäten im Überlandverkehr nahe.

Initialzündung US-Pilotanwendung

Wegbereiter für das radikale Neudenken der Fortbewegung auf der Autobahn-Infrastruktur waren ausgerechnet die USA, die eine Mobilitätsepoche zuvor noch die Wiege und den Brutkasten der individuellen Automobilität symbolisierten. Aufgrund des hohen Verkehrsaufkommens und angesichts permanent überlasteter Highways zwischen den Westküstenmetropolen Los Angeles und San Francisco wurde hier zu Beginn des Jahrhunderts intensiv über die Errichtung eines neuen parallelen Verkehrssystems nachgedacht. Favorisiert wurde zunächst eine Trasse für Hochgeschwindigkeitszüge, ehe der Tesla-Gründer und Weltraumpionier Elon Musk mit Hyperloop ein rohrpostartiges Pipelinesystem auf Stelzen für überschallschnelle Personentransportkapseln ins Spiel brachte. Die endgültige Entscheidung der Politik überraschte jedoch die Fachwelt. Anstatt eine zusätzliche Infrastruktur zu installieren, wurde eine Fahrspur des Highways unter lautem Protest der Autolobby für Privatfahrzeuge gesperrt und durfte fortan nur von dem neuen System Betta-Bus genutzt werden. Die Umnutzung der vorhandenen Infrastruktur oder – metaphorisch gesprochen – das Bespielen der bestehenden Hardware durch eine modernisierte Software wurde erstmalig in großem Maßstab der additiven Errichtung von zusätzlichen Betonbauwerken vorgezogen. Entscheidender Treiber des Effizienzdenkens war dabei zunächst weniger eine die Baumaßnahmen und Folgewirkungen für den Verkehr inkludierende Klimabilanz, sondern vielmehr die Kassenlage der öffentlichen Haushalte in Amerika.

BettaBus-Konzept

BettaBus nutzt die zunächst für den Automobil- und Nutzfahrzeugsektor entwickelten Assistenzsysteme, um einen sicheren Betrieb bei höheren Geschwindigkeiten zu gewährleisten und einzelne Busse temporär zu langen Fahrzeugverbünden elektronisch zu koppeln. Im Vergleich zum Schienenverkehr bleibt der systemimmanente Nachteil des höheren Rollwiderstands von Gummireifen auf Asphalt statt Stahlrad auf Stahlschiene zwar bestehen. Dafür ermöglicht das leichte Koppeln und Trennen von Bussen mit unterschiedlichen Start- und/oder Zielorten auf gemeinsamen Fahrtabschnitten die Bildung luftwiderstandsarmer Buszüge, ohne die Vorteile der hohen Netzdichte des Straßenverkehrsmittels und damit eines umsteigefreien Beförderungsangebots aufzugeben. Da bei hohen Geschwindigkeiten der Luftwiderstand die bedeutendste Rolle für den Energieverbrauch spielt, weisen die im Leichtbau hergestellten BettaBusse eine besonders gute Aerodynamik auf. Im Zusammenspiel mit fahrwegseitigen Sensoren erlauben die Bordsysteme Geschwindigkeiten von annähernd 250 km/h auf geraden Abschnitten. Im täglichen Betrieb wird diese Höchstgeschwindigkeit jedoch selten erreicht. Aufgrund der eigenen Fahrspur ohne Beeinträchtigungen durch den privaten Autoverkehr können trotzdem hohe Durchschnittsgeschwindigkeiten erzielt werden. Die leistungsstarken Bremssysteme haben extrem kurze Bremswege zur Folge, so dass die einzelnen Buszüge sicher in kurzem Abstand gefahren werden können. Entsprechend hoch ist die resultierende

Beförderungskapazität auf der umgenutzten Autobahnfahrspur.

[Thomas Sauter-Servaes]

Biofrastruktur

Erstellung, Instandhaltung und Umbau von Verkehrsinfrastruktur unter ausschließlichem Einsatz von nachwachsenden Rohstoffen, bevorzugterweise Holz.

Hintergrund

Im Zuge der Anstrengungen zum Erreichen der politischen Klimaziele im Verkehrsbereich wurde früh der Ansatz verfolgt, durch den Einsatz nachwachsender Rohstoffe die Emissionen zu senken. Diese Philosophie fand zunächst Anwendung bei den Treibstoffen, bei denen die verpflichtende Beimischung von Biodiesel aus pflanzlichen Ölen den Verbrauch von Dieselkraftstoff auf Mineralölbasis reduzieren sollte. Aufgrund der mit der Agrotreibstofferzeugung verbundenen Emissionen zeigte sich jedoch, dass deren Klimabilanz teilweise sogar schlechter war als die des herkömmlichen Petrodiesels. Nachdem auch die Biotreibstoffe der zweiten und dritten Generation hinter den Erwartungen zurückblieben und angesichts der fortschreitenden Elektrifizierung der Landverkehrsmittel an Bedeutung verloren, konzentrierten sich die Bemühungen fortan darauf, nachwachsende Rohstoffe verstärkt bei der Infrastrukturerstellung einzubeziehen. Ausgangspunkt waren neue Emissionsbilanzrechnungen für die Verkehrsmittel, die neben der Klimarelevanz von Herstellung und Verschrottung der Fahrzeuge auch die Infrastrukturanforderungen berücksichtigten. Dabei rückten die hohen Treibhausgasemissionen bei der Herstellung von Stahl und insbesondere Zement immer mehr in den Blickpunkt der Öffentlichkeit. Hatte daraufhin zunächst nur der private Wohnungsbau einen Boom bei der Verwendung von alternativen Holzbauweisen verzeichnet, wagten nun Architekten und auf Nachhaltigkeit spezialisierte Baufirmen, die vorherrschende Stahlbeton-Kultur bei Verkehrsbauten zu hinterfragen.

Schienenverkehrsunternehmen als Treiber

In Europa erwiesen sich die Schienenverkehrsanbieter als wichtige Treiber. Angesichts der fortschreitenden Elektrifizierung des Straßenverkehrs und dessen wachsender Pufferfunktion zur Speicherung unregelmäßig anfallenden Stroms aus erneuerbaren Energien sahen die Bahnunternehmen ihren Umweltvorteil massiv schrumpfen. Die fieberhafte Suche nach neuen Aktionsfeldern, um in den inzwischen wettbewerbsrelevanten Köpfen der ökosensiblen Trendsetter die grüne Führungsposition zurückzugewinnen, führte dazu, dass sämtliche Infrastrukturvorhaben auf ihr Emissionssenkungspotential untersucht wurden. Nachdem zunächst bei den Fahrzeugen neue Kompositwerkstoffe mit hohem Anteil an Naturfasern Einzug gehalten hatten, wurden diese jetzt auch verstärkt bei Gebäudeneu- und -umbauten eingesetzt. Zertifiziertes Holz aus überwiegend regionalem Anbau ersetzte Beton als favorisierten Baustoff im Hochbau, und auch Stahltragwerke wurden vor dem Hintergrund der Erfahrungen mit innovativen Bambusrohr-Konstruktionen in den ehemaligen Schwellenländern Südostasiens nicht mehr als unersetzbar angesehen. Ähnlich wie bei den zunächst belächelten Bambusholzfahrrädern, die schon bald einen soliden Marktanteil behaupten konnten, zeigte sich schnell, dass sowohl

kostenseitig als auch von den Materialeigenschaften her Holz
eine ebenbürtige Alternative bieten konnte.

Auswirkung Holzwirtschaft

Die explosionsartig gestiegene Nachfrage nach regional pro-
duziertem Holz hat weltweit zu hohen Investitionen in die
Forstwirtschaft und umfangreichen Aufforstungsinitiativen
geführt. Zertifizierungssysteme sichern ab, dass auch bei auf
wirtschaftliche Effizienz getrimmten Baumplantagen sturm-
wie schädlingsbefallanfällige Monokulturen die Ausnahme
bleiben. Neben der Treibhausgasvermeidung durch Effizienz-
und Suffizienzstrategien ist die Aufforstung als natürliche
CO_2-Senke durch den Biofrastruktur-Trend deutlich stärker
ins öffentliche Bewusstsein getreten. Private Investitionen in
Forstunternehmungen konnten dank der neuen Nachfrage
ihren Anteil am Finanzmarkt vervielfachen. Sie gelten inzwischen nicht nur als renditestabile Anlage, sondern auch als
Symbol für privates Klimaengagement.

[Thomas Sauter-Servaes]

Cradle-to-Cradle-Mobilitätsdesign

Umsetzung von kreislaufwirtschaftlichen Prinzipien in der Gestaltung und Produktion von Verkehrsmitteln zur Verringerung des Stoffstromaufwandes und damit des sogenannten ökologischen Fußabdruckes eines Verkehrsmittels.

Hintergrund

Hatte sich die politische und ökologische Debatte um die externen Effekte der Mobilität zunächst auf die Frage des Energieverbrauchs und der Emissionen von Verkehrsmitteln fokussiert, so wurde nach der Jahrtausendwende mit dem wachsenden Verkehrsvolumen – und damit der rasant wachsenden Fahrzeugflotte – die enorme Materialintensität moderner Verkehrstechnologien zu einem neuen Engpassfaktor und damit schnell zu einem großen Thema. Neben den ökologischen Folgen der Extraktion großer Mengen an Metallen und anderen Rohstoffen spielte dabei zunehmend die Kostenfrage knapper werdender Ressourcen eine Rolle. Der riesige Mobilitätssektor war damit ein grundsätzliches Beispiel dafür, dass eine auf Unendlichkeit gestellte Konsumdynamik und ihre strukturell ungezügelten Produktionsformen in einer begrenzten Welt in dem Augenblick hochproblematisch werden, in dem die Quellen und Senken des materiellen Stoffkreislaufes erschöpft sind. Also dann, wenn es kein Außen mehr gibt, aus dem Rohstoffe herangeschafft und in dem Abfälle entsorgt werden können.

Konzepte zur Verringerung des Stoffstromaufwandes

Die Verringerung des Stoffstromaufwandes (kurz: Demateterialisierung) wird beim Cradle-to-Cradle-Ansatz neben den weiteren denkbaren Möglichkeiten (Nutzungsinnovationen/ Shareeconomy, Digitalisierung) durch produkt- und produktionstechnologische Innovationen erreicht. Voraussetzung dafür sind neue Design- und Konstruktionsansätze für den Umgang mit neuen Materialien und zur Umsetzung der Wiederverwertbarkeit. Im Idealfall kann ein Verkehrsmittel zu 100 Prozent wiederverwertet werden, indem seine Rohstoffe einem neuen Produktionszyklus zugeführt werden.

Im Zuge der Umstellung der Fahrzeugproduktion auf Fahrzeuge mit Elektroantrieb für einen zunehmend vom kollaborativen Konsum geprägten Markt ist es der Automobilindustrie seit 2015 in wachsendem Maße gelungen, kreislaufwirtschaftliche Prinzipien flächendeckend umzusetzen. Zeitgleich wurden ähnliche Strategien von den Produzenten fast aller anderen Verkehrsträger ebenfalls umgesetzt. Führend im Bereich der kollektiven Verkehrsträger und der Luftschiffbranche waren seit 2025 die Firmen Siemens und Bombardier.

Heute ist ein Rezyklierungsminimum von 85 Prozent durch EU-Standards gesetzlich vorgegeben, wobei das tatsächliche Niveau aufgrund der wirtschaftlichen Vorteile bereits bei 95 Prozent liegt.

Hanfauto

Seit Beginn der 2020er Jahre werden Fahrzeugkomponenten bzw. ganze Fahrzeugkarosserien überwiegend aus nachwachsenden Rohstoffen produziert. Ausgenommen davon sind bestimmte Teile des Fahrzeugaufbaus und der jeweilige Antriebsblock. Obwohl neben dem überwiegend verwendeten Hanf auch Flachs, Schilfgras, Holzfasern, Sisal und Getreidestroh als Werkstoffgrundlagen genutzt werden, hat sich umgangssprachlich die Rede vom Hanfauto eingebürgert.

Hintergrund

Ein Fahrzeug aus Pflanzenprodukten ist keine neue Idee. Bereits 1941 präsentierte Henry Ford ein Fahrzeug, dessen Karosserie fast vollständig aus Faserstoffen bestand und das mit Hanföl betrieben wurde. Im Zuge der damals in den USA umgesetzten Hanf-Prohibition und der Verfügbarkeit von günstigem Mineralöl konnte Ford das Projekt nicht weiterverfolgen. Erst gegen Ende des 20. Jahrhunderts griff die Autoindustrie erneut die Idee auf, Faserprodukte in einzelnen Bauteilen zum Zwecke der Gewichtsreduzierung einzusetzen. Heute wird in der gesamten Automobilindustrie Nutzhanf für den Karosseriebau verwendet. Die Nutzung von Biomasse als Grundstoff der Fahrzeugproduktion (neben der Autoindustrie werden pflanzliche Grundstoffe heute auch bei Schienenfahrzeugen, in der Luftfahrt und beim Schiffsbau verwendet) basiert auf weitreichenden materialtechnologischen Fortschritten der 2010er Jahre, die erstens wegen der Verteuerung der klassischen Materialien Stahl und Kunststoff, zweitens durch den beginnenden produkttechnologischen Paradigmenwechsel hin zu kreislaufwirtschaftlichen Verfahren und drittens durch das starke Bemühen um die Verringerung des Fahrzeuggewichtes zur energetischen Effizienzsteigerung forciert wurden.

Der Hanf begleitet die Zivilisationsgeschichte von Beginn an und wurde – bis auf die historische Ausnahme im 20. Jahrhundert – immer schon als Grundstoff für die Papier- und Stoffherstellung, für Segel, Tauwerk, Dichtmaterial, als Lampenöl, als Grundstoff für Farben und Firnis, Nahrungsmittel und Baumaterial verwendet. Seit die ideologisch aufgeladene Debatte um den Hanf durch THC-freien Nutzhanf beendet werden konnte, werden Nutzhanf und Flachs heute weltweit wieder sehr intensiv angebaut. Da insbesondere Hanf eine äußerst anspruchslose, dabei schnell wachsende und ergiebige Pflanze ist, die ohne Dünger, ohne Pestizide und mit wenig Wasser auskommt, konnten sich vor allem afrikanische und südamerikanische Kleinbauern und Kooperativen mit dem Hanfanbau für den Export eine beständige Existenzgrundlage schaffen.

Update-Generation

Trend zur massiven Erhöhung des Lebenszyklus technischer Artefakte, insbesondere von Automobilen, der durch die Umwandlung von Benzin- zu Elektrofahrzeugen im Zuge der Mobilitätswende eine rasante Beschleunigung erfuhr.

Hintergrund

Ende der 2010er Jahre rückte immer stärker die Erkenntnis in den Fokus, dass viele technische Geräte seitens der baulichen Grundsubstanz eine bedeutend längere Haltbarkeit aufwiesen als ihr elektronischer Kern und die ihn zum Leben erweckende Software. Anfang des Jahrhunderts hatten gerade im Kommunikationsbereich viele Endgeräte wie Handys oder Laptops eine Nutzungszeit von zwei bis maximal drei Jahren, bevor sie aus Sicht der statusbewussten Anwender zum alten Eisen gehörten. Die Schrottberge wuchsen bedenklich, da Recyclingkompetenz und -profite auf niedrigem Niveau stagnierten.

Umrüsten statt Abwracken

Das Umdenken im Mobilitätssektor erhielt seinen ersten bedeutenden Anstoß aus einer steinalten Industrie, dem Eisenbahnverkehr. Hier hatte man festgestellt, dass die ursprünglich auf 15 bis 20 Jahre Lebenszeit ausgelegten ICE-Triebzüge der ersten und zweiten Generation zwar antriebstechnisch und von der Innenausstattung nicht mehr zeitgemäß waren, die Fahrzeugsubstanz aber noch höchsten Ansprüchen genügte. Anstatt die Fahrzeuge von den Vorzeigestrecken zu nehmen und – notdürftig ausgebessert – langsam, aber sicher in der Streckenhierarchie nach unten durchzureichen oder ins Ausland zu verkaufen, wurden die Züge sukzessive durch ein umfassendes Redesign dem aktuellen Stand der Technik angenähert. Gleichzeitig tobte im deutschen Straßenverkehr dank der konjunkturfördernden Abwrackprämie eine ressourcenintensive Verschrottungs- und Neubeschaffungsorgie, deren proklamierte Umweltentlastung angesichts einer allein durch die Herstellung eines einzelnen Mittelklasseautos anfallenden Emission von rund 5.000 kg Kohlendioxid äußerst fraglich war.

Doch mit leichtem zeitlichen Verzug sprang der Funke über – sowohl auf die Hersteller in anderen Verkehrsbereichen als auch auf die Nutzer. Warum ein komplettes Auto verschrotten, nur weil der Motor nicht mehr zeitgemäß ist? Angesichts der explodierenden Preise für Öl und Gas war die Elektrifizierung des Straßenverkehrs nicht mehr nur eine Frage der Ökologie, sondern vor allem der persönlichen Ökonomie. Die Transformation von der Benzin- zur Elektroautomobilität konnte aber nur durch eine clevere Umnutzung der bestehenden Fahrzeugflotten ausreichend schnell und ressourceneffizient erzielt werden. Entsprechend wurden Umrüstkonzepte wie das des Hamburger Nutzfahrzeug-Händlers Karabag, der seit Jahren Verbrenner- gegen Elektromotoren austauschte, zigfach kopiert und auf Gebrauchtwagen übertragen. Die Batterietechnik hatte die versprochene Leistungssteigerung und Kostensenkung nicht erfüllen können, aber viele wollten nicht ganz auf ein Auto verzichten, und nach einem Praxistest stellten sie fest, dass die kürzeren Reichweiten bei sinnvoller Planung gar kein Problem darstellten. Die Nachrüst-Kits trafen das Zeitgefühl des DIY *(do it yourself)* – obwohl die wenigsten selbst zum Schraubenschlüssel griffen –, der Individualisierung und des Recycling-Chics. Es galt als cool, ein altes Verbrennermotorauto vor dem Abwracken zu retten und ihm dank neuem Antrieb ein zweites Leben zu schenken. Das lebenserhaltende *Bluening* hatte dem leistungssteigernden *Tuning* den Rang abgelaufen. Fahrzeuge mit Seele und legendenbehafteten Ecken und Kanten waren wieder gefragt. Das Vintage-Faible der hippen urbanen Trendsetter hatte den Sprung auf das rollende Wohnzimmer und in den Mainstream vollzogen. Was auf Kuba aus der Not geboren wurde, die kreative Instandhaltung vorhandener Fahrzeugflotten mit Ewigkeitsanspruch, etablierte sich in den hochmobilen Industriestaaten als schnell wachsendes Marktsegment und wurde zu einem wesentlichen Kennzeichen der Elektromobilität. Auch die Hersteller konnten sich dieser Entwicklung nicht entziehen. Besonders updatefreundliche Modelle mit modularer Grundstruktur und definierten Schnittstellen wurden präsentiert und langfristige Lebenszyklusgarantien zugesagt.

Und gerade dort, wo die zusammenbrechende Automobilindustrie einer ganzen Stadt das Licht ausknipste, sorgte die Update-Generation für Hoffnung. So entwickelte sich die von der Fahrzeugindustrie bankrott und verwahrlost hinterlassene Autohochburg Detroit dank seines großen Potentials an autobegeisterten Fachkräften zum Update Valley der USA, deren E-Kids immer zuverlässigere E-Kits für die flottenstärksten Fahrzeugtypen der Benzinära ersannen.

[Thomas Sauter-Servaes]

Grüne Logistik

Sammelbezeichnung für alle Konzepte, die dazu beitragen, die global wachsende Gütertransportnachfrage auf globaler, nationaler und regionaler Ebene mit weniger Verkehr und weniger Emissionen zu befriedigen. Zum Einsatz kommen dabei einerseits völlig neue Transporttechnologien, andererseits werden bestehende Verkehrsträger technologisch optimiert und verkehrssystemisch besser integriert.

Hintergrund

Als Ressourcenverbraucher, Treibhausgasproduzent und Minderungsfaktor urbaner Lebensqualität durch ein immer kleinteiligeres und höheres Transportaufkommen wurde der weltweite Transport von Rohstoffen, Halbgütern und konsumfertigen Endprodukten den Anforderungen einer nachhaltigen Entwicklung zu Beginn des 21. Jahrhunderts in keiner Weise gerecht. Der Gütertransport entwickelte sich damals zur größten umwelt- und klimapolitischen Herausforderung in der Mobilität. Als der Ölpreis ab 2016 massiv anstieg, reagierte die Politik überraschend schnell, denn den Strategen und politischen Beratern war klar, welche fundamental systemstabilisierende Bedeutung ein funktionierender Gütertransport hat. Jede Mobilitätskrise würde ganz unmittelbar eine Wirtschaftskrise nach sich ziehen. Es gelang durch massive Investitionen in die schienengebundenen Verkehrsträger, die Binnen- und Küstenschifffahrt und die intermodalen Umschlagspunkte der Systeme, den Gütertransport zunächst halbwegs aufrechtzuerhalten. Als sich später die gesamten Wirtschaftsabläufe nach und nach reorganisierten und sich ein stärker regional orientiertes Raum- und Zeitgefüge in der Standortwahl und den Produktionsbeziehungen immer mehr durchsetzte, entwickelte sich auch die Güterlogistik wieder zu einem stabilen und sehr innovationsoffenen Prozess.

Der Clou lag in der Kombination des IT-basierten Prozess- und Dispositionswissens mit neuen Transporttechnologien – wie der Digitalisierung wasserstoffbetriebener LKW-Konvois auf den Autobahnen (vgl. Futurpedia-Beiträge zur Autobahn NG und HyWay) oder die Entwicklung innerstädtischer Seilbahnsysteme und Intercity-Luftschifflinien (vgl. Futurpedia-Beitrag zu Flight-Level-1-Mobilität) – mit einer konsequent verkehrsträgerübergreifenden Denkweise. Das beste Beispiel für diese neue Denkweise ist heute die Binnenschifffahrt, die im Systemverbund mit dem Schienenverkehr, dem LKW-HyWay, den Güterluftschiffen (vgl. Futurpedia-Artikel zum Take-off mit dem Luftschiff), den urbanen Elektroleichtfahrzeugen und den Seilbahnsystemen fast das gesamte nationale und regionale Güterverkehrsaufkommen bewältigen kann.

Binnenschifffahrt

Überwiegend für den Gütertransport genutzter Transportzweig auf der Grundlage der natürlichen Flusssysteme Europas und neu angelegter Kanal- und Kransysteme.

Hintergrund

Technologisch basiert dieser Transportzweig auf sehr flexiblen Semikatamaran-Flößen mit Brennstoffzellenantrieb.* Je nach Möglichkeit und Bedarf lassen sich die Containerflöße zusammenkoppeln und termingerecht auch über sehr lange Distanzen satellitengesteuert verschiffen. Durch die Koppelung wird die Wasserlinie verlängert und damit aufgrund der Besonderheiten der Hydrodynamik eine enorme Energieeinsparung erzielt. Am anderen Ende des Spektrums können die Containerflöße einzeln oder zu wenigen gekoppelt autonom steuernd bis in die kleinen Kanäle von Städten fahren, die zum Teil sogar entlang alter Wasserlinien neu angelegt wurden.

Die kleinen autonomen Containerflöße kommunizieren miteinander, gewähren sich Vorfahrt, schließen sich zusammen, unterhalten sich über Tiefgang und Wasserstände, Auslastung von Verladestationen, Verzögerungen bei der Frachterlöschung in Rotterdam oder Hamburg und deren Auswirkungen auf ihre Lieferung. Die kleinen und autarken, akkubetriebenen Antriebseinheiten, die wie Putzerfische an den Flößen kleben, je nach Bedarf Antrieb bieten, zu einem neuen Einsatzort oder zur Ladestation schwimmen, sorgen für optimale Kraftverteilung an den Containerflößen. Gesteuert werden die Warenströme auf dem Wasser von einem europaweiten Logistiknetz: ein über unzählige Einzelgeräte verteilter Supercomputer, der die gesamten Warenströme Europas koordiniert.

Vor einigen Jahren noch undenkbar, ist dieses System heute so normal und notwendig, dass eine Alternative schwer vor-

---

* Diese Idee basiert auf der Diplomarbeit von Kristof von Anshelm zum Thema »Entwurf eines Gütertransportsystems für Binnenwasserstraßen« (2007/08) an der Hochschule für Bildende Künste Braunschweig.

stellbar scheint. Die Begründer des *Internet der Dinge* haben nicht nur das Internet für die Koordination industrieller und sonstiger Fertigungsprozesse – zum Beispiel im Bauwesen – genutzt, sondern auch ein zweites Netz aufgebaut: das *Thing-Net*. Praktischerweise ist der Inhalt des *ThingNet* auch gleich die Infrastruktur, jeder Container hat einen kleinen Computer und jeder Ladepunkt einen Server. Diese Systemarchitektur ist nach wie vor nicht unumstritten, aber in Anlehnung an frühes Internetgeld *(Bitcoins)* haben Sicherheitstechniker eine Verschlüsselung entwickelt, die es erlaubt, Waren sowohl anonym als auch nachverfolgbar und sicher zu markieren. Außerdem sorgt jeder Zuwachs an Waren auch für einen Zuwachs an verteilter Rechenkapazität, und das zusammengeschaltete Netz ist immer optimal ausgelastet. Trotz dieses großen, einheitlichen Systems haben auch kleine Speditionen ihr Auskommen gefunden, indem ein flexibles Abrechnungssystem die Kosten der gesamten Transportkette aufschlüsselt und nach einem fairen Satz verteilt. So kann sich jeder mit einer Dienstleistung in das System einklinken. Häufige Nischen für Kleinanbieter sind Anschlusstransporte in Regionen, in denen das Binnenwasserstraßennetz noch nicht ausgebaut ist.

Durch die Flöße in Containergröße sind viele Wasserstraßen nutzbar geworden, die früher nicht für den Schiffsgüterverkehr in Frage kamen, weil sie zu flach oder zu schmal waren. Auch alte Schleusen oder Wasserkraftwerke stellen kein Problem mehr dar, können die Containerflöße doch mitsamt ihrer Ladung von installierten Kränen problemlos über die Schwelle gehoben werden. Dass keine Begradigungen nötig waren, um Flüsse befahrbar zu machen, erschloss zusätzliche Strecken, ohne Abstriche beim Landschaftsschutz machen zu müssen. Die Flöße schieben weniger große Bugwellen vor sich her als die bis zum Beginn des Jahrhunderts gebräuchlichen

Frachtschiffe und schonen dadurch die Ufer. Zwei Drittel der Großstadtregionen Deutschlands verfügen über einen Wasserstraßenanschluss, der schon Anfang des 21. Jahrhunderts befahren werden konnte. Nachdem von den großen Frachtern auf autarke Flöße in Containergröße umgestellt wurde, konnte praktisch überall eine Güterverteilung über das Wasser stattfinden. Nicht selten fahren die Flöße inzwischen direkt in die Städte, in denen sich neue, am Wasser gelegene Märkte und Zentren gebildet haben. Durch die massenhaft produzierte, passive Floß-Plattform, die ohne viel Technik auskommt, können die Kosten niedrig gehalten werden. Waren die Flöße zu Beginn noch wie im konventionellen Schiffsbau aus Stahl, gibt es nun immer mehr Flöße aus Kohlefaser und Bio-Kunststoffen. Die Antriebseinheiten sind immer voll ausgelastet, was die Betriebskosten senkt und die höheren Investitionen für Akkus zum Teil ausgleicht. Längere gerade Strecken, auf denen viel Betrieb herrscht, werden wie in früheren Jahrhunderten im Treidelverfahren bedient. Am Ufer installierte Seilwinden ziehen dann die Kolonnen die Kanäle entlang.

HyWay

Einsatz von LKW-Zugmaschinen mit Brennstoffzellenantrieb zum emissionsarmen Gütertransport auf aufkommensstarken Magistralen.

Hintergrund

Bereits im Umweltgutachten 2012 des deutschen Sachverständigenrats für Umweltfragen (SRU) wurde konstatiert, dass die alleinige Verlagerung von Güterverkehr von der Straße

auf die Schiene nicht ausreichen würde, um das verkehrsindu-
zierte Emissionsproblem in der notwendigen Größenordnung
einzudämmen. Dafür waren die damaligen Kapazitäten auf
der Schiene zu gering und das prognostizierte Güterverkehrs-
wachstum zu groß. Für eine schnelle Umsteuerung hätte der
Aufbau zusätzlicher Bahninfrastrukturkapazitäten zu lange
gedauert und wäre im Kontext des Stuttgart-21-Desasters
und Anwohnerprotesten bei anderen Neubaustrecken zudem
nicht konfliktfrei und somit nicht ohne weitere Imageschäden
für die Bahn durchführbar gewesen. Stattdessen schlug der
SRU die Installation einer Oberleitungsinfrastruktur für
Autobahnen und den dortigen Einsatz von E-Lastwagen mit
Stromabnehmern (Trolley-LKW) vor. Das Bundesumweltministerium veröffentlichte wenig später sogar eine fahrzeug-
seitige Machbarkeitsstudie samt Demonstrationsfahrten auf
einer Teststrecke. Allerdings belief sich die Kostenschätzung
für die Elektrifizierung der für den Güterverkehr relevanten
Autobahnabschnitte auf rund 15 Mrd. EUR. Kritisch wurden
auch der große Ressourcenbedarf an Stahl, Kupfer etc. sowie
die langfristig zu berücksichtigenden Wartungskosten gesehen. Die Idee fand keine Mehrheit bei den Entscheidungsträgern und geriet nach kurzer Diskussion in Vergessenheit. Erst
2021 nutzte die deutsche Wasserstoffwirtschaft die Grundidee
des elektrisch angetriebenen Gütertransports auf Autobahnen als Ausgangspunkt für ein eigenes, wasserstoffbasiertes
Konzept. Anreiz war die Suche nach zusätzlichen Anwen-
dungsfeldern des Energieträgers Wasserstoff, der in Schwach-
lastzeiten in großen Mengen aus Wind- und Solarstrom gewonnen werden kann, jedoch mit anderen, teilweise deutlich
effizienteren Speichertechnologien konkurriert.

HyWay-Konzept

Die Wasserstoffwirtschaft positionierte den HyWay-Plan als schlankeren, weil mit erheblich weniger Infrastrukturaufwand zu erstellenden Gegenentwurf zur Elektrifizierung des Straßengüterverkehrs. Das System war infrastrukturseitig offensichtlich schneller, kostengünstiger und ressourcenschonender realisierbar und auch fahrzeugseitig komplexitätsärmer. Mit den Brennstoffzellen-LKWs war theoretisch eine direkte Quelle-Ziel-Bedienung möglich, während Trolley-LKWs entweder einen schwereren Hybridantrieb für die Feinverteilung über oberleitungsfreie Straßen benötigten oder an den Systemgrenzen ein Zugmaschinenwechsel erfolgen musste.

Umsetzung

2022 wurden die ersten Testfahrten durchgeführt und 2023 der Pilotbetrieb auf der A7 aufgenommen. Ähnlich dem kombinierten Verkehr auf der Schiene bietet ein Betreiberkonsortium die Truckingdienstleistung mit konsortiumeigenen Zugmaschinen mit Brennstoffzellenantrieb an. An den Zufahrten der A7 entstanden Umschlagzentren für den Zugmaschinenwechsel und die Konsolidierung von Waren.

[Thomas Sauter-Servaes]

Night Swimming

Nächtliche Güterversorgung mit fahrerlosen Transporteinheiten, die auf dem innerstädtischen Straßennetz mit niedriger Geschwindigkeit autonom verkehren.

Hintergrund

Die weitere Verdichtung der Innenstadtgebiete führte bei
gleichzeitiger Renaissance von fußläufig erreichbaren Ein-
kaufsgelegenheiten dazu, dass der straßengebundene Warenverkehr Mitte der 2020er Jahre in Städten wie Berlin oder
München neue Rekordmarken erzielte. In Kombination mit
gleichfalls steigendem Zustellverkehr der boomenden Online-
versandhändler und immer häufiger direkt Lebensmittel lie-
fernden Umland-Bauernhöfe war das Ergebnis verheerend:
auf Bus-, Rad- und Fahrspuren stehende Lieferfahrzeuge ver-
wandelten die urbanen Verkehrsadern tagsüber in einen nicht
endenden Hindernisparcours. Der Pfropf aus Konsumartikeln
aller Art versiegelte die Zufahrtswege und besiegelte somit
den lange angekündigten Verkehrsinfarkt. Alle Versuche der
Bündelung von Verkehr oder der Etablierung von Versor-
gungshubs mit Umladung auf flächensparsamere Kleinlaster,
Lastenräder o. ä. erwiesen sich entweder als zu komplex, zu
kostspielig oder beides zusammen.

Night-Swimming-Ansatz

Den entscheidenden Durchbruch zur Wiederherstellung der
Funktionalität des urbanen Straßenverkehrssystems brachte
die Idee, den Verkehr gleichmäßiger auf die zur Verfügung
stehenden Infrastrukturkapazitäten zu verteilen. Da die
Quelle-Ziel-Beziehungen der Güterverkehre kaum beein-
flussbar waren, setzte man stattdessen an der zeitlichen Verteilung des Aufkommens an. Konkret wurde Warenverkehr
konsequent in die Nachtstunden verlagert, in denen ein
Großteil der Kapazitäten des urbanen Straßennetzes bislang
ungenutzt geblieben war. Resultat war ein gänzlich neuer urbaner Takt im Güterverkehr. Um diesen Rhythmuswechsel

zum einen für die Lieferanten und Belieferten attraktiv zu gestalten und zum anderen die höhere Verkehrs- und Aufenthaltsqualität am Tag nicht durch nächtliche Ruhestörung zu erkaufen, verknüpften die Städte in dem neuen Versorgungsverkehrskonzept außergewöhnliche Sonderrechte für den Güterverkehr mit ebenso strengen Auflagen für denselben. In den Morgenstunden zwischen ein und vier Uhr erhielten langsame selbstfahrende Transporteinheiten ab 1. Januar 2027 einen privilegierten Status. Faktisch sind die mit max. 25 km/h verkehrenden Nutzfahrzeuge in diesem nächtlichen Zeitfenster seitdem die neuen Könige der Stadt. Wie den heiligen Kühen auf den Straßen indischer Metropolen hat sich ihnen jeglicher anderer Verkehrsteilnehmer unterzuordnen. Aufgrund des geringen Personenverkehrsaufkommens in diesen Stunden ist die Beeinträchtigung und Gefährdung von manuell gesteuerten Autos, Radfahrern und Fußgängern jedoch minimal. Gleichwohl ist die Schuldfrage in dieser Zeit eindeutig zugunsten des innovativen Warenverkehrssystems geregelt, wenn es doch einmal zu Kollisionen kommt.

Unbeladen sehen die Transporter aus wie überdimensionierte Skateboards in VW-Golf-Abmessungen. Und tatsächlich basierten Fahrgestell und Rahmen ursprünglich auf dem eines Mittelklasseautos. Abgesehen von zwei Sensorenträgern an Front und Heck fehlen allerdings jegliche Aufbauten. Dank der geringen Geschwindigkeit und des fehlenden Fahrers konnten die Anforderungen an die Crashsicherheit radikal reduziert werden, wodurch erhebliche Gewichts- und Kostenreduzierungen realisiert wurden. Einzig eine maximale Sicherheit für Fußgänger und Radfahrer muss durch Airbags gewährleistet werden.

Pünktlich um ein Uhr nachts lässt sich auf den Monitoren

der Verkehrsleitzentralen deutlich erkennen, wie sich gewaltige Schwärme dieser Transportlafetten von den Versandzentren am Rande der Ballungszentren, aus den Gewerbehöfen und Industriegebieten sowie den vielen kleinen Verladern in das Stadtstraßennetz ergießen. Dabei erinnern die geringe Geschwindigkeit und das Schwarmverhalten eher an Bewegungen auf dem Wasser, was letztlich dem System seinen Namen »Night Swimming« gab. Untereinander und mit Ampeln wie speziellen Verkehrsinfodaten-Anbietern kommunizierend, suchen sie sich abwechselnd im Verbund mit anderen oder eigenständig durch die Nacht rollend den besten Weg zu ihren Zielen. Manche waren zuvor bereits den ganzen Tag unterwegs, z. B. auf dem *Hyway*, angehängt an eine leistungsstärkere Zugmaschine mit Brennstoffzellenantrieb für höhere Geschwindigkeiten. Innerstädtisch nutzen sie hingegen ihre eigenen Radnabenantriebe, die aus einer für den Nachtbetrieb installierten Wechselbatterie gespeist werden. Das nächtliche Ballett, das sich geräuschlos auf den Bildschirmen der Leitzentralen ereignet, ist in den verwaisten Straßenschluchten der Einkaufspromenaden daher kaum lauter. Die große Schleichfahrt erzeugt wenig mehr als leises Motorensurren und das sanfte Schmatzen von Gummireifen auf Asphalt. Das Absetzen und Aufnehmen von Ladeboxen unterschiedlicher Größe – aber stets mit gummiertem Rahmen – erledigt der integrierte Roboterarm mit gleichfalls stiller Präzision. Zum Teil sind die Ladeboxen selbst minimalmotorisiert und rollen durch selbstöffnende Warenschleusen an die vorgesehenen Endpositionen in Supermärkten, Bauhäusern und Büroetagen. Hieß es Ende des letzten Jahrhunderts noch in einem Songtext der amerikanischen Band R. E. M. »Night Swimming deserves a quiet night«, ist nun die Umkehrung ein wichtiger Erfolgsgarant der neuen

Güterverkehrsphilosophie: »A quiet night deserves night swimming.«

[Thomas Sauter-Servaes]

Bring & Win

Nutzung privaten Personenverkehrs zur gleichzeitigen Feinverteilung von kleinteiligen Warenlieferungen in Großstädten.

Hintergrund

Erst sehr spät in diesem Jahrhundert realisierten Gesellschaft und Politik, dass die entscheidenden Herausforderungen für die Mobilitätswende im Güterverkehr lagen. Online-Handel, individualisierbare Angebote und immer kürzere Produktlebenszyklen in allen Warensortimenten (»Schnelldreher«-Produkte) führten bis Mitte der 2020er Jahre zu immer mehr Lieferungen (und Retouren/Entsorgungen) bei immer kleineren Sendungsgrößen. Viele Einkäufe, die zuvor auf dem Rückweg von der Arbeit en passant getätigt und dann selbst nach Hause transportiert wurden, erfolgten nun bequem per Pad & App als Versandhandelsbestellung und induzierten zusätzlichen Verkehr für die separate Lieferung. Erst 2024 entstanden marktrelevante Ansätze, die weitere Abspaltung des Warentransports von dem ohnehin bestehenden Personenverkehr zu verhindern und sogar ins Gegenteil zu kehren.

Konzept Bring & Win

Die kombinierte Durchführung von Personen- und Güterverkehr ist ein altes Prinzip, um die Effizienz zu steigern und

Kosten zu senken – egal ob durch »Belly Load«-Güterzula-
dungen bei Linienflügen des Personenluftverkehrs oder die
Mischnutzung bei Lkw-Fähren über die Ostsee. Im urbaren
Zustellverkehr, der letzten Meile auf dem Weg vom Versen-
der zum Empfänger, hatte ein großer Logistikkonzern als erster versucht, Privatleute als Laien-Kuriernetzwerk für die Beförderung seiner Pakete zu nutzen. Die »Bring Buddy«-Idee
setzte darauf, dass jeder, der wollte, für Freunde und potentielle Freunde Postsendungen zustellen konnte und dafür eine
kleine finanzielle Entschädigung sowie Ruhm und Ehre in der
Bring Buddy Community erhalten sollte. Nach der Nutzung
des »wisdom of the crowd« durch Wikipedia & Co sollte nun
die »tonnage of the crowd«, also die bislang brachliegende Beförderungskapazität der sich ständig in Bewegung befindlichen
Menschenmenge erschlossen werden.

Doch erst die Modifikation der Grundidee und eine neue
technische Umsetzung führten rund 15 Jahre später zu dem
am Markt reüssierenden Lieferkonzept Bring & Win. Dieses
profitierte dabei vom anhaltenden Boom des Radverkehrs
in Innenstädten und der Einführung von Minicontainern im
Paketgeschäft. Die kleinen, in Form und Größe aufeinander
abgestimmten Container bestehen aus einem leichten, im
Transportalltag annähernd unzerstörbaren Kunststoff. Diese
wiederverwendbaren Universalverpackungen haben überwiegend Schuhschachtelformat und lassen sich durch einen pfif-
figen Klemmmechanismus in Sekundenschnelle an fast jedem
Fahrradrahmen sicher andocken. Sie kennen ihren Weg und
dank der Fahrradnavis auch den der teilnehmenden Amateur-
kuriere, womit dem quasi eigenständigen Hop-on-hop-off-
Manövrieren zur Zieladresse unter Ausnutzung verschiedener Mitfahrgelegenheiten prinzipiell nichts mehr im Wege
steht. Die Mitfahrten beginnen an zentralen Drive-by-Paket-

regalen. Das Paket fordert vorbeifahrende Bring-&-Win-Hobbyboten per Nachricht aufs Navi und durch blinkende LED-Lichter am Container zur Mitnahme auf. Die Fahrt führt entweder zu einer anderen, näher am Ziel gelegenen Paketstation oder direkt zur Empfängeradresse. Dort kann der Amateurkurier das Päckchen selbst übergeben oder vor der Haustür ablegen. Mit Erreichen der Empfängerkoordinaten wird automatisch eine Transportsperre aktiviert, die bei weiterer Beförderung einen lautstarken Alarm auslöst, sofern man sich nicht per Smartphone-App eindeutig als Empfänger der Lieferung ausweisen kann. Für seine Mühen wird der Zusteller mit einem Los je Lieferung in der monatlichen Bring-&-Win-Tombola entschädigt. Auch wenn die Chancen verhältnismäßig gering sind, so locken die gut dotierten Hauptpreise doch viele zur Teilnahme. In einer Gesellschaft, in denen die soziale Reputation von der Zurschaustellung von »Likes«, Facebook-Freunden und bürgerschaftlichem Engagement geprägt ist, hat jedoch das zweite Belohnungssystem hohe Bedeutung. Denn erfolgreiche Zustellungen werden je Päckchenkilometer mit Bring-&-Win-Statuspunkten honoriert. Diese bringen nicht nur in der virtuellen Community-Welt einen schmückenden Titel vom »Nice Guy« bis zum »Postman Hero«, sondern können auch in der realen Welt durch entsprechende Abzeichen auf dem Fahrrad präsentiert werden. Da bei der Bring-&-Win-Versandoption nicht nur der Transportdienstleister seine Kosten reduziert, sondern diese Einsparung anteilig an den Kunden weitergereicht wird und auch die Umwelt profitiert, erfahren die »Postman Heroes« im öffentlichen Leben durchaus Respekt und Anerkennung.

[Thomas Sauter-Servaes]

SheikCar

Arabischer Newcomer unter den Automobilherstellern, der den Umstieg auf die Elektromobilität zum Markteinstieg nutzte und nach koreanischem Vorbild seine wichtigsten Abteilungen in Zentraleuropa ansiedelte.

Hintergrund

Die arabischen Petromilliardäre haben aufgrund ihres Insiderwissens und des hohen persönlichen Involvements als Erste die Notwendigkeit erkannt, abseits des alten Verbrennungsmotors neue Antriebsperspektiven für die postfossile Zeit zu entwickeln. Die insbesondere im Luftfahrtgeschäft und dem Agrarmarkt bereits erfolgreich eingesetzten Diversifizierungsstrategien ihres Ölgeschäftes und die daraus abgeleiteten Erfahrungen haben sie Mitte der 2010er Jahre genutzt, um massiv in das Automobilgeschäft einzusteigen und dort vollständig auf den Elektromobilitätspfad zu setzen.

Geschäftsmodell

Grundlage ihres Geschäftsmodells ist die Überzeugung, dass aufgrund der in den Industrienationen vorhandenen, Billionen Dollar schweren Straßeninfrastruktur eine vollständige Abkehr von der Automobilität in den kommenden 100 Jahren nicht zu erwarten ist. Auch weil die aufbauend auf dem Straßennetz optimierte Raumstruktur ein noch viel größeres Bruttoanlagevermögen beinhaltet. Vor diesem Hintergrund haben die arabischen Investoren den erfolgreichen Ansatz des koreanischen Hyundai-Konzerns kopiert, der sich Anfang des Jahrhunderts innerhalb kürzester Zeit mit seinen Marken Kia und Hyundai zu einem ernsthaften Wettbewerber der europäischen, amerikanischen und asiatischen Marktgrößen im Verbrennermotoren-Segment entwickelt hat. Möglich war dies durch eine äußerst geschickte Strategie von Wissenstransfer und Optimierung. So siedelte Kia sein Entwicklungs- und Designzentrum in der deutschen Autohochburg Rüsselsheim an. Der Konzern warb hochqualifiziertes Personal aus der ersten Garde der Konkurrenten mit dem Anreiz ab, frei von alten Markenleitbildern etwas vollkommen Neues entwickeln und aufbauen zu können. Die so eingekauften Kompetenzen wurden mit der in Korea bestehenden qualitativ hochwertigen Industriekultur und preisgünstigen Produktionsstätten verknüpft. Das Resultat waren Autos mit hervorragendem Preis-Leistungs-Verhältnis.

Elektromobilität als Markteintrittsticket

Nach diesem Schema stiegen die Ölemirate in den Elektromobilitätsmarkt ein. Insbesondere die europäischen Staaten, die sich politisch früh auf den Elektromobilitätspfad festgelegt und zum Teil äußerst ambitionierte Ziele proklamiert hatten, empfingen die neuen Marktakteure angesichts der stockenden Entwicklung mit offenen Armen. Ein ganz anderes Bild, als es in den Jahren zuvor im Luftverkehrsmarkt zu beobachten gewesen war, wo Emirates & Co auf harten Widerstand trafen. Als willkommenes Gegengewicht zur chinesischen Aufrüstung im Ingenieursmarkt versprachen die arabischen Investoren eine Stärkung der europäischen Standorte. Durch die Übernahme von Fertigungskapazitäten in Osteuropa und den

Bau neuer High-Tech-Forschungszentren in den traditionellen Ingenieursschmieden Westeuropas nutzten sie die vorgefundenen Strukturen optimal aus. Im Gegensatz zu den zunächst weiterhin auf das alte Kerngeschäft Verbrennungsmotor setzenden traditionellen Fahrzeugherstellern konnten sie frei von alten Designzwängen, tradierten Produktionsschemata und jahrzehntelang organisch wild gewucherten Organisationsstrukturen neu beginnen. Anders als viele andere Markteinsteiger mussten sie jedoch nicht in der Bastelecke beginnen. Als solvente Geschäftsleute konnten sie die notwendige Risikofinanzierung problemlos organisieren, für jeden Bereich Top-Leute akquirieren und, wo notwendig, Know-how einkaufen.

[Thomas Sauter-Servaes]

WohnenPlus – Von der Immobilie zur E-Mobilie

Verknüpfung von dezentraler Energieerzeugung und -speicherung auf privaten Kleinflächen mit der Elektromobilität zur Senkung des Kaufpreises von Elektroautos.

Hintergrund

Zu Beginn der politisch betriebenen Renaissance von Elektroautos Anfang des 21. Jahrhunderts hatte die Antriebsalternative mit erheblichen Kostennachteilen gegenüber dem klassischen Verbrennungsmotor zu kämpfen. Die Kraftstoffpreise verharrten lange Zeit auf einem Niveau weit unterhalb der erwarteten Preissteigerungen, das Preis-Leistungs-Verhältnis bei den Batterien verbesserte sich trotz steigender Stückzahlen nur langsam, und zu den Lebens- und Leistungserwartungen der Batterien gab es kaum Erfahrungen. Alle Akteure

stimmten darin überein, dass die Elektromobilität unabhängig
ihrer Vorzüge bei Verbrauch, Abgasen und Lärmemissionen
auf absehbare Zeit in der ausschlaggebenden Konsumenten-
frage nach den Investitionskosten nicht mit gleichwertigen
Benzin- und Diesel-Fahrzeugen würde konkurrieren können.
Dabei stellte die Batterie den entscheidenden Kostenfaktor
dar, der bislang durch verschiedenste Finanzierungsmodelle
nicht wirtschaftlich kompensiert werden konnte.

Kopplung von Mobilitäts- und Energiewende

Den entscheidenden Durchbruch erzielte das WohnenPlus-
Programm eines etablierten deutschen Fahrzeugherstellers.
Dieses nutzte den Umstrukturierungsprozess der deutschen
Energieversorgung von großen zentralen Kraftwerken zur
kleinteiligen dezentralen Stromerzeugung, um sowohl eigene
Elektrofahrzeuge preisgünstig anbieten zu können als auch
sich selbst imagefördernd als grüner Newcomer im Energie-
markt zu positionieren. Kern des Programms war das Angebot an Eigenheimbesitzer, ihnen ein Elektroauto preisgünstig
ohne Batteriekosten zu verkaufen, wenn diese im Gegenzug
dem Schwarmenergie-Verbund des Automobilherstellers bei-
traten. Diese Kooperationsvereinbarung sicherte dem Auto-
hersteller die Beeinflussung des Lademanagements der an das
Netz angeschlossenen Fahrzeugbatterien sowie die kosten-
freie Nutzung von Dach- oder Kellerflächen für die Energie-
produktion. Je nach Standort installierte der Anbieter auf den
Dachflächen des Eigenheims und/oder des Carports Solaran-
lagen oder nutzte freie Kellerflächen für die Bereitstellung
eines Miniblockheizkraftwerks. Grundidee war, bislang vom
Eigenheim-Besitzer aufgrund fehlender Investitionsmittel
nicht genutzte Privatflächen für die dezentrale Energiegewin-

nung und -speicherung zu aktivieren und den Hausbesitzer als festen Abnehmer von Strom und Wärme langfristig zu binden. Mit dem Schwarm aus koordiniert ladender oder sogar Energie ans Netz zurückspeisender Fahrzeugbatterien konnte außerdem das Netz bei Bedarf stabilisiert werden. Eine Serviceleistung, die man sich von den Energieversorgern fürstlich entlohnen ließ, die ihrerseits jedoch Milliardeninvestionen in den Aufbau paralleler Pufferinfrastrukturen einsparten. Gegenüber dem Endkunden spielte der Automobilkonzern seinen traditionsreichen Markennamen als wichtigen Trumpf aus, der im Kundendialog die notwendige Sicherheit für den Abschluss einer jahrzehntelangen Kooperation vermittelte. Die Bindung auf der Energieseite führte gleichzeitig zu dem angestrebten Effekt, den Kunden auf der Fahrzeugseite über die Lebensdauer eines Autos hinaus für weitere Fahrzeugprodukte zu begeistern. Durch die WohnenPlus-Zusammenarbeit war es dem Mobilitätsanbieter offensichtlich gelungen, sich stärker als zuvor als Teil der Familie zu positionieren. Nach dem erfolgreichen Start des Projektes wurde das Konzept innerhalb kürzester Zeit von anderen Automobilherstellern und sogar Energieversorgern kopiert.

[Thomas Sauter-Servaes]

Exolec – das zivile Exoskelett

Stabilisierendes, die menschliche Bewegung elektro-mechanisch unterstützendes Außenskelett.

Hintergrund

Künstliche Exoskelette wurden zunächst vor allem im militärischen Bereich entwickelt, um die Leistungsfähigkeit und

Panzerung von Infanteristen zu verbessern. Schulterhohe Gehrahmen, bestehend aus Beinschienen, hydraulischen Gelenken und Brennstoffzellenrucksack, sollten die Soldaten befähigen, Lasten von über 100 kg sicher und schnell über schwieriges Terrain zu befördern. Auch in der Medizin wurden früh Exoskelette getestet, um Querschnittsgelähmten wieder mehr Bewegungsfreiheit zu geben.

Exolec-Spezifikationen

Der Durchbruch in der breiten öffentlichen Wahrnehmung und ein ökonomischer Markterfolg gelang den Gehmaschinen aber erst mit dem Einsatz neuer Werkstoffe, mit deren Hilfe die vorher monströs anmutenden Aluminiumgerüste auf eine Art Taucheranzug reduziert wurden und damit preislich wie ästhetisch massenmarktkompatibel wurden. Die Entwickler zielten bei ihrer Erfindung zunächst auf den stetig wachsenden Outdoor-Markt. Als Sportgerät konzipiert, sollte der sogenannte Exolec Wanderern wie Bergsteigern zu mehr Ausdauer durch weniger Kraftaufwand verhelfen und damit neue Tourenerlebnisse ermöglichen. Letztlich wurde der Exolec also als Übertragung des Pedelec-Prinzips, des elektrisch unterstützten Radfahrens, aus dem Fahrrad- in das Fußgängersegment konzipiert.

In den atmungsaktiven neoprenartigen Grundstoff sind Sehnen aus einem neuartigen Material eingearbeitet, die sich durch elektrische Impulse zusammenziehen und eine stahlgleiche Festigkeit erreichen können. Die Steuerungselektronik sorgt im Zusammenspiel mit den gemessenen Muskelreizen lautlos für eine synchrone Unterstützung der individuellen Gehbewegung, allein durch das abgestimmte Weiten und Straffen verschiedener Areale des eng anliegenden Anzugs.

Der Grad der Kraftverstärkung und Haltgebung kann selbst gewählt werden. Die im Rückenbereich positionierten plattenförmigen Batterien sichern nicht nur einen achtstündigen Dauereinsatz, sondern haben im Falle eines Sturzes auch die Funktion von Protektoren. Optional kann der Anzug durch einen im Kragen integrierten Kopfairbag ergänzt werden.

Zielgruppenverschiebung

Während das Produkt im Wandersport jedoch an mangelnder Nachfrage scheiterte, wurde es in einem anderen Marktsegment innerhalb kürzester Zeit zum Kassenschlager und veränderte die städtische Alltagsmobilität grundlegend. Nachdem zunächst nur ein paar junge urbane Trendsetter mit dem Exolec zu sehen waren, entdeckte die Generation der neuen Alten das leichte Exoskelett als neue Funktionsbekleidung und Rollatorenersatz. Quasi unsichtbar unter normaler Kleidung tragbar, gibt der unscheinbare Roboteranzug vielen Senioren mit ersten motorischen Einschränkungen das notwendige Gleichgewicht, die erforderliche Kraft und damit die alles entscheidende Sicherheit für die eigenständige Fortbewegung zu Fuß. Gleichzeitig wirkt Exolec wie ein Trainingsgerät, da es die Freude an der eigenen Bewegung zurückbringt und Fußwege wieder als relevante Alternative ins Spiel bringt. Die als Abstieg und ästhetische Zumutung empfundene Abhängigkeit von einem Rollator entfällt und reduziert das gefühlte Alter spürbar. Die durchschnittlichen Fußwegelängen der Altersgruppe 70+ stieg dadurch in den vergangenen Jahren in allen Mobilitätsstatistiken signifikant an. Staatliche Forschungsprogramme fördern die Weiterentwicklung des Systems, da dank der neuen Beweglichkeit älterer Menschen Infrastrukturanpassungen in Milliardenhöhe gestreckt oder vollständig vermieden werden können. Verkehrsrechtlich wurde für die Exolec-Nutzer die neue Kategorie »Minimalmotorisiert« eingeführt.

[Thomas Sauter-Servaes]

Besuch aus dem Kosmos

»Wir haben lange genug an den Ufern des kosmischen Ozeans verweilt. Endlich sind wir bereit, zu den Sternen zu segeln.«

(Carl Sagan)

2500 Jahre nach Christus. Ein drittes Mal kommen die fremden Beobachter an der Erde vorbei. Aus reiner Routine lesen sie den Planeten aus, aufgrund ihres letzten Besuches ohne alle Erwartung. Umso größer ist die Überraschung. Offensichtlich hat sich in dieser Welt in den letzten fünfhundert Jahren eine entscheidende Wende vollzogen. Die Messungen der Fremden zeigen eine Atmosphäre im stabilen Gleichgewicht, und auch die Indikatoren aller anderen Ökosysteme bewegen sich im grünen Bereich. Nun ist die Neugierde geweckt. Gab es eine Krise, ein schrilles Ende der lauten Party von damals, und konnten sich die Ökosysteme von der menschlichen Belagerung erholen? Oder sind die Bewohner der Erde einen anderen Weg gegangen? Die Spuren eines Zusammenbruchs müssten noch deutlich zu sehen sein, das kennen die Fremden von anderen Welten mit weniger intelligenten Wesen, die sie bei ihren vielen Raumreisen beobachten konnten. Aber von Apokalypse keine Spur. Nichts deutet auf die Verwüstungen durch Krisen und Kriege hin, nichts auf Verfall. Im Gegenteil leben die Bewohner in sichtbarem Wohlstand, wirken gut genährt und zufrieden. Beeindruckt blicken die Fremden vor allem auf die Skalen ihrer Vitalsensoren. Denn offenbar leben sehr viel weniger intelligente Lebewesen als zur Zeit ihres letzten Besuchs auf dem Planeten, dafür weit mehr Tiere und Mikroorganismen. War dies das Geheimnis der Wende? Die Stabilisierung und später das Schrumpfen der Bevölkerungsentwicklung? Aus den Erfahrungen ihrer Millionen Lichtjahre langen Reisen als kosmische Chronisten hatten sie eine Formel für den dauerhaften Erfolg von intelligentem Leben entwickelt. Sie besagt, dass der Einfluss von Zivilisationen auf ihre Ökosysteme als Produkt der drei Faktoren *Bevölkerungsgröße, durchschnittliches Konsumniveau pro Bewohner* und *technologisches Niveau* zu verstehen ist. Wobei letzterer Faktor Auskunft darüber gibt, mit welchem Maß an Energieaufwand, Emissionen und Ressourcenverbrauch die Konsumbedürfnisse befriedigt werden. Wenn es Zivilisationen gelang, ihre Bevölkerungsdynamik zu zügeln und zugleich als planetare Zivilisationen kollaborativ zu agieren und Energiesysteme zu entwickeln, die die Energie ihrer jeweiligen Sonnen optimal nutzten, dann waren sie auch in der Lage, dauerhaft zu überleben und ihrer gesamten Bevölkerung ein angenehmes und sozial gerechtes Leben zu garantieren.

Offenbar war es dieser Zivilisation entsprechend gelungen, ihre Bevölkerungszahl auf einem niedrigen Niveau zu stabilisieren und sich zugleich als planetare Zivilisation einzurichten. Zwar sah man nun sehr viel weniger Oberflächenbewegungen mit Energie verbrauchenden Fahrzeugen, doch war die Kommunikationsdynamik riesig. Ein gigantisches Netzwerk aus Datenströmen legte sich, deutlich sichtbar für die Sensoren der fremden Beobachter, um den Planeten. Ein zweites Netzwerk ermöglichte eine planetar koordinierte

Energieversorgung, für die man offenbar die Wüsten, den Wind, den heißen Kern des Planeten und Teile der Meere nutzte. Ein drittes Netzwerk schien die Versorgung mit Gütern und die Entsorgung und Wiederverwertung von Ressourcen zu betreffen. Sichtbar war eine Art in sich geschlossene planetare Ökonomie, die sich mit den Anforderungen der Ökosysteme dieses Planeten im Einklang befand. Aber das musste man noch genauer untersuchen. Den Sensoren nach zu urteilen, die keine neuen Schlacken, Verbrennungsprodukte und andere chemische Schadstoffe in Wasser, Luft und Böden fanden, musste die Wirtschafts- und Versorgungslogistik dieses Planeten allerdings weitgehend in sich geschlossen sein. Am spannendsten war für die fremden Besucher aber die Tatsache, dass die Bewohner dieses Planeten offenbar intensiv daran arbeiteten, den Schritt in den Weltraum zu machen. Verschiedene Raumsonden hatten bereits die Nachbarplaneten erreicht und darauf kleine Wohnkolonien errichtet. Die Raumfahrttechnologie war zwar noch nicht weit gediehen, aber auf gutem Wege. Außerdem suchte man mit intelligenten Systemen intensiv nach extraplanetarem Leben und sandte zugleich eigene Botschaften, deren Algorithmen schon sehr vielversprechend aussahen. Das war ein gutes Zeichen, denn nur eine Kultur, die sich als planetarische Zivilisation dauerhaft und stabil in friedlicher Kooperation eingerichtet hatte, konnte auf dieser Grundlage begreifen, dass ihre langfristige Zukunft im Weltraum liegen würde und zugleich die Mittel entwickeln, ihre Energie, Ressourcen und letztlich neue Lebensräume außerhalb des eigenen, endlichen Sonnensystems zu finden. Damit wäre der Schritt dieser Zivilisation gemacht, in einer größeren kosmischen Zivilisation aufzugehen, so wie sich die planetare Zivilisation zuvor aus den früher einmal regionalen Stämmen, Gesellschaften und Kulturen amalgamiert hatte. Doch man würde sehen. Erst einmal musste man noch herausfinden, was das Geheimnis der Kooperation dieser Zivilisation war, auf welchem Wertegerüst und welchen Prinzipien sie beruhte. Die Fremden waren nach allem, was sie gesehen hatten, optimistisch, doch wollten sie sicher sein, dass diese Welt sich wirklich würde einfügen können in die friedliche Kooperation der entstehenden kosmischen Zivilisation. Vielleicht käme dann auch der Zeitpunkt für einen ersten Kontakt?

Literatur

Braungart, Michael/McDonough William (Hg.) (2009): Die nächste industrielle Revolution. Die Cradle to Cradle-Community. Hamburg. Deutsche Rohstoffagentur/Bundesanstalt für Geowissenschaften und Rohstoffe (2011): Reserven, Ressourcen und Verfügbarkeit von Energierohstoffen 2011. DERA Rohstoffinformationen, Kurzstudie Nr. 8. Hannover.

De Saint-Exupèry, Antoine (1969): Die Stadt in der Wüste. Düsseldorf.

Dierkes, M., Hoffman, U., Marz, L. (1992): Leitbild und Technik. Zur Entstehung und Steuerung technischer Innovationen. Berlin.

Ducki, Antje (2009): Arbeitsbedingte Mobilität und Gesundheit – Überall dabei – Nirgendwo daheim. In: Badura, Bernhard/Schröder, Helmut/Klose, Joachim/Macco, Katrin (2009): Arbeit und Psyche: Belastungen reduzieren – Wohlbefinden fördern. Fehlzeiten-Report 2009. Zahlen, Daten, Analyse aus allen Branchen der Wirtschaft. Heidelberg. S. 61–70.

European Environmental Agency (EEA) (2012): EEA greenhouse gas – data viewer, Stand November 2012: http://www.eea.europa.eu/data-and-maps/data/data-viewers/greenhouse-gases-viewer.

Enzensberger, Hans Magnus (1985): Zwei Randbemerkungen zum Weltuntergang. In: Politische Brosamen. S. 225 ff. Frankfurt am Main.

Fischer, Hermann (2012): Stoffwechsel. Auf dem Weg zu einer solaren Chemie des 21. Jahrhunderts. München.

Fuller, R. Buckminster (1973): Bedienungsanleitung für das Raumschiff Erde und andere Schriften. Reinbek.

Gehlen, Arnold (1961): Anthropologische Forschung. Reinbek.

Hermand, J. (1991): Grüne Utopien in Deutschland. Zur Geschichte des ökologischen Bewusstseins. Frankfurt am Main.

Hirsch, Robert L. et al. (2005): Peaking of World Oil Production: Impacts, Mitigation & Risk Management. DOE/NETL.

Hirsch, Robert L. (2007): Peaking of World Oil Production: Recent Forecasts. DOE/NETL.

Jünger, Ernst (1995): Strahlungen I. München.

Kunstler, James Howard (2005): The long emergency. Surviving the end of oil, climate change and other converging catastrophes of the twenty-first century. New York.

Mead, G. H. (1968[1934]): Geist, Identität und Gesellschaft aus der Sicht des Sozialbehaviorismus. Frankfurt am Main.

Molt, Walter (1992): Das Prinzip der Beschleunigung. In: Politische Ökologie, Nr. 29/30. S. 82.

Musil, Robert (1994): Der Mann ohne Eigenschaften. 2 Bände. Reinbek bei Hamburg. Bd. 1: S. 16.

OECD-Umweltausblick bis 2050, OECD 2012

OECD/IEA (2011): World Energy Outlook 2011. Paris

PBL Netherlands Environmental Assessment Agency (2012): Trends in global CO_2 emissions. 2012 report: http://edgar.jrc.ec.europa.eu/CO2REPORT2012.pdf

Salmon, C. (2010): Storytelling. Bewitching the Modern Mind. London, New York.

Schwedes, Oliver (2011): Verkehrspolitik. Eine interdisziplinäre Einführung. Wiesbaden.

Sharot, Tali/Korn, Christoph W./Dolan, Raymond J. (2011): How unrealistic optimism is maintained in the face of reality. In: Natural Neuroscience, Vol 14, Issue 11, S. 1475–1479.

Sombart, Werner (1927[1902]): Der moderne Kapitalismus. Das Wirtschaftsleben im Zeitalter des Hochkapitalismus. Erster und Zweiter Halbband. Berlin.

Sombart, Werner (1969[1902]): Der moderne Kapitalismus. Die vorkapitalistische Wirtschaft. Erster und Zweiter Halbband. Berlin.

Uerz, G. (2006): Übermorgen. Zukunftsvorstellungen als Elemente der gesellschaftlichen Konstruktion der Wirklichkeit. München.

Virilio, Paul (1993): Revolutionen der Geschwindigkeit. Berlin.

Voigt, Fritz (1953): Verkehr und Industrialisierung. In: Zeitschrift für die gesamte Staatswissenschaft, Nr. 109, S. 193 – 239.

Weber, Max (1988[1920]): Gesammelte Aufsätze zur Religionssoziologie I. Photomechanischer Nachdruck. Tübingen.

OECD/ITF (2011): Transport Outlook 2011: Meeting the Needs of 9 Billion People. Paris

Zentrum für Transformation der Bundeswehr (2010): Peak Oil. Sicherheitspolitische Implikationen knapper Ressourcen. Dezernat Zukunftsanalyse. Berlin www.zentrum-transformation.bundes wehr.deztransfbwzzukunftsanalyse@bundes wehr.org

Zittel, Werner/Zerhusen, Jan/Zerta, Martin/Arnold, Nikolaus (2013): Fossile und nukleare Brennstoffe – die künftige Versorgungssituation. Energy Watch Group, Ludwig-Boelkow-Stiftung, Reiner-Lemoine-Stiftung, Berlin.

Dank

Es ist vermessen, sich die Zukunft alleine ausmalen zu wollen. Für weitreichende Veränderungen braucht es die kreative Intelligenz jedes Einzelnen. Weil solche Entwicklungen aber nicht von heute auf morgen passieren, habe ich schon mal angefangen. Dieses Buch soll Aufforderung sein, es nachzumachen. Da, wie gesagt, ein Alleingang nicht weit führt, hatte ich dabei Unterstützung. Für seinen Rat, seine Ironie und vor allem seine eigenen Beiträge zum Mobilitäts-Futurpedia danke ich Thomas Sauter-Servaes. Schlechter lesbar wäre das Buch bestimmt, wenn es nicht ein professioneller Autor noch einmal an vielen Stellen verbessert hätte. Dafür danke ich Tobias Hülswitt. Der größte Dank gilt schließlich den beiden Herausgebern der Buchreihe beim Fischer Taschenbuch Verlag Klaus Wiegandt und Harald Welzer dafür, dass sie dieses Experiment einer Vermischung von Wissenschaft, Zukunftsforschung und freier Erfindung gewollt und unterstützt haben.